大国由海权崛起

[美] 马汉　著

熊显华　译

求真出版社

图书在版编目（CIP）数据

大国由海权崛起／（美）马汉著；熊显华译. —北京：求真出版社，2014.10

ISBN 978-7-80258-221-7

Ⅰ.①大…　Ⅱ.①马…②熊…　Ⅲ.①制海权—研究　Ⅳ.①E815

中国版本图书馆CIP数据核字（2014）第238174号

大国由海权崛起

作　　者：[美] 马汉
译　　者：熊显华
责任编辑：贺世民
出版发行：求真出版社
社　　址：北京市西城区太平街甲6号
邮政编码：100050
印　　刷：北京汇林印务有限公司
开　　本：700×1000　1/16
字　　数：235千字
印　　张：17.5
版　　次：2014年12月第1版　2014年12月第1次印刷
书　　号：ISBN 978-7-80258-221-7/E·1
定　　价：36.00元
编辑热线：（010）83190265
销售服务热线：（010）83190297　83190289　83190292

序言

一个海洋大国特别是一个正在迅速崛起的海洋大国，如欲跻身世界强国之列，既无捷径更无它途，唯有全面重视“海权”，唯有加力发展“海权”；否则原先精心打造的海军舰队就有可能被打得一败涂地，而努力发展中的事业很有可能戛然而止，甚至被逼到亡国灭种的边缘。这已为古往今来无数海洋大国成功演进为世界强国，以及大量颓败落伍者的惨痛失利所证实。

大量的研究证明，早在马汉之前，世界上就已有了“海权”的原始雏形和相似概念的存在。但马汉的重大贡献，不仅在于他发明了“海权”这一提法，而且在于他在历次“海权”深刻影响历史和指导战争的基础上，从理论上予以归纳总结和深入地阐述。尤其对于关联“海权”的六大关键要素，以及海权与陆权相互制约与依存关系的入理剖析，其预见性对当时各国的发展走向及荣辱兴衰产生至关重要的影响，具有重大的推动作用。更为重要的是，马汉的“海权论”对于主宰国家发展乃至世界命运均起到决定性作用的重要观点，迄今仍不乏其积极影响和现实意义。实际上，马汉“海权论”的影响与作用，既被当时逐渐衰弱却仍为海上强国的英国、法国、俄罗斯等国的发展下行轨迹所证实，也被新兴崛起的海上强国诸如德国、美国及日本的迅速崛起所验证。

“海权论”问世不久，便立即风靡欧美各国，取得了前所未有的巨大轰动效应，受到了几乎所有上述国家领导人的追捧，而且东亚的个别国家如日本也对其青睐有加；在日对其深谙并加力付诸实施后，各方面随之产生了非同寻常的变化。1868年的明治维新，日本引进了西方近代工业技术，改革土地制度，废除原有的土地政策，许可土地买卖，实行新的地税制度；废除各藩设立的关卡，统一了货币，设立了国家中央银行等；日在政治、经济和社会等方面实行重大改革的同时，也在军事领域全面实行“富国强兵”的策略，加速改革军警制度、创办军火工业，实行征兵制，建立新式军队和警察，军事力量快速强化，作战能力明显增强。至于日本海军，对于海权的顶礼膜拜更是到了无以复加的地步：当时日本海军舰艇的每一位舰长都配发一本《海权论》，作为必需的装备之一；日本海军军官急于学习西方的建造海军思想和海上战法，纷纷与马汉通信联络，询问如何建立新式海军；甚至涉及舰上大炮的口径应该是多少为好等具体细节问题。日本军方曾打算重金聘请马汉担任海军顾问，但被马汉婉言拒绝了；于是日本军方只好根据他著作中提到的理论，亦步亦趋，并一一尝试实施。很快，日本成为了亚洲地区实力最强的“海权国家”。在具体战法运用方面，日本海军更是对马汉的战列舰队决战理论崇拜至极，主张凭借优势强大的海上力量来确立对海洋的控制权；正是根据上述理论及日渐壮大的海上力量，日本先后在甲午战争和日俄战争中打败了中国的北洋水师和俄罗斯的太平洋舰队，最终完全控制了东亚海权，成为亚洲第一强国。第二次世界大战中，日本军国主义者在发动侵略中国、侵略东南亚等地，陆续取得“陆权”之后，接着又疯狂地发动了太平洋战争，企图夺取整个太平洋的“海权”，结果被后劲十足、基础雄厚、资源丰富、军力强大的美国实施了空前强大的反制打击，加上中国、苏联等国军事力量的联合夹击，日本先是彻底丧失“海权”，海上力量灰飞烟灭，随之又失去了“陆权”，在中国、东南亚等地败亡，最终无条件投降。

不可否认，中国当年在海洋观思想和“海权”理论上，相较日本的确存在着极大的迟缓性，乃至麻木性；以致中国的戊戌变法和“强国梦”当时都没能实现。虽然中国有着1.8万公里漫长的海岸线和1.4万公里岛岸线，有面积在500平方米以上的岛屿6500多个，有约300万平方公里的主张管辖海域，但在相当长一段时间内，中国始终算不上一个海洋大国。受明清两代统治者的“禁海令”、“片板不许入海”、“重陆轻海”等愚昧观念的严重束缚和深刻影响，一直没能建设强大的海军，没能建设可靠巩固的海防，更没有产生过开发利用和管控海洋的全面经略海洋的战略思想，也没有符合中国特色的“海权论”，由此导致了中国一再错失与日本一样实现崛起的重要机遇。

平心而论，欧美等西方国家之所以能较快地接受海权思想和运用海权理论，既比中国顺当得多、也转化得快，除了拥有依海伴江得天独厚的有利条件，也因为这些民族适应海洋、重视海洋、取利海洋的天性，所以其在开发利用和管理控制海洋方面显得轻车熟路，有捷径可循。相比之下，中国长期根深蒂固的“面朝黄土背朝天”的农耕文化，只能产生“重陆轻海”的落伍观念。虽然明朝伟大的航海家，当时世界上最大海上编队指挥官——郑和曾率队七下西洋，最远航迹曾远达非洲的西海岸，创下了世界航海史上值得彪炳的丰功伟业，但明清两代统治阶层，依然逃脱不了历史的羁绊及对海洋认识的偏见，错误地采取了闭关锁国和封船禁海的策略，一次又一次地丧失向海洋发展的大好时机，自然也就谈不上开发海洋、运用海权、管控海权、发展海权。历史雄辩地证明，一个海洋国家尤其是一个海洋大国，如果缺乏正确的海洋观，如果缺乏有效的“海权论”，如果没有一支强大的海军及与之配套的其他海上力量，那么这个国家的安全与发展，全民族的伟大复兴，海洋权益维护获取，就不能得到真正可靠的保障。

应该指出的是，马汉的“海权”理论，的确包含着浓郁的强权色彩与传统海盗的行事逻辑；若从当时的时代背景来看，其理论中还透射了对于建立殖民地、半殖民地的溢美之词，公开宣扬“强权即公理”的丛林规则，这些都是我们必须加以深刻批判和彻底唾弃的错误与糟粕。但尽管如此，马汉的“海权论”思想对于我国现行海洋事业的发展和海上力量的壮大，对于拓展具有中国特色且不断发展中的国家海上利益，尤其在捍卫国家主权与维护海洋权益的内涵与实践方面仍存有非常重要的参考价值和借鉴意义。

客观地说，近些年来我国通过对海洋观以及海权理论的普及、宣传等，全国上下和广大民众在认识上已有了很大的提高；过去由于历史局限和条件影响，有关马汉的学术思想和军事理论的研讨长期处于空白，国内对于马汉原作的翻译及其思想理论的探讨也进展不大，改进始终不明显。随着我国改革开放的深入扩大，海上运输业的飞速发展，海洋资源和海上通道对中国可持续发展的重要性日渐凸显（我国90%的外贸依赖海运，每天通过马六甲海峡的商船和油轮中60%属于中国），人们对于海洋战略和海权理论所具有的巨大牵引作用已越来越重视。

时至今日，我国关于马汉海权的全译本、节译本和选编本已相继陆续问世，但有关其海权的思想论述与著作，对于我们这个拥有13亿人口的海洋大国来说，无论是数量上还是质量上，无论是实践上还是理论上，仍不尽如人意，且影响甚微；有关马汉“海权论”的研究剖析，依然存在众多的空白和冷门；许多翻译著述，由于译者对著作阐述的当时背景及对原著理解得不够，因此翻译中出现不少内容显得十分生硬简单，加之马汉“海权论”所涉及的知识面非常宽泛，包括欧洲、美洲等地区和国家的人文、历史、地理、宗教和战役等诸多方面，从而使得目前市面上相关的一些译著读起来相当晦涩难懂，常使读者望而却步甚至不愿购买；即便购买了，也因读起来佶屈聱口而对内容及其理论的理解与掌握大打折扣。

有鉴于此，求真出版社在经过认真调查、了解过往出版马汉著述和当前市场对于此类书需求的基础上，诚邀畅销书作家熊显华先生，根据马汉的海权“三部曲”:《马汉对历史的影响（1660–1783年）》、《海权对法国大革命和帝国的影响》和《海权的影响与1812年战争的关系》，并结合多方面的史籍资料，重新选译了马汉的这本著作，并将其定名为《大国由海权而崛起》。此外，该译著还对文中的几百处难点做了颇为详尽的注释和解读。为了确保质量，出版社、编辑室领导及本书的策划编辑都对该书的翻译、修改提出了许多非常中肯的意见；经过四易其稿，该书在语言的通俗易懂性，文字的顺畅准确性等方面，应该说达到了出版要求。

21 世纪是海洋的世纪，“海权”理论将在本世纪继续发挥重要影响和作用。但我们决不能采用简单的拿来主义，而是要贯彻“古为今用、洋为中用”原则，融会贯通、发扬光大，发展具有中国特色的海洋观和“海权论”！

李杰

2014. 8. 18

目录

第一章

得海权者得天下

1

对海权历史的研究，辅以海权论的现代阐释能够产生巨大的效用和价值——不仅能够对战争的指导思想加以纠正和反省，更能让灵活的战略战术在战争中得到更好的发挥。这就是海权研究最终的意义和价值所在。

众所周知，海权的历史，简单地说就是国与国之间在海上辖权争夺的历史，有时候这种争夺甚至通过最残酷的战争方式来实现。一个国家的实力，往往由国家的财富积累所决定，而国家财富的积累又常常取决于该国对海上资源的经营，这是海权商业价值的体现。

然而，一个国家如果想通过对海权的运筹帷幄而使财富增长达到预想，那就绝不可能仅仅通过语言上的外交来实现。

也就是说，必须通过一些具有强制性和法律效力的条款才能在海权问题上对其他国家进行限制。往往有人认为，应该用和平的方式解决问题——那当然再好不过了。但这只是单方面的天真想法，是感性的，放在生活上也许可行，但放在军事上，毫无意义。

我认为，采取和平的方式达不到预期的效果时，就只能用战争来解决问题，通过必要的暴力手段——战争，来争夺自己想要得到的海上权益，毕竟弱肉强食才是这个世界上最直接的生存法则。在世界历史浩瀚的长河中，靠海权争夺而产生的“暴发户”国家不计其数。所以，我完全有理由告诉读者一个事实：

得海权者得天下。

对海权论的阐释以及对海权历史的研究，不仅能够纠正战争的指导思想，并且能让战略战术得以更灵活的发挥，这是大多数优秀军事家达成的共识。比如拿破仑，他认为作为一名合格的军人，不仅要有研究战争历史的主观能动意识，更要有对经典战役做出分析和总结的能力，为以后可能发生的战争做准备。不仅拿破仑，亚历山大、汉尼拔[1]和恺撒那些遥远时代的军事天才都有这样的共识。

虽然以上列举的几位军事天才已经随着时光远去了，但是他们在战争史中的光辉战绩仍影响着一代又一代人。原因很简单，任何一场战役的成败得失在战争史中都有着永恒的参考价值和教育意义。但是，要赢得以后的战争，仅仅是肤浅地了解是不够的，我们必须进行更深刻的思索，把对战争史的研究提升到军事思想的高度，这才是对战争史研究的最终价值所在。

所有战争都是有共性的，所以上述战争思想对海上战争史也同样适用，也就是说，对海上战争史的经验的深入研究，会为我们以后海上的战争争取到一个有利的地位。那些遥远的历史和故事，甚至是战争的遗址，经过萃取和吸收都是一种启示，不管是现在还是将来。现在，就让我们展开大帆船战舰时代经验和教训的封面，仔细品味那个时代的海风和硝烟吧。但是，要真正诠释和理解海权问题还存在一定的难度。具体来说是这样的：蒸汽时代的海军还没有书写出可以被称为决定性意义的历史。我们大量的知识只是理论性的，因此，所有关于未来战争的理论都只能是一种主观的推断。尽管我们已经就蒸汽舰队和甲板大帆船舰队的类比作了大量研究，但理论的战果还未得到实践的检验前，我们还须继续努力。

让我们先看看两者的相同之处：第一，两者的外表存在一定的相似性，蒸汽舰是在科技发展的基础上对甲板大帆船的传承和改进。第二，不论是蒸汽舰还是甲板大帆船，两者都可以摆脱对风向的依赖而在海面上自由驰骋。

然而，在类比事物时，我们一定要将差异性和相似性一并讨论，

---

① 汉尼拔：全名为汉尼拔·巴卡（公元前 247 年—前 183 年），北非古国迦太基名将，军事战略家。因其在军事及外交活动上的卓越表现，成为迦太基的行政官，一生驰骋疆场，屡经战役，如特拉西美诺湖战役、坎尼战役，特别是在第二次布匿战争，他巧妙根据地形、兵种及天气变化制定出相应的战略计策，运用游击战略，重创罗马军队，被罗马人视为眼中钉，想方设法置其于死地。公元前 183 年，汉尼拔终被罗马人逼迫服毒自尽。——译者注

这样才能全面地理解，避免对事物的本质做出错误的概括和推断。这种认知态度在通过单层甲板大帆船的历史来寻求可供蒸汽战斗舰借鉴的教训过程中将会起到意想不到的作用。

用这样的认知态度我们不难知道：单层甲板帆船虽然不受风向的限制，但却需要划桨驱动作为动力，因此行程受到了限制；而蒸汽舰的动力装置是蒸汽机，蒸汽机是一种以煤为燃料、靠蒸汽提供动力的装置，这种舰船较单层甲板帆船更为先进可靠，行程更远，以纯粹的机械提供动力代替了甲板帆船的人工划行和风力推行。而单层甲板大帆船的动力是会逐渐减弱的。因为它是通过人力划桨进行驱动，在航行的过程中，随着水手的体力的减少和状态的起伏，刚刚出发的速度很难维系，也就是说，这种舰船的战术机动只能在一段有限的时间内有效，没有保持长时间机动性的可能。同时，在单层甲板大帆船时代，武器的技术比较落后，射程较短，大多数战斗还是靠短兵相接的方式来决定胜负，这不免让人觉得有点难堪。更难堪的是，因为是短兵相接，有时候短得太过分了，就很容易导致舰船之间致命的碰撞，结果两败俱伤，船毁人亡。

不过，针对舰船碰撞这一“世界性难题”也并非没有解决办法。比如，当时就很流行先找个隐蔽的地方在敌人的后方绕个大圈，然后在保证舰船本身安全的情况下再进行短兵相接。这个时候，武器的先进程度就在战争的胜负中起到了决定性的作用。这样的战术还有一个好处，就是由于对方的舰船还十分完整，还能额外俘获敌方的舰船。

然而，就算是采取了上述的“周全”策略，我们仍然需要面对一些其他问题的困扰：翻阅厚厚的海战历史画册，很容易看到一个个不分敌我的混乱场面。

在那些年代较遥远的小规模海洋战争中，交战双方的战舰，不论是单层甲板大帆船还是蒸汽舰都能从任意方向冲向敌舰，舰头上往往都会装着一根锋利的尖刺，这样就能通过高速的冲击来破坏敌舰。这样的战斗方式会产生一个奇妙的结果，在近距离海战的战火硝烟中很难分清敌我，等快要撞上去了才发现对面舰船上的战士是自己人。此时，他们也正带着惊恐的表情看着来船。

由此可见，在这样的两支舰队之间的战斗中，战略战术都毫无技巧可言——反而让人感觉野蛮而愚蠢。不过，随着时光的前行，科技不断进步，海战中那些舰船自然也成了科技发展的受益者。在现代的海战中，现代化的武器已经成为宠儿，但即便如此，这样的海战也并非上佳的选择。因为在现代的科技条件下，所有定性的优势都是不存在的，决定胜负的往往是偶然的因素。

2

单层甲板大帆船与蒸汽舰船有惊人的相似之处，容易让人忽略两者的差异；至于大帆船和蒸汽舰船则正好相反，两者相比，更引人注目的是显著的差异，因此相同处反而很少被注意。

大帆船必须依赖于风，然而忽略这一点，我们就能发现战略战术上的教训对我们同样有价值。单层甲板大帆船在今天比大帆船受到了更多的重用。不过，在蒸汽机被开发出来前，大帆船仍然占据着至高无上的地位，即能够远距离击伤敌人，能够保持长时间机动，与此同时船员并不会精疲力竭，能够使更多船员专注于进攻而不是划桨等等。大帆船与蒸汽船所共有的这些优势，从战略战术上考虑，同等重要。

由于大帆船装备的远程大炮，具有相对强大的穿透力，装备的大口径短炮，射程短却具有强大的轰击力，所以，现代蒸汽舰参照这一配备装备有远程大炮群和鱼雷组。后者只在有限距离内有效，然后，通过撞击毁伤对手；而大炮依然用于穿透对方。这里面显然需要战略战术考虑，必然影响着海军司令官和舰长们的战斗部署。

大帆船和蒸汽舰船用于直接与一艘敌舰交火时，前者通过强行靠近敌船短兵相接，后者则通过撞击而使其船毁人亡。然而，对于两者而言，这都是它们各自最为艰难的任务。为了使其行之有效，敌舰必须被带至攻击行动区域的某个点，也就是说适合短兵相接的作战区域，毕竟在狭小的作战空间里，作战是无法有效开展的。换句话说，只有在那里，拥有抛射性武器的作战船才能在一个广阔区域内的许多点上找到用武之地。

由于风的方向，两条大帆船或多支舰队的相对位置，包含十分重要的战术问题，这可以说是那个时代水手们关心的关键所在。

然而也许有人会说：蒸汽舰船可以完全摆脱风的影响，因为蒸汽舰船的机动性和驱动力都远远超过大帆船；在现代，再也找不到这样交错时空的对战了，这也就意味着这样比较的重要性已经不值一提。事实并非如此，如果我们能对风向和气候的明显特征对于海战的影响仔细斟酌一番，一定会发现我们刚才的想法是多么荒谬和无知。

在某种海况下，舰船的相对位置能让战斗双方随心所欲地发动进攻或逃避战斗。换句话说，如果选择了进攻，就占据了一种进攻性的优势。如果这时候风向恰恰有利于炮弹冲向敌方的话，就可以加速发动进攻。

同理，如果风向不利于冲向敌方发动加速进攻，撤退的速度就可以变得很快。不过，这样的优势也会导致一些不利的弊端。比如，撤退时是否可以保证舰船的队列，是否在撤退期间暴露在纵向射击的炮火之下。

所以，一旦战舰或整个舰队处于利于撤退的背风位置，必然会失去进攻的主动地位。这时，如果最初的战略战术并不是撤退的话，舰队的行动就可能受制于人，只能按照敌方设定的方略来进行进攻或者防御。当然，保持战斗队形不受冲击可以一定程度上缓解这一不利局面，如果再佐以持续不断的轰击，这一局面还是能够挽回的。

一切都是相对的、有条件的，在战争史上，在各场战斗之中，上述这些有利和不利的特征都有其对应事例和类比事件。进攻方虽然占据了进攻优势，但是为了接近并摧毁敌人，会承担巨大的风险。反观防御方，只需要保持阵形，就没有进攻方需要承受的风险，可以占据一个良好的战略位置，能随时抓住进攻方露出的破绽，然后，转守为攻取得战争的胜利。

英国人常用的战略就是进攻并摧毁敌军，而法国人似乎更热衷于占据背风位置。因为，他们善于诱惑敌人，并且能够在敌人接近时使其瘫痪，这样可以避免两军正面交锋的遭遇战，从而最大限度地保存自己的实力。

简单来说，英国人更热衷于顺风进攻，给予敌方致命的打击，法国人则是背向而驰，诱敌深入，然后利用对方在进攻中露出的破绽，出其不意发动制胜的打击。法国人的想法很保守，就算是达不到打击敌方的目的，也至少能保存自身的实力。

我们再仔细品味一下法国人的战争艺术，他们的布置几乎都是做防御考虑，所有的海上战事都以为其他军事行动服务为目的，这也一语道破了他们对于海军军费精打细算的原因：他们就是想通过最为简单的防御性姿态，通过努力限制对手的进攻然后再转守为攻取得低代价的胜利。

正因如此，他们习惯于把舰队布置在背风的位置巧妙地运用坡地战术并且深谙此道。当年①，当罗德尼表现出利用风向优势、集中绝对

---

① 当年：这里是指1782年4月9日—12日的桑特海峡战役，当时罗德尼（全名为：乔治·布里奇斯·罗德尼）有36艘战列舰，格拉斯有33艘法军舰船，法军采取避战策略，于是双方展开追逐。在行至诸圣岛的时候，因受地理位置影响，无法继续前行，法军被迫回头南向，与罗德尼的追击舰队迎战。战斗进行一段时间后，风向有变，由东风转为东南风，法军的舰队中间被吹开，即中门大开，防守空虚。罗德尼当机立断，决定立即右转舵，采取“一字长蛇阵”横切入法国舰队，并同时向被切断的法舰队后部舰队发起猛烈轰击，法军的舰队顿时丧失战斗力。——译者注

优势的兵力去对付敌军一部分战线的意图时，他的对手格拉斯伯爵[①]开始坐立不安了。

然而格拉斯伯爵却没能采取相应的策略来应战，居然高高挂起免战牌。这一奇怪举措该如何解释呢？

对此，我们大致可以这样理解：选择进攻还是防御，不再取决于风势，而是取决于战斗双方中具有速度优势的一方。就拿一支舰队来说，不仅取决于舰队中单只舰船的速度，也取决于整个舰队的整体机动性。因此，速度更快的舰船将能够得到天气便利，如果恰逢天时的话。退一步来说，即便没有天时，至少还能在稳中寻得一点其他方面的优势。格拉斯伯爵的失败就在于不会随机应变，扼于防御。

上文中诸多的描述和论证，只是为了证明一个事实——那就是想要在大帆船和单层甲板大帆船的历史中寻找有用的经验教训并不只是一个不切实际的幻想。我们依然可以通过研究从中获取某些海战的启示，这可以指导我们在今后的海战中争取到一些优势。

时光流转，随着外部条件的变化，我们关于战争的思想也会变化。尽管之前发生的那些海上战争因为年代久远和科技落后等原因而参考价值降低，但是换汤不换药，海上战争的核心思想是不曾改变的，不管战争双方的条件和装备发生怎样的变化，我们在战争中获取胜利所遵循的根本依然是不变的——那就是战略战术的灵活运用。

纵观除海战之外的其他战争，都遵循着上述原则。我们往往都能通过对历史的研究而有所收获，毕竟，历史可以给我们揭示战争的成败教义。在此必须强调一点：以史为鉴，这是我们积累战争经验最简洁却最行之有效的方式！

---

① 格拉斯伯爵：全名为弗朗索瓦·约瑟夫·保罗·德·格拉斯（1722年9月13日—1788年1月11日），法国海军中将、伯爵。曾在美国独立战争中任法国海军司令。在1782年的桑特海峡战役中因战略战术的运用不当（即被动防御），被乔治·布里奇斯·罗德尼击败，被俘，写有作品《辩护备忘录》。——译者注

还有一点，时代的发展往往决定了战争的具体情形和武器装备情况，这是一个不小的变化，对战争胜负的影响有着至关重要的作用。为了尽可能地避免战争行动在这一环节出问题，我们必须对那些战争中包含的战略战术的持续性历史教义予以充分的重视。反过来说，正是在特定的行动中，历史的教义才有价值，而且更具永恒意义。其实，我们看待事物应该透过现象看本质，了解了这句话，那么上述的战争思想就不难理解了。**战争中的基本原则就是依据相应的外部条件，采取相应的应对措施，这才是战争胜负的关键所在。**而那些包括战争范围、双方实力、行动的难易在内的差异，都仅仅是范围和程度上的不同而已，没有本质上的差别。

3

历史的车轮永不停息，文明不断进步，社会快速发展，支持发展的技术力量也在迅速提升，交通工具和通讯手段一日千里，平坦的地方铺路，峭壁之上搭桥，汪洋之中行船，食物的种类不断增加……科技消除着愚昧，而战争也悄无声息地滋长着，战争的规模也像卷入战争的可能一样成几何级增长。

随着时间的推移，用于作战的舰船也不断地演变。从当初行程十分有限的单层甲板船到乘风破浪的大帆船，再到有无限机动可能的蒸汽舰船，军事家们的心早已经随着科技的发展而雄心勃勃。雄心勃勃的最直接影响就是：舰船的一系列演变在作战部队中迅速推广开来，海军行动的广度和速度都得到了大幅提升。不过，装备上的提升并非意味着指导海军原则的改变。这一点已经在前文中阐述多次，这里还想要再次强调一下，因为，这些原则决定着战争的胜负。谁会嫌弃胜利的眷顾呢？

在海上战略领域，海洋战争的历史教义所具有的价值永无被摒弃的可能，因为海上的形式往往是相对持续稳定的。但是，当对立的舰队并不认为能从哲学原则中收获战略思考时，海战中的战术问题就自然而然地被人忽略掉了。毕竟，人类的武器装备正随着科技的进步而不断革新。正因为上述种种，海战必然会迎来一场持续变革，这种变革只能以战争为方式。这主要体现在以下两个方面：

其一，对于战场上部队的处理和掌控。

其二，对于战场上战舰的处理和掌控。

这两方面看似相互独立，事实上却是相互关联不可分割的两部分。许多与海上事物相关联的人物都倾向于一种观点：他们认为研究先前的经验体会不再有利可图，在这上面花时间简直是一种浪费。这显然是一种错误的观点。其一，这种观点忽略了人的主观能动作用，即便武器随着技术革新，但武器只能是武器，离开了人的操控和发挥只能是“一堆冰冷的废铁”。其二，这样的观点是局限的，持有此观点的人的思维都局限在自身的舰队仅置身于国家指挥划定行动之区域范围内，却没有像他们表现出来的勃勃野心那样引导国家将战舰游弋于大洋，从而争取到更多的海上权益。很遗憾，他们并不能意识到这一点，仍活在“井底”的虚妄之中，夜郎自大，不思进取。

翻阅尘封的战争史，不难发现，一场战争的成败，往往取决于对战争法则的遵循程度。对那些仔细研读战争成败原因的海军将领来说，他们不仅能够发现并逐渐领悟这些法则，而且还能从实战中得到非凡的启发。除此之外，他们还会了解到更多的东西。战术的变化不仅仅是因为武器的革新，还需要克服一整个保守阶层原始的惰性。因为，一个人很难抵得过一个阶层的执拗。战略战术的完善需要以对装备力量和局限的仔细研究做铺垫。并不是生搬硬套，而是需要细致入微地观察，需要掌握其中的每一个细微的变化。**简单地说，就是思想必须与时俱进，才能立于不败之地。**

历史表明，指望军人们自始至终自觉地进行战术的运用完全是一种徒劳；必须让他们遭受沉痛的打击，并引领他们体味这种惨痛的经验总结与启示，才能让他们牢牢地记住战略战术的重要性。关于这点，法国战术家莫罗古斯的训诫早在许久以前就已经提过。一个半世纪以前他说："海军战术变化的主因是武器装备可能发生变化，这样的变化会引起战舰的改造，也会导致战略战术和舰队的变革。"下面，就列举一个实例来说明战略变化的重要作用。

1788 年英国舰队在对战法国舰队的尼罗河之战①中取得了压倒性的胜利，这种压倒性的优势从一开始就十分明朗。为什么这么说呢？仅就战术层面来说，英军统帅纳尔逊在这场较量中将战术运用得淋漓尽致，如果历史记载是客观而公正的，那么，正如上文所述，这场战役堪称战役伊始与战役发展过程完美衔接的典范。原因很简单，那就是这场战役的结果是纳尔逊通过对战术的合理使用摧毁了拿破仑军队在法兰西与埃及之间的交通线。

不过，特定的战术衔接都取决于特定的条件，当时那个特定的条件在今天已不复存在，但那段历史让人记忆犹新。当初的特定条件是：一支抛锚于背风处的舰队是无力前去救助被摧毁的处于上风位置的战舰的。但是，战役中战术衔接的基础法则，却仍旧适用，**即集中优势力量攻击敌军阵营中最难获得其友军援助的部署**。时光回溯到杰维斯海军上将在圣·文森特角的战役，同样的原则得到了同样的遵循。战役中，杰维斯上将以 15 艘战舰击败了对方 27 艘战舰。虽然对方战舰一直处于行进状态，并没有抛锚停泊。

在纳尔逊的胜利中，我们很容易发现一条实用的战争原则。埃及企业生存必须依赖于保持与法国的联系畅通无阻。也就是说，在尼罗河战役中，当英国舰队出其不意摧毁了法国的海上力量，意味着法国

---

① 尼罗河之战：又叫作阿布基尔海战（1798 年 8 月 1 日—2 日），该战役被誉为纳尔逊作战生涯中最辉煌的战役之一，他本人也因此受封为尼罗河男爵。阿布基尔海战的作战背景为拿破仑对埃及实施的远征计划，当时英法海军在地中海尼罗河口的阿布基尔海角（埃及）交战，法国舰队全军覆没，以至于对拿破仑远征埃及产生了严重的不利影响。——译者注

最终的结局就只能是失败了。因为，法国人最后的希望全部寄托在这条交通线上。显然，战术的运用成功地掐断了敌人的交通线，让其失去了内部联系。正如我们之前说的那样，就算是在现代的条件下，这样的战术依旧能发挥效用，就像是在那年代久远的单层甲板船与大帆船或蒸汽舰的岁月里一样。

尽管如此，仍然有人对战略战术的重要性视而不见，认为这些不足以证明战略战术的决定性作用。让我们回到 1805 年特拉法加战役，在战役中，英国舰队打败了法国和西班牙联合舰队。然而，有多少人从战略角度考虑过那些战舰为什么恰巧都安排在了那里？又有多少人意识到这是一部伟大战略戏剧的最后一幕；在这部戏剧里纳尔逊和拿破仑是如何钩心斗角的？

我们不妨逆着时光回到那场史诗般的对决，这能够让我们很好地找到问题的答案。其实，与其说战争的结局是简单的胜利和失败，不如说是维尔纳夫和拿破仑被打倒了，而英格兰恰好得到了拯救——这样的说法或许更加贴切。那么，这说明了什么呢？答案的关键点在于，拿破仑的衔接未能达到预期，而英国舰队得益于纳尔逊的直觉与机敏，始终能对敌人穷追不舍，战事猝变时又能够悄然终止。这战术是多么灵巧而精妙啊！当然，对于当年特拉法加战役里的战术，细节方面仍存在诸多争议，然而，从主要特征来看，其战术仍然符合战争的基本法则。在战况准备的时效性和执行活动与能量等方面以及在战争发生前数月这位英国将领的思想与洞察力上，我们确实应该进行更深入的思索。

在美国革命战争中，为了抗击英国，法国与西班牙在 1779 年结成联盟。法国和西班牙的联合舰队曾三次耀武扬威地在英吉利海峡招摇过市。其中一次，66 艘战舰一字排开，英国舰队戏剧性地被驱赶到了港口以内。为什么会出现这样的局面？主要是舰船数量上的差距，当时的英国舰队在数量上要比联合舰队少许多。当时，西班牙的战略目标是要夺回直布罗陀和牙买加。因此，联合舰队决定攻打那座几乎坚不可摧的堡垒。但是，不管是海战还是陆战，西班牙人和法国人都一无所获。

事实上，这是一个纯粹的海军战略抉择问题，即如果实现了对英吉利海峡的控制，就可以在英吉利海峡港口进攻英国舰队，对英国的商业和本土安全造成足够的威胁。这远远比付出巨大的代价去进攻大英帝国遥远而固若金汤的前哨来得划算。

长久以来，英国人的骨子里都有着免遭外敌入侵的心理，尤其害怕被进攻，一旦信心产生动摇就意味着他们的斗志会一并泯灭。这才是攻心的关键所在！所以，不管做出怎样的抉择，这个问题依然是一项战略要点，在战略的制定中要加以着重考虑。而且，当时法军阵营中的一名军官就以另一种形式提及此事，他认为应该将主要精力放在西印度岛屿，而不是更为难以攻克的直布罗陀。

按常理来说，英国人应该放弃这里回去保卫本国领土和首都。但是，问题的关键在于，英国绝无放弃这块地中海咽喉要道的可能，哪怕因此在其他的领土方面付出被占领的代价。对于此，拿破仑曾放出豪言壮语，要在波兰境内的维斯特拉河岸边再次建立殖民地。如果拿破仑能控制英吉利海峡的话，那么1779年的历史将会重演，西班牙和法国联合军队将再次攻占直布罗陀和英国沿海地区，这是不用怀疑的事实。可惜，历史始终是历史，很难重演。因为，历史往往能给后来者提供宝贵的经验和教训。

4

军事上所谓的历史研究其实就是战略研究，因为历史正是通过具体的战役来阐述战争法则。这是众所周知的真理，为了让其在人们脑海中印象更深刻，我们不妨再来看看下面两个例子。

在那两次东方与地中海的西方强国的大角逐中，相互对立的舰队在彼此邻近的阿克提莫岬角与巴尔干半岛西南的勒颁多集结。一个公认的世界强国竟然在其中一场角逐中处于下风几近溃败，这不得不让人产生疑问。难道仅仅是因为某种巧合？又或者是由于某些固有的条件导致？如果事情的真相是后者，那么花些时间追根溯源是值得的。毕竟，一个强如安东尼①或土耳其那样的东方海洋大国的再度崛起，在战略层面上带来的问题依然相同。

就目前的状况来看，西方国家依然是世界海洋强权的中心，这集中体现在英国和法国身上。然而，一旦出现控制黑海盆地并能趁机占有地中海通道通行权的机会，那海洋霸权就会因战略条件的改变而发生转移。当然，这只是一个假设。但其中有一点值得我们高度重视，那就是，一旦西方国家联手对付东方，英法联军开往地中海东部及爱琴海沿岸地区将不费吹灰之力。这样的局面一旦产生，那么接下来的事情就像曾经在 1854 年以及 1878 年发生的那样——必然导致新的格局，东方也必将在半途与西方迎头碰撞。当然，这也再一次论证了海权战略的重要性，**谁控制了制海权，这个世界就是谁的。**

第二次迦太基战争，在很长一段时间里，海上霸权的影响和重要性都没有得到足够的重视。自然而然，也就不会留下详尽的资料供后人研究。在海洋的控制上，不管如何戒备森严，都不能完全杜绝敌方战舰潜伏着从港口悄悄进出——穿过繁忙的海上通道，骚扰性地攻击漫长的海岸线上不受保护的区域，或潜入戒备森严的港湾。

历史早已经给出了足够的证明，不论双方海上实力的差异有多大，对于相对弱势的一方，诸如此类的战术永远都是可行的。所以，

---

① 安东尼：全名应为马克・安东尼（约公元前 83 年 1 月 14 日—公元前 30 年 8 月 1 日），古罗马杰出政治家和军事家，恺撒集团的重要支持者，恺撒大帝被刺后，他与屋大维和雷必达组成“后三头同盟”。后因内部耗斗，“后三头同盟”决裂，公元前 31 年 9 月 2 日屋大维决定发出致命一击，在亚克提姆海战中，马克・安东尼的海军战败，他逃往埃及，最终被迫自杀身亡。——译者注

出其不意攻击对方海岸线的战术通常都能取得意想不到的效果。因而，在战争的第 4 个年头[①]，哈米卡尔・巴卡带领着迦太基海军不可思议地攻陷了坎尼，并在南部的意大利打包登陆了 4000 名士兵和一群大象。过了 3 年，哈米卡尔又在叙拉古附近带领着下属神奇地摆脱了罗马舰队的追逐。其子汉尼拔也在后方积极策应，并派出特遣舰队前往迦太基，向意大利进军。汉尼拔的突然出现，让罗马人大为吃惊，公元前 217 年 4 月，汉尼拔采取迂回战术，与罗马执行官 G・拉米尼乌斯在特拉西梅诺湖附近山口大战，最终汉尼拔大获全胜。但第二次迦太基战争最终还是以汉尼拔失败而告终。

上述史实蕴藏着许多深层次的东西。譬如，迦太基政府原本是打算支持汉尼拔的[②]，但事实上汉尼拔却一无所获。可是，他们又确实想给人造成一种顺应自然的表象，让人以为这类帮助本来是打算给予的。因此，罗马的海上优势对战争进程产生了决定性影响这一断言就必须要有确凿的事实证据来支持。对于这一点，不妨借鉴一下德国历史学家毛姆森的观点。他认为，罗马控制了海洋是战争之初不可争辩的事实。在罗马与迦太基之间的第一次战役——布匿战役中，虽然本质上不是海洋性的国家，但因为确立了海上优势，并且保持着这个优势，所以尽管面对的是以海为主的对手，战争之初罗马还是控制了海洋。

由于汉尼拔没有像历史上庞贝的小普林尼那样留下可供我们研读

---

① 第四个年头：这里是指迦太基战争，又叫作布匿战争，第二次迦太基战争的时间跨度为公元前 218—公元前 201 年，但也有资料认为第二次布诺战争始于公元前 221 年，按照此时间推断，第四个年头即为公元前 218 年。——译者注

② 迦太基政府原本是打算支持汉尼拔的：关于汉尼拔在意大利长达 16 年的战争中始终没有得到政府援助的原因，大致有这几点：其一，战争掺杂有太多的个人因素。其二，政府中意见不一，主和派极力主张与罗马签约并保持和平。其三，迦太基国家在这一时期还有其他作战战场，大量的兵力投在了西班牙，政府就算想支持也心有余而力不足。关于迦太基战争，一共经历了三次，具体详情可参阅《罗马人的故事 2：汉尼拔战记》一书。——译者注

的回忆录，他老人家当初跨越阿尔卑斯山，迈出其危险而又几乎毁灭性一步的动机也就无从知晓。但是，有一点可以确定，他手下驻扎在西班牙沿岸的舰队还没有强大到足以与罗马舰队抗衡。因此，他有沿着正在走的路一直走下去的理由。换句话说，他采取这一决策必定离不开一个不得不为之的理由。假使当时他是从海路出发，那最初随他征战的 60000 名经验丰富的士兵就不会损失掉 33000 名之多了。在这个假设里，海权战略的重要性不言而喻。

在汉尼拔带领着他的部下铤而走险时，罗马人也没闲着，两名元老级别的人物正率部挺进西班牙。有一点很关键，他们的某些战舰上搭载着一支执政官大军。这让他们的航程并没有遭受严重损失，因为这一支执政官大军都是些老谋深算的智囊团成员，深谙海权战略之道。而后，罗马陆军也在汉尼拔交通线上的埃布罗河北部地区站稳了脚跟。与此同时，另一支分舰队和另一支由执政官统帅的大军奉命向西西里进发。这两支罗马大军合兵共计 220 艘战舰，它们在途中各遭遇并击溃了一支迦太基舰队。这样的交锋结果，从轻描淡写中就能推断出一个事实，罗马舰队具有可怕的实力——强大的海上优势和海权战略的熟练运用。

第二年，战争呈现出一番新的态势：汉尼拔从北部进入意大利，收获了一连串的胜利，接下来向南挺进至罗马城附近，导致其在意大利南部难以自拔，陷入了以战养战的怪圈。这种局势使得百姓怨声载道。所有人都清楚，一旦与强大的罗马帝国在那里确立的控制体系相冲突，那么后果是无法想象的，而结局也注定只能以悲剧收场。

正因为如此，汉尼拔从一开始就需要建立“交通线”，即自己与可靠的基地之间建立起来的补给与增援渠道。在当时，有三个友善的地区或多或少符合建立交通线：迦太基本土、马其顿、西班牙。

需要特别注意的是，前两者只能在海路建立交通线。如果选择西班牙，就可以有海陆两种路线选择，这就是为什么西班牙是最佳选择的原因。汉尼拔在那里可以得到最坚定的支持，只要通道不为敌军所阻断，陆路与海路都能建立功能强大的交通线。必须声明一点，那就是海路远比陆路来得快捷简易。

因为海上霸权的缘故，罗马在战争初期掌握了意大利、西西里和西班牙之间的盆地，即第勒尼安海与撒丁里亚海绝对的控制权。在这条海上战线中，从台伯河沿岸到埃布罗河地区都是属于和平地带。遗憾的是，在坎尼战役之后，即进入战争的第 4 个年头，叙拉古取消了与罗马的结盟，西西里亦被反抗潮流席卷，雪上加霜的是马其顿与汉尼拔随即结成了联盟。罗马舰队的行动范围不得不进一步扩大，罗马的力量也被严重削弱了。罗马自然意识到了这一点，那么，当时的罗马采取了怎样的应对措施，这对以后的战争形势有些什么影响呢？

种种迹象都指向一个事实，那就是罗马企图掌握第勒尼海控制权，这样麾下的分舰队就能安然从意大利挺进西班牙。这时候西班牙沿岸的控制权一直掌握在罗马人手中，直到一名年轻的执政官认为到保存舰船的最佳时机了！于是他们转而把优势舰队部署在了意大利的布林迪西，以这样的方式遏制马其顿，避免第勒尼安海落入他人之手。庆幸的是，这次的战略意图得到了很好的实施，甚至没有哪怕一名敌方士兵能够踏上意大利本土半步。正如毛姆森曾说的那样："菲利普①举步维艰，因为他们缺乏作战舰队。"这再次证明了海权在战争决胜中的决定性作用。

我们再来看西西里的战事，当时战斗主要发生地是在叙拉古。迦太基和罗马的舰队直接正面碰撞，但是后者牢牢掌握住了优势。虽然当时迦太基人已经做得足够好，他们不仅按时补充给养，并且尽量避免正面冲突。然而，冰冻三尺非一日之寒，占据着马萨勒、巴勒莫和墨西拿的罗马，在西西里岛的优势绝非迦太基人所能撼动的。迦太基

① 菲利普：指马其顿国王菲利普五世，统治希腊大陆地区的大部分，曾与汉尼拔结盟。——译者注

人若要取胜，只能避其锋芒，巧妙地利用畅通无阻的南部通道。因为，在那里，他们可以通过支持反叛力量来牵制敌人。

根据上述事实，我们推出某些已经存在的事实，那就是罗马掌握了从西班牙的泰拉弋那到西西里岛西端的马萨勒，再从那里到亚得里亚海的布林迪西一线以北的海域的控制权。简单地说，罗马遏制住了汉尼拔所必需的安全稳定的海上交通线。这只是其中一方面。

另一方面，在战争的最初十年里，罗马舰队还没有足够的实力能够在西西里和迦太基之间的海域持续开展军事行动，甚至在其界线以南的海域也表现得心有余而力不足。战争之初，汉尼拔麾下所有的舰队都竭力维护贯穿西班牙与非洲的交通线，而当时罗马人居然天真地睁一只眼闭一只眼，没有采取任何行动。

正因如此，罗马的海权完全使马其顿置身战争之外。它并没有如想象中那样平息迦太基人在西西里的骚扰性佯攻，但却阻断了迦太基人向其远在意大利作战的官兵输送后援和给养。那么，这时候西班牙会做出怎样的应对呢？

5

早在战争开始之前，汉尼拔和他的父亲就计划将西班牙作为进攻意大利的根据地。为此，他们耗时 18 年终于占领了西班牙，又用少有的睿智在政治和军事上对这份来之不易的权力进行扩展与巩固。归纳起来，他们做了以下一些事：

（1）通过局部战争和招募，建立起了一支数量巨大并且专业的军队。

（2）在远征之前，汉尼拔将政府托付给弟弟哈兹德鲁拔。哈兹德鲁拔自始至终都对他忠心耿耿，任劳任怨，这一点是汉尼拔在百家争鸣、内部复杂的非洲本土所得不到的。

在汉尼拔点燃战争的引线之时，西班牙的迦太基政权稳稳地统治着从南部港口加地斯到埃布罗河之间的地区。该河与比利牛斯山之间地区的部落十分亲近罗马，但因为还没有得到罗马人的支持，他们对于汉尼拔麾下的部队几乎毫无还手之力。汉尼拔趁机挺进该区域，并下令汉诺统率11000名士兵军事占领该国，使得罗马人在那里无法站稳脚跟，并对罗马人在该国与基地的联系进行持续性的骚扰。

但是，西庇阿①率领20000名士兵在同一年从海路及时杀到，战胜了汉诺，成功占领了埃布罗河沿岸和内陆以北地区。于是，罗马人就地安营扎寨，完全掐断了汉尼拔与哈兹德鲁拔之间的交通通道，并据此地对在西班牙的迦太基势力发动猛攻，而他们自己通过水路与意大利联系的交通线却因依靠着自身的海上优势平安无事。上述事实，再一次证明了海上控制权的重要作用。

为了与在西班牙东南港口喀它基那的基地对抗，罗马人在泰拉弋那建立了一处海军基地，随后大举攻占了这块原本属于迦太基人的领地。罗马军队在年轻有为的将领西庇阿的指挥下，与哈兹德鲁拔打得难分高下。不过，随后哈兹德鲁拔就给予了敌方毁灭性的打击，这成了战争的最后时刻。迦太基人增援汉尼拔的预备力量也成功地突进到比利牛斯山脉，可谓前途一片光明。

遗憾的是，这一意图一时未能得逞。因为，就在迦太基人准备卷土重来前夕，卡普阿的沦陷使得罗马人得以腾出12000名经验丰富的将士，由克劳迪阿斯·尼禄率领着挺进西班牙。尼禄不仅能力卓绝，并且才华横溢，在罗马和迦太基间的第二次布匿战争中，他的才智和当机立断在罗马军中无人能出其右。这支通过海路跋涉而来的援军，使得原本摇摇欲坠的出征路线的控制权得以巩固，而罗马海军也因此迅速逼近了迦太基人。

又过了两年，日后凭借“阿非利加执政官”名号一举成名的西庇

① 西庇阿：古罗马名门贵族，罗马共和国时期曾有两位声名显赫的西庇阿，分别是大西庇阿和小西庇阿。大西庇阿全名为普布里乌斯·科涅利乌斯·西庇阿，此文所指的应是大西庇阿，在第二次迦太基战争中阵亡。——译者注

阿终于接过了在西班牙的帅印。西庇阿凭借陆军和海军同时进攻的方式，直接攻占喀它基那。然而，他在随后做出了让人大跌眼镜的决定，居然解散了舰队，海军们都编制进入陆军部队。西庇阿并不满足于扮演关闭比利牛斯山通道遏制哈兹德鲁拔[①]的角色，他还率部长驱直入西班牙南部，在瓜达尔基维尔河进行异常激烈却几乎毫无意义的战斗。而哈兹德鲁拔却从他身边偷偷溜走了，迅速向北推进，又穿越了比利牛斯山，直接逼近意大利。在那里，汉尼拔的状况已经大不如前，麾下部队自然减员的状况已经到了难以挽回的地步。

这场战争长达 10 年，哈兹德鲁拔顺利地从北部攻入了意大利，一路上几乎没有遭受到任何损失。倘若他麾下的那些部队能够和当时所向披靡的汉尼拔麾下成功会师，那么他所率的部队就可以起到帮助己方扭转战局的决定性作用。因为当时罗马自身的实力也已经几乎消耗殆尽，其连接殖民地和盟国的交通线也到了生死关头，有些甚至已经不复存在了。

但是，哈兹德鲁拔和汉尼拔两人的处境也好不到哪去：一个驻扎在梅陶罗河畔，另一个在阿普利亚，两者之间相距 200 英里，并且各自跟一个优于自己的敌人纠缠不清。更要命的是，罗马大军戏剧性地处在被分而治之的他们之间。造成这样险恶的局面，不仅是因为哈兹德鲁拔延误了战机，还因为海洋的控制权掌握在罗马人手里。这成功地掐住了两位迦太基兄弟通过高卢地区取径进行相互支援的生命线，把他们孤立开来。

在哈兹德鲁拔在陆路开展路程遥远而又艰险的迂回的同时，西庇阿从西班牙动身了，他率领着 11000 名士兵从海路增援以堵截哈兹德鲁拔的军队。更糟的是，因为要穿越大片的敌占区，那些从哈兹德鲁

---

① 哈兹德鲁拔：也叫作哈兹德鲁布尔，哈兹德鲁布尔是迦太基有名的战将，公元前 207 年率军越过阿尔卑斯山，参与其兄弟汉尼拔在意大利的征战，在梅陶罗河战役中被罗马的尼禄与李维军击败，死状极为恐怖，其头颅被敌军砍下扔到汉尼拔的军营里。——译者注

拔派往汉尼拔处的信使纷纷落入克劳迪阿斯·尼禄之手。

因此，原本统帅南部罗马军团的尼禄，也从信使口中知晓了哈兹德鲁拔计划的路线。然后，尼禄根据得到的信息分析，派出数千精锐之师，飞速前往北部与大军会合，打了汉尼拔一个措手不及。两支部队双剑合璧，数量占压倒性优势的部队在两名执政官的领导下对敌发起了进攻，哈兹德鲁拔全军覆没。这位迦太基将领也在交锋中不幸殒命。当看到抛进大营里的兄弟头颅时，汉尼拔方才幡然醒悟，知道大事不妙。在流传下来的版本中，当时他失神感慨罗马已成了世界的统治者。因此，所有人一致认为，梅陶罗河的战役在这次战争中具有决定性的意义。

对梅陶罗河战役和罗马当时的情势加以分析，我们能得到如下结论：

（1）要撼动罗马，一定要打击其位于意大利的权力集中地，粉碎其领导组成的上下齐心的联盟。想要实现这一目标，迦太基人首先要具备扎实的战争根据地和一条稳定持续的交通运输线。前者由巴卡大家族军事天才在西班牙成功建立，后者却未能成功实现。这里存在两条潜在可能的线路：一条是直接通过海面建立；一条需要穿过高卢。特别要注意一点：第一条线路也就是海上道路一直在罗马的控制之中。第二条也一直未能落实，而且最后也因为罗马对西班牙北部地区的控制而被截断。

（2）对海面的控制，是占领的最根本条件。而这一点，正是迦太基人从来没有做到的，自然不会对罗马军团构成致命威胁。相对于汉尼拔和他麾下的根据地来说，罗马占据着罗马本土和西班牙北部两个险要位置。这是密切联系着的两个地区，可以通过一条快捷的内部线和海路轻松相连，这样就能保证相互支援和给养的持续。

还必须意识到另外一点，那就是有着某种力量的对手，不管实力差距如何，都有对已占领区进行袭击的可能性，要么是烧掉一个村子，要么把边境地区搞得生气全无，要么突然出现袭击护送物资的后勤部队。不过，这并不是军事意义上的破坏交通线，只是不痛不痒的无聊行为罢了，甚至可能连骚扰都算不上。

通常来说，交战双方中海上实力较弱的一方都会大行其道，并且乐此不疲。诸如上述一类的事例，属于完全不同的有着巨大时空间隔的历史。正如前文中所言，很多因素往往都处于战略运用而非战术考虑的范畴。与其说是战斗本身有着不容忽视的影响，倒不如认为影响都集中在战役部署上，正是后者让这些事例具有了永恒久远的参考价值。

对于此，可以用一位权威的话来加以概括。杰米尼曾说："1851年年底，我正好在巴黎，一位荣耀满身的绅士谦虚地询问最近武器装备的发展会不会改变现有的战争方式。我告诉他，那些改变也许对战术的细节会有那么一丁点儿影响，但是，在大型战争和连在一起的战役里，现在仍然和过去一样，不管是恺撒、亚历山大、弗雷德里克还是拿破仑，他们取得胜利所遵循的法则还是那些永恒的法则。"对于海军而言，指导大型海上军事行动的法则能够在所有时代放之四海而皆准，它们都出自于历史。并且，现在战略研究比过去变得更加重要，因为当代蒸汽舰队具有巨大而又稳定的运作能量，精心策划、巧妙构思的作战计划完全能付诸实践。而在单层甲板船与大帆船的时代，它则可能仅仅因为老天的作弄而化为泡影。

一般来说，"战略"的使用范围往往都要求是在军事行动组合中，包括一个或更多的行动领域，要么完全地各自独立，要么相互之间密切相连，但不管怎样，这些都应被视作是实际的战争场景。然而，这也许单单是就在陆地上而言。就像最近一位法国著作者精确指出的那样，对于海上战略来说，这一定义太过狭隘了。他曾说："海权战略与人们常说的军事战争战略不同，因为它在和平时期依然像战争时期一样不可或缺。"在和平时期，海权战略常常以购买和条约为手段，来达到占领一方疆土的目的，而且往往都能取得效果显著的胜利，这些胜利甚至是那些战争手段都无法实现的。

英国占领塞浦路斯和埃及之后，以暂驻为幌子，事实上根本没有放弃占领的想法。这种所谓的暂驻确实可以从那种背地里拼命坚持的精神中得到证实。要不是因为这股子精神，所有那些海上大国都会竭尽全力地在各个海域之间流窜。尽管那些海域与塞浦路斯和埃及相比会黯然失色，但依然吸引着一个又一个国家的争夺。

海权战略可以提升和展示一个国家的海上力量，并能在汪洋之上创造收益。因此，研究海权战略这一大趣事，不仅和任何一个国家公民的切身利益相关，更有许多潜在的价值。

历史，从这里回顾；总结，从这里开始。海权战略总是能够很好地对我们得出的结论加以阐释和验证。而我们，作为历史的后来者，唯一能做的就是翻开海战历史的书卷，在那遥远的硝烟弥漫着的大海上，总结先人留给我们的教训，不再重蹈覆辙。

第二章

海权战略的构成与国民意识

在当今时代，商贸很大程度上依赖于广阔的海洋；而一支海军存在的必要性，从狭隘的词义来看，源于一支和平运输船队的存在，并随之消失而消失。

当一个拥有非武装与武装舰船的国家，让其船只离开本土远航他乡，就会感觉到船只对于和平贸易、避难场所和供给的依赖。在今天，虽然陌生但不失友好的港口在世界各地随处可见，舰船能获得足够的保护，但和平不会永久长存。因此，一些国家在其贸易航道的另一头往往寻求一个或更多的落脚点——要么通过武力，要么通过恩赐——这就是殖民地。

生产，具有交换产品的必需；航运，借此交换得以进行；殖民地，方便并扩大航运行动，并通过大量建立安全区对此进行保护——这三件事情是濒海国家历史与政策制定的关键所在。而这些又是由其民众的地位、范围、组合、数量及性质，即自然状况决定的。

影响一个国家海上实力的主要因素可列举如下：

1. 地理位置；
2. 形态构成，其中包括与此相连的天然生产力与气候；
3. 领土范围；
4. 人口数量；
5. 民众特征；
6. 政府特征，其中包括国家机构。

1. 地理位置

是否恰好会有一个这样的国家？领土既无外敌入侵，也不会受到侵占邻国领土的诱惑，最关键的是它还四面环海。如果有，那么它与那些每一处边界都与邻国土地接壤的国家相比，就有了一种无与伦比的先天优势。就像英国之于法国与荷兰两国一样，海洋强国由此而生。

单单就法国来说，它的政策总是让人哭笑不得。这些政策有的马马虎虎，有的简直愚蠢得就像是议员先生们喝醉酒时写出来的一样，大陆的战略计划一直如此，海洋的战略计划也不能幸免，白白浪费了大把纳税人上缴的赋税，而如果能合理利用地理位置，花费会大大减少并高效很多。

地理位置在提升或弱化海上军事力量上有着至关重要的作用。对于这一点，将法国和英伦三岛放在一起比，就是活生生的野鸡和凤凰的例子。我们来看看法国的位置：濒临大西洋，延伸至地中海。虽然看起来是其长处，但是，就全局来看，这却是法国海上军事力量薄弱的根本原因。因为，法国的东、西部舰队需要穿越直布罗陀海峡才能会合。而且，要是法国人真这样做的话，他们将付出不菲的代价。

我们再回过头来看看当时的殖民大帝国英国。因为殖民地范围宽广等原因，英国在地域的控制上常常鞭长莫及，它就只好把自己在周边集结海军的优势拱手相让。但是，这种看似无奈的举动却暗藏玄机，绝对是明智之举。至于原因，我们一起来看。英国的殖民地不断扩张，不仅促成了其海军舰队的崛起，更加快了其海上商业和财富增长的速度。与法国相比较，正好可以印证英国殖民战略的目光长远。对此，外界的声音却褒贬不一。结合美国独立战争和法兰西共和国与英帝国的战争，一位法国作家指出：“虽然英国舰队崛起之势迅猛难当，搜刮的财富也数不胜数，但是，那个国家却还是没能从以前那种贫穷的尴尬中走出来。”然而，大英帝国的力量毕竟可以满足公民们的温饱，但殖民地同样辽阔的西班牙却常常被人欺负戏弄，原因正在于西班牙在海洋上没有如大英帝国的优势。

对于一个国家来说，好的地理位置不仅可以有益于军事力量的集中，同时还能够在可能发生的战争或者军事行动中占取先机。英国就是这样一个具有地理优势的国家。首先，它面对的是荷兰和欧洲北部强国；其次，它面对着法国和大西洋。一旦受到来自法国或北海以及波罗的海的海上强国军事威胁时，驻扎在多佛海峡与英吉利海峡甚至在布列斯特附近游弋的舰队就能迅速支援，以闪电之势占据险要之地，并且能够步步为营地迅速加入到部队中，然后给予敌人致命的打击。不仅如此，英国的港口和海岸都具有先天优势，比敌方的海港更加优良安全。有一点需要特别说明，那就是天然的地理优势本是英国一个十分重要的因素，但是由于蒸汽舰船与港口的改进，法国的劣势一度被冲淡消解了。

面对这样的情势，老到的英国会用怎样巧妙的方式来化解呢？在大帆船统治着海洋的岁月里，英国舰队对布列斯特发动了进攻，在托贝与普利茅斯建起了基地。简单地说，他们的计划如下：倘若天气没有坏到恶劣的程度（有东风或者天气温和），那些执行封锁任务的舰队坚守阵地就像做个位数加法一样简单；但一旦是西风天气，或者天气情况十分恶劣时，也可以打道回府折回港口。他们很清楚，如果风向一直是西风，那么法国舰队绝无出来活动的可能，如果反之，英国舰队就可以借着大风之力把自己送回安全的要塞。

地理上所占据的优势，没有比在战争中表现得更明显的了。法国人为此采取了“游击战”。通常来说，要实施这样的行动，只需要轻型武装船只就足够了，因为他们的目标往往都是那些手无寸铁的和平商船。所谓商船，是没有反抗能力的，只能寄希望于附近的避难场所。这些避难场所要么是本国舰队控制的某片海域，要么是友好港口，两者都能让其寻求保护。后者能给予更多的支持，毕竟友好港口一直都在那里，而且大多数商船都比不怀好意的战舰对友好港口的状况更为熟悉。法兰西和英格兰之间的距离并不遥远，这就为法兰西对英格兰采取游击战创造了条件。

英国在北海、英吉利海峡和大西洋都占据着港口，这是非常便利的条件——巡洋舰可以从英国贸易中心附近出发，并且进退自如。港口之间那一段不短的距离对于正规的综合军事行动而言并不十分有利，然而对于那些非常规的、辅助性的行动却能够具备一些优势。至于原因吗，那是因为这些军事行动的实质是集中军事力量，而在破袭商船方面，力量的分散是至关重要的。如果能做到这一点，就可以在更宽广的领域之内找到更多的猎物。这也在某种程度上验证了法国那臭名昭著的海盗史的真实性，还能诠释其臭名昭著的原因。他们的基地和行动范围都集中在英吉利海峡和北海一带，除此之外，还包括那些遥远的殖民地，像法属西印度群岛之瓜德罗普和马丁尼克之类的岛屿，哪里都可以提供就近的庇护场所。舰队对煤炭的大量需求也注定了那些蒸汽舰船要更加依赖港口。

有一个有趣的设想，如果上帝创造了一个可以随意地进入公海的国家，并且这个国家还扼着世界航运的咽喉之地，那么，它所处的地理位置的战略价值绝对难以想象。事实上英国就具有上述所有先天性的优势。不管是荷兰、瑞典、俄罗斯或丹麦的商贸船只，还是那些深入法国腹地的贸易活动，都必须要取道英吉利海峡。

西班牙和英国的地理位置有几分相似之处。西班牙濒临大西洋与地中海，面朝加地斯，背后是喀它基那。那些前往地中海东部沿岸岛屿和国家的贸易船只，都会从西班牙眼皮下面穿过，那些好望角附近的各种贸易其实就在他们家门口。但是，因为丧失了直布罗陀的控制权，西班牙在海峡上的优势早已不复存在，西班牙的两大舰队也不再能像以前那样顺利地会合。

而就意大利来说，我们不妨找出世界地图好好看看。排开海上霸权不看的话，不难得出一个结论，那就是意大利海岸宽广、良港众多，而且它正处在一个很精妙的地理位置——占据着通往地中海东岸国家及岛屿贸易航道与苏伊士地峡咽喉要道。这样的结论在某种条件下是成立的：只要意大利能够完全掌握住那些原本属于自己的岛屿，那么不仅是当时，未来亦是如此。

虽然地中海的面积并不大，但是它的地理位置注定它从被发现开始就要在世界历史上扮演一个举足轻重的角色，不管是从商业角度还是军事的角度来看。想要控制它的国家前仆后继，争斗不断，并且这些争斗还会一直持续下去——利益使然。

所以，不管是对研究核心放在树立在海洋中的统治地位的依赖条件的探讨，还是对海岸不同地点的相对军事价值的思索，都有着无可替代的启发意义。

我们再来看看我国。美利坚合众国的地理位置相当于处在中美洲“运河”位置的附近。如果这条运河能够真正完成，并且能够按照其主人的意愿履行职责的话，那么加勒比海就不仅仅是终点站和小商业聚集地那样简单了，它将是一个世界性的航运枢纽。在这块区域，商业利益将无限膨胀，无与伦比的商业吸引力能将其他诸如欧洲国家这样的强国利益漂洋过海带到我国的海岸。这一点还从未实现过。

如果上述运河能真正建成的话，我国以前那副模样——独善其身游弋于国际政局以外，保持起来就不可能像当时看起来那么轻而易举了。原因很简单，我国之于该航路的地理位置就像英国之于英吉利海峡和地中海国家之于苏伊士航线一样。对于航线的控制，永远都是依靠占据的地理位置，当然，一个国家的实力也是实现控制必不可少的因素。

然而，我国海湾沿岸向来缺乏保证己方舰船安全并能够提供维修的一流战舰港口，我们必须考虑到发生以争夺加勒比海统治权为目的的战争的情况。密西西比河通道可以纵深到新奥尔良的附近，因此我们应该把重点放在运河的河谷，在那里设立一个永久的军事基地，这对于疏通密西西比河河谷水道也有好处。

然而，想要保护进入密西西比河的通道却不像说话讨论这样简单。有以下一些难处：尽管在该区域有两处差不多的港口——彭萨科拉和基韦斯特，不过它们实在是太浅了。而且，在资源方面，它们的地理位置还没有完全具备军事基地所需的条件。但是，为了尽可能地争取利益，这些困难都必须克服。正因如此，我们迫切地需要在加勒比海地区建立一个战争行动基地的地点，那里要具备天然优势，易守难攻，而且位置接近战略问题的中心，如此，我们的舰队就能像其他对手一样临近于战争现场了。

如果进出密西西比河的通道得到充分保护，并且我们还能通过交通线与本土密切相连——也就是说，已经有了充分的军事准备且必要的筹备工作也在进行当中，那么，单单从地理位置和自身实力来看，我国在该地区的优势地位将不言而喻。

2. 形态构成

海岸线就是一个国家的陆上边界。这道边界是否方便舰队的出入决定着一个民族是否能和世界上的其他国家进行交流，长远来看还决定着一个民族的发展、繁荣和昌盛。

我们不妨设定这样一个国家——仅仅只有漫无边际的海岸线而没有一处适合建港口，那么，这样的国家不可能拥有海洋贸易、海洋运输以及海军。而在现实世界中，在比利时还仅仅是西班牙和奥地利的一个直辖市时，大致就是这个情况。1648 年，荷兰人在取得一场战争的胜利后，制定了一个和平条约，约定关闭须耳德河的海上贸易，安特卫普港因此封闭起来，比利时的海上贸易业落入荷兰之手。西属尼德兰也从一个海洋大国沦为海洋虾米。

大而深的优良海港能为国家源源不断地提供力量和财富。如果再配上一个连接航运河道的出海口，那就更加完美了。一个国家国内的贸易地往往都会集中在这样的位置。但是，这样的地理位置也导致其他国家能够轻易接近，不设防的话就会成为战争中的突破口。所以，1667 年荷兰直接闯入了泰晤士河，轻易程度就像进出自己菜园那样简单，在伦敦的眼皮子底下，噼里啪啦地捣毁了不少英国舰船。

如果说英格兰是被大海的美丽所吸引而进入海洋的话，那么荷兰就是被活生生赶到海洋里去的。如果离开了海洋，英国或许会受到冲击，但是荷兰就直接没了。荷兰曾盛极一时，一度决定着欧洲政坛的走向。当时，一位著名的日本实权人物就揣测，荷兰光靠土地连自己国家人口的八分之一都养不活。这话还真没错，荷兰的制造业数目惊人，而且作用巨大。但是，这些制造业的发展与航运业比起来简直可以用迟缓来形容。土地的匮乏和海岸敞开得像怀抱一样的防御逼着荷兰人踏上了甲板。刚开始他们接触的是渔业，不久之后，他们把鱼类从国内出口到了国外，他们由此在海洋上赚取了第一桶金。

荷兰人所处的位置让自己得到了进一步的发展。它恰恰处于波罗的海诸国、法国、地中海沿岸各国以及德国各大河流口岸的中间位置，荷兰人借此把欧洲所有的中转生意都揽入怀中。虽然波罗的海沿岸国的海军仓储、西班牙与其在新大陆的殖民地的贸易和法国的葡萄酒以及沿岸贸易与200年前不相上下，但是，上述贸易都需要荷兰舰船来运输。戏剧性的是，当时英国转口贸易的大部分居然也要借助荷兰舰船运输。

问题是，荷兰人怎么会在那个时候积累那么多财富？说白了主要还是老百姓太穷了，土地就巴掌大，没办法被逼投海，下海之后才发现海里不只有盐水，还有财富；而且他们舰船的技术和规模都让其他国家望尘莫及；国际友人发现了美洲和好望角航线鼓励了他们探索精神的同时也刺激了商业欲望的膨胀；而且荷兰幸运地就处在了一个闹市区。这些有利于荷兰发展的因素融合在一起，荷兰不壮大会远比其壮大更让人觉得不可思议。

不过荷兰的幸运没持续多久，与英格兰持续18个月的战争给荷兰带来了灾难，荷兰航运业停滞，自己断了财路，背后却还有一个国家的老百姓张着嘴嗷嗷待哺。这一停滞可不得了，据说，用来维持这个国家收入的渔业和商业，已经沦落到砸锅卖铁的地步，工厂作坊也跟风倒闭，生产活动也停止了。连成片的舰船待在港口里，渐渐荒废。这片土地上到处都是叫花子，街道上萧瑟无比，单是在阿姆斯特丹，当时就有1500套房屋没租出去。

荷兰这一出现实中的悲剧用惨重代价向我们证实了一个国家太过依赖外部资源的悲剧性。当时的荷兰就跟当时名字响亮的大不列颠一样，外表看似强大，其实不过百足之虫死而不僵而已。历史是最公正的天平，再一次告诫了人们海上权力对国家繁荣的重要性。

除非权力的中心不再是海边，否则上述情况一直都不会有变化。当内陆地区的繁华和未开发的财富被人们大肆宣扬见诸报端的时候，资本往往可以在内陆找到最佳的投资对象和最好的发展机会，这时候海洋就自然而然地被人们遗忘了。

发生这种情况的最直接结果是政治上的萎靡。所以，**那些对海上实力熟视无睹的人应该好好反省，不管怎样，都不能因为内陆财富的充足而彻底忽视了对海洋的开发。**

我们再来看意大利。一个狭长的半岛被中央山脉分割成两个更为狭长的地带，不同的港口通过蜿蜒而上的道路紧密相连。

对于意大利本身来说，只有在掌握了海洋绝对控制权的情况下才能保证这些交通线的安全。原因很简单，天知道那些不知从哪里冒出来的敌人从什么地方发动进攻。但是这并不代表着我们在这样的情况下拿敌人毫无办法，我们只需要在中央位置布置一支强大的海上部队，就能在受到攻击的短时间内做出反应，对敌方舰队发动进攻，这就可以把敌军进攻造成的损失降到最低。

让我们再一次把目光投向美国。美国狭长的佛罗里达半岛的底端是基韦斯特。虽然半岛地势平缓而了无人烟，但是，它给人的第一印象总是让人想把它和意大利放在一起做比较。这些相似性其实并不重要。重要的是，一旦墨西哥湾成为一场海战的主战场，那么连接内陆和半岛底端的交通线就显得尤为重要了。当然，这样的交通线自然很容易成为敌方的第一进攻目标。

当海洋不仅仅是边界，甚至还是把一个国家分隔成许多部分的分界线时，那么对于海洋的绝对控制权就是至关重要的。因为，这样的自然地理条件下只会产生两种情况，一是这个国家成为海上强权国，二是这个国家成为一个人尽可欺的软柿子，这就是意大利王国的现状。

所以，就算一个国家年轻，就算一个国家财政窘迫，建立起一支富有战斗力的海军仍然第一要义。一旦手握着一支强于敌人的强大海军，意大利就能卷土重来，在各个岛屿上散布自己的霸权。如果不执行上述这一条，那么当半岛交通线发生任何的不稳定时，他国一定落井下石地将其包围，其危险程度不言而喻。

为了充分说明这个道理，我们再来看下面一个例子。

将不列颠诸岛分隔开的爱尔兰海，看似一种分割，事实上是一个类似于港湾的存在。然而历史早已经显现出了爱尔兰海对联合王国的威胁。在路易十四的年代里，法国海军与联合的英荷海军实力高下难分。当时在爱尔兰存在着严重的纠纷，由当地土著和法国人一起联合统治。

即便如此，与其说爱尔兰是法国人的一个优势，还不如说是对英国人的一个威胁，一个影响着他们交通线安全的潜在隐患。但是，法国人的舰队并没有乘机向这片岛屿突进，却选择用远征队强行登陆英国南部和西部的海港。

在决战的时刻，大法兰西舰队奉命前往英格兰南部沿海。在那里，大法兰西舰队与同盟军遭遇并取得了决定性的胜利。同时，25 艘法国护卫舰前往圣乔治海峡，对英国的交通线发动了攻击。奋起反抗的爱尔兰当地居民更让英军雪上加霜，驻扎在爱尔兰的部队陷入了绝境。要不是随后的博因河一战及詹姆斯二世的出逃法国让英国喘过气来，英军恐怕早已经在硝烟之中葬身大洋了。

再看看同一个时代的西班牙，他们军队的各部门没能由一支强有力的海上力量联结为一体，这样的分割不可避免地产生了一种劣势，需要付出的代价是惨重的。在当时，西班牙手里掌握的土地较其兴盛之时仅是九牛一毛，比如尼德兰（今比利时）、西西里以及一些意大利残余土地。

西班牙落得这样的下场不禁让迁客骚人们唏嘘感叹。当初谁也没想到西班牙的海上实力会衰败没落到这种地步。一位博学多才、头脑清醒的荷兰人感慨道：“航行在西班牙领海上的所有船只都是荷兰舰船，自从签订了1648年的和约之后，西班牙的船只和水手就像蒸发了一样，就连前往西印度群岛都要公开租赁荷兰舰船，而在以前，他们是直接把外国人赶出去的。”

差不多半个世纪之前，亨利四世器重的大臣萨利，生动形象地把西班牙描述成“胳膊和大腿都强健无比，心脏却已经衰竭疲软的国家之一”。西班牙就像是传说中的天煞孤星一样，从来到这个世界开始就多灾多难，而且好不容易快长大了，结果被几个小痞子轮流揍了一顿。这不但让这个泱泱大国蒙受了奇耻大辱，而且这种羞辱就像滚雪球一样一发不可收拾。用一句话来概括，那就是航运业率先进了火葬场，制造业也紧随其后地做了陪葬。

我们再一次把目光投向那时候的美国。在当时，我国占领的外部土地只有阿拉斯加一处，也就是说，我国所有的土地都可以从陆地上到达。从地貌和地势上来看，我国的轮廓已经十分接近无懈可击的地步，就算是那些偏远地区的重要地段也能在短时间内到达。

除上述优势外，我国还有其他得天独厚的优势，如果我国军事行动通过水路，那么成本低廉得就像胡萝卜一样，若是通过铁路的话，那么就十分快捷。就算是防御能力最差的太平洋地区，因为上述的诸多优势，受到敌方攻击的概率也大大降低了。毫不夸张地说，从当时的需求来看，我国国内的资源用之不尽、取之不竭。

正如一位法国军官所说的那样，美国可以永远独自在“大家的小角落”里坐享其成，只需穿过一条海峡，这个小角落就会受到一条新兴的商业驿道的冲击，也许美国应该对此提高警惕，警惕那些企图挤掉自己公民在海洋上的权利和份额的不轨之徒。

3. 领土范围

拿海上霸权的形成来说，领土范围并非是单单指一个国家拥有的土地面积相加的总和，讨论领土范围应该将海岸线的长度和港口的质量放在一起综合考虑。对于这一观点，还有另一番解释：如果地理和自然条件固定的话，**海岸线的长短就成了决定一个国家强弱的关键。**国家就像是一座城堡，海岸线则是城墙，警备部队必须驻扎在城墙上。

在美国的南北战争中有着鲜活的事例。倘若南方部队中有一支实力能够与一个海上强国和国家资源相匹配的海军，那么，南方众多的大规模海岸就能够转变为庞大的力量。这样的话，合众国的民众和当时的政府就要自我庆幸当初封锁南方整个海岸是个多么明智的决定了。这绝对是一项伟大的壮举，是一项足以改变历史的伟大壮举。但如果南方有强大的海军，那情况就大不相同了。

因为合众国舰船的分布方式是顺着海岸散布的，所以相互之间的支援存在困难。这些船只往往独自或以组为单位坚守着自己的阵地，但同时却要面对广阔的内陆水路交通网，而这一网络偏偏有助于敌军的秘密集结。更何况，敌军完全可以依靠那些散布在水上交通线背后的港湾四周的堡垒大做文章，那些堡垒坚固得像铁桶一样。在战争发生时，人们常常为了逃避追击或者寻求保护而藏匿在那些堡垒里。如果南方海军深谙此道，或者他们懂得利用合众国舰船零散的劣势的话，那么结局就完全不同了。

但是，因为策略和军队的构成等原因，就像是南方海岸原本可以转变成一种力量一样，上述诸多特征却成了其致命之处。倘若我们保持一点耐心，开启密西西比河的伟大故事，并且足够细心，一定会发现故事就是对那些在南方展开的行动的最具感染力的诠释：那些舰船曾经自由出入的沿海口岸，昔日满载财富的河流倒戈一击，放任它们的敌人直刺心脏。在这样一场竞争中，海上力量扮演了前所未有的重要角色。

这次事件，决定了世界历史的进程中北美大陆呈现出的境况是一个伟大的国家还是几个相互充斥着敌意的国家。虽然曾经的荣耀仍然可以呼唤着战士们胸膛里的热血和自豪，但是因为海上实力的压倒性优势而产生的辉煌结局也应该得到历史的承认。而且，了解那次事件真相的美国人应该对自己同胞的过分自信给以提醒：南方没有海上实力，就更别说是一个海洋性群体了，南方甚至连派遣民众前往沿海地带进行防御的意识都没有过！

4. 人口数量

除了自然状况的影响，一个国家的人口特征对海洋权力的影响也十分深远。提及人口特征和领土的关联首先涉及的是人口数量的问题，但在这里有一点需要特别强调：这里要考虑的并不是人口总数那一长串数字，而是应该将人的活动范围和地域分布放在一起综合考虑。

正因如此，这里所谓的人口不是单单指人的数量，更是指那些在海洋上做着贡献的人口数量，或者退而求其次是指那些能够迅速加入航海业或者海洋物质生产的人口数量，这就需要我们对此加以计算。

比如，法国革命的前后，法国的人口数量远超英国。但是从海洋实权的角度来看，不管是贸易还是海洋战争，法国都难及英国之项背。要是把目光放在军事效率上，那么法国就更为尴尬了。当时的实际情况是，法国人在战争刚爆发那几天特别勇猛顽强，可战争刚打几天就萎靡颓败了，也就是说，法国人在军事准备上的优势只是暂时的。

所以，在 1778 年战争爆发时，法国人通过海上动员，迅速集结了 50 艘战列舰。反观英国，因为它的海上力量充分依赖于那些遍及全球的舰队，想要在本土迅速集结大批战舰比登天还难。但是，在随后的 1782 年，英国有超过 120 艘战列舰已经投入或准备投入战争，而法国投入最多时才 71 艘。

到了 1840 年，英法两国因为地中海问题再一次摩拳擦掌想要大干一场，局势十分紧张。一位当时十分杰出的法国军官说道：“我们当时集结了一支 21 艘战列舰的队伍之后，就再也没有后备队伍提供支援了，半年之内都不会再有别的舰船投入战斗了。”

他还说：“我们的海上行动因为迅速的集结而精疲力竭到了十分艰难的田地，就算是建立永久的征召制度也征集不到任何后备力量，那些巡游了三年多的人因此始终得不到休整的机会。”

英法两国这样鲜明的对比，正好展示了所谓的永久实力与预备力量的差异性。因为，除了船员之外，一支在大洋上漂浮的船队还需要雇佣大批从事各种工作的人员。他们不仅可以生产和修葺舰船上的装备，还能或多或少从事与海洋有关或需要各种技巧的其他行业。自始至终，这类同质性行业都对海洋有着毫无争议的倾向性。

有一个案例，是关于爱德华·皮洛爵士——一位英国著名航海家的，在其中，他对上述问题无与伦比的洞察力表露无遗。

1793 年，随着海洋战争的爆发，平时三天打鱼两天晒网的海军必须在数量上得到补充。皮洛虽勇于迎战，但是当时补充手下编制人员数量除了使用陆上人员这一途径之外别无他法。他命令手下的军官到管辖的矿场去征募矿工，通过一些训练让矿工们适应了海上生活。他的做法在当时引起了社会诸多的怀疑，但是后来战事的发展证明了他的英明。

除此之外，上帝似乎一直眷顾着皮洛。在一场战斗中，他居然俘获了战争中的第一艘护卫舰。更让人觉得不可思议的是，虽然他的矿工士兵从征募到投入战争中间只花了几个星期训练，而他的对手在上面花了一年之久，但最后的结果居然是双方打得难解难分，都损失惨重，没有任何一方占到便宜。

或许有人认为诸如上述的预备力量现在已经失去了它曾在战争中拥有的那种重要性，因为时代的发展注定军队编制人员的数量不再像过去那样紧缺。现代的国家追求的是军力各方面全面发展，这样的平衡结构在战争初期很容易取得优势，并且能够帮助一个国家在短时间内解决战斗。

因此，国家之间展开全面对抗的几率已经微乎其微了。战争中的打击重点往往都放在海军舰队头上，一旦舰队被击溃，那么一个国家其他部分的力量保持得再好也无济于事。事实上，这种观点始终是正确的，只是过去和现在的程度不同而已。假如两支舰队发生正面冲突的话，事实上它们就分别代表了各自国家的全部现役军事实力。和过去比起来，现在海上力量被歼灭的一方要想让自己在失败中痛失的海上力量恢复的机会几乎可以用渺茫来形容。而这样的结果往往是灾难性的，灾难性的程度取决于该国对海上霸权的依赖程度。

我们再回过头去看看英法的那场战争，如果当时英国舰队像同盟军舰队那样，海上力量代表国家的全部实力，那么，特拉法加战役对英国造成的打击本来要比对法国沉重得多。在此种情况之下，特拉法加战役之于英国好比吉纳战役之于普鲁士，奥斯特里茨战役之于奥地利。一个帝国必定会因为武装力量的溃败而被迫投降，而这，正是当初拿破仑思想在战争中的要义所在。

因此，对这些历史上少有的战争灾难的思考和总结足以证明一件事，**必须重视基于适应一定种类的军事生活的居民数量之上的预备役力量。**

迄今为止，英国仍然保持着海洋霸主的地位。这样的优势，是其在蒸汽时代和钢铁时代一点点积攒沿袭下来的。与此同时，法国也是可以和英国相媲美的拥有大规模海军的强国之一。

就目前的状况来看，要搞清楚英法两国谁的海上力量更强大是一件很难定论的事。真正的情况是，两国是军力不相上下的对手。在这样的情况下，如果两国发生冲突，那么决定战事成败的主要原因就应该归于战事人员和战斗军备上的差异。如果这些原因在战争的决定上起不到至关重要的作用，那么，预备役力量的差异就会登上舞台为我们作答。

有组织的储备力量是预备役力量的最重要组成部分。海洋性人口的储备、机械技巧的储备和财富的储备是其中的中坚组成力量。

而上述预备役力量又由国家的实际技术情况所决定。比如英国，它在机械工艺上的领先地位决定了其预备役力量中拥有大量的机械工程人员。他们能够在短时间的培训后掌握战争中军事装备领域的机械技术。同时，其他行业受到战争的影响，会使进入武装航运行业之中的海员和技师大量增加。

建立预备役力量是否有价值的问题归结为：现代条件下，如果双方势均力敌，战争最终的胜负是否会由某场战役的胜负来决定？还是因有预备役力量可以快速地东山再起？这个问题很难找到答案，就算是那些轰轰烈烈的海上大战也没能为我们作答。

当然，也有许多压倒性优势胜利的战争，就像普鲁士对于奥地利和德意志对于法兰西的胜利那样，怎么看都是一个彪形大汉对阵白脸小生的打斗，虽然双方的反差是自然因素和官方无能造成的。要是当年土耳其还拥有储备力量可以征用，那么，像普莱文那次军机延误是否还会影响整个战局呢？答案不得而知，但是经过上述论述，答案却已经可想而知。

5. 民族个性

如果说海上权力的强大需要和平与商业做基础的话，那么，一个国家对于商业追求的倾向性就会特别大。这一点历史早已向我们证明了很多次，除了罗马人的那次例外，一切历史事件都符合这样的论述。

没有人会对利益无动于衷。追求利益的方式会对一个民族的商业发展和历史产生深远的影响。

如果我们给予历史必要的信赖，那么就不得不承认劣迹斑斑的西班牙人和与他们一脉相承的葡萄牙人追求利益的无耻方式，不仅在他们的民族个性上抹上了污渍，也扭曲了他们国家商业发展的正常道路。

自从发现了美洲大陆之后，西班牙赫然跃入欧洲主导国家之列，这种情况一直持续了 100 多年。按照最开始的状况来看，西班牙完全可以成为海洋强国中的佼佼者。但是事情的发展总与人们的预期相违，自从 1571 年的勒颁多战争之后——尽管在那以后它还投入了多次大大小小的战争——没有任何具有重大意义的战争能维持他们在历史画卷上的璀璨光彩。它在商业上如同重症晚期的景象也让他们在战舰甲板上的那种痛苦变得顺理成章，这在后来的历史中一直被人们作为茶余饭后的谈资。

这种尴尬局面的始作俑者就是西班牙政府，对私营企业发展的钳制与摧残让人产生这个国家有自虐传统的遐想，这是闻名世界的大笑话。但是，一个政府的性格往往是由这个国家的民族个性塑造和决定的。也就是说，如果这个民族的民众都倾向于商业，那么政府对商业惨绝人寰的制度就不可能顺利实施，那种以专制主义为中心的权力也早已不复存在，西班牙的脱胎换骨也不会受困于这种专制主义。

但是，当时的实际情况却是这样：大量的劳工和上层社会人士离开了西班牙，他们热衷于海外殖民扩张，带给国内的物资也就是香料和其他一些数量少得可怜的商品，这些东西的运送只需要一小支船队就能完成。而且当时西班牙本土的制造业还如同白纸一般，只能够生产羊毛、水果和铁器这些毫无技术含量的低级产品。

西班牙的工业道路曲折无比，人口也稳中有降。就连市场需求量最广泛的日用品，西班牙居然还要领着一班子殖民地小弟摊手向荷兰人去要，本土生产的那点工业品相对于需求来说简直微不足道。当时就有人如实地记载了这种情况：“在世界各地出手阔绰的荷兰人，他们的财富一定来自于某个欧洲国家，这样才能让他们在购买商品时肆意挥霍。”其中，某个欧洲国家指的正是西班牙。

从军事观点上来看，因为航运的衰败，威风八面的西班牙从此一蹶不振，他们那少得可怜的财富就载在那么几艘可怜的小破船上，时不时地在几条航线上穿行。如果敌人打了这几条小破船的主意，只需派几个武装大兵，就可以手到擒来。可笑的是，这几条小破船搭载的少得可怜的财富，居然还是西班牙在战争中的中坚力量，那么，一旦战争爆发，西班牙肯定不会有什么幸运的结局了。

与这些南欧国家相比，英国人和荷兰人也并非清高得对财富视而不见，相反，这是他们和西班牙人的共同点。但是，这两个国家的人远比西班牙人聪明勇敢，耐力方面又比西班牙人略胜一筹。正是因此，他们追求财富的方法除战争之外还有自己劳作。

与西班牙的急功近利不同，英国和荷兰选择的是最为漫长却最为稳妥的道路。当然，这两个民族的共同点远不止于此，甚至可以说，他们是同一个民族。那些被我们忽视的相同点虽然不如上述特点那样重要，但是当这些共同点与周边环境结合融为一体的时候，对他们在大洋争夺上的作用是不可忽视的。

他们的航运业都随着贸易需求量的加大而不断发展壮大。正是如此，在各个方面他们都向海上霸权不断靠拢。不过，因为政府的干预，这种顺其自然的事情时常受到严重扼制。

对于海权的建立，影响最为深远的恐怕就是进行贸易的倾向这一民族个性了。如果得到这一民族个性的支持，再加上国家在海岸上与生俱来的天然优势，那么对辽阔海上财富的寻求就几乎无人能挡了，那些来自海上的潜在风险在如此巨大的诱惑面前也就显得微不足道了。

但是，这不一定就能形成海上霸权。就拿法兰西来说，它不仅有优越的地理环境，民众也智慧和勤劳，再佐以具有天然优势的海岸，甚至在最低迷的时候法兰西海军璀璨夺目的光彩也并没有暗淡下去，它一直都具有强大军事力量的魄力和实力。但是，对于求取海权的国家来说，广泛的海上贸易才是海上霸权形成的根基所在。

因此，作为一个海洋国家，与其他以海为生的国家相比，法兰西从未达到令人钦佩的地位。主要原因是：民族个性导致的追求利益的方式不同。当西班牙不远万里在各个殖民地敲开地表大肆开采金银而疯狂积累财富的时候，法兰西民族天生的个性让他们拿着算盘精打细算，通过节俭与积蓄的方式来达到国家富裕的目标。

通过资源的精打细算和投资的谨小慎微，在小范围的地方积累小数额的财富定然没有问题，但想通过这种方式促进探险、对外贸易及航运业的大发展却是白日做梦。

过分的谨慎往往会让人在金钱的处理上缩手缩脚，这样的性格极可能发展成一个国家的民族个性，那么到时候国家的商务扩张和航运业的发展就如同大棚里的高大乔木那样难以生长了。法兰西正是如此，它在各个领域都像在金钱事务上那样谨慎，甚至涉及下一代的出生问题，这使得法兰西的人口一直都是负增长状态。

欧洲的贵族阶层从上一辈继承过来的往往都是一种对贸易近乎自负的鄙夷的态度——虽然因为国度的不同而表现有所区别，但只是程度上的差异，因而对贸易产生的制约性大小不一而已。例如，西班牙人举世无双的傲慢就与这种睥睨一切的态度如出一辙，与那种守株待兔的思想情投意合，这直接导致他们与商贸渐行渐远。

对法兰西民族来说，他们自己也认识到了法国民族骨子里的虚荣——贵族阶层的数量和优越感还有他们一直保持的态度——这无疑会让他们给他们看不起的行业打上低人一等的烙印。而且腰缠万贯的商人和制造业工人对贵族的显赫地位也极度向往，这种根深蒂固地对成为贵族的期盼，像伊甸园的毒蛇一样诱惑他们放弃自己的高利润行业，想方设法跻身贵族之列。

所以，尽管勤奋的民众和肥沃的土地能够使商业免于完全的衰败，但这完全是在低人一等的地位上完成的，这就导致一些精英纷纷产生逃离这种近乎耻辱的地位的想法。

受柯尔伯特的影响，路易十四曾颁布一道谕令：授权所有的贵族致力于商船、货物与商品的经营，对这些行业不该抱有不正当的歧视，除非它们是零售行当的小生意。

对这种行为我们不妨这样看待：它让臣民感到了愉悦，消除了落后的贵族思想对商业贸易的残害，也纠正了国民那些错误的习惯和观念。

但是，那些根深蒂固的思想并不会因为一道谕令的颁布而根除，那种虚荣早已深入民族的骨髓，成为民族性的一部分。许多年后，孟德斯鸠就一语中的："让贵族从事贸易，是违背君主制思想的。"

金钱是一个国家的永恒财富，也是一个国家伟大的根基所在。财富也是国家权力的体现，拥有它，就能得到社会的认可和尊重。在英格兰，这样的理论同样适用。贵族阶层往往傲慢至极，不可一世。但是，在代议制政府里，财富的权力既不会受到压制，更不会被其他事物所淹没，所有人都尊重并向往它。和在荷兰一样，在英格兰，那些财源滚滚的行业对所有阶层都有着无可比拟的诱惑，是一种至高无上的荣耀。所以，社会的认同程度和国民性对贸易发展来说都有显著影响。

但是，从广义的角度来看，影响国家海上权力的更重要的因素往往是一个国家国民的聪明才智——即他们是否具有开拓健康的殖民地的能力。至于殖民地，只有保持其最自然的状态，才能得到最健康的结果。

所以，那些因整个民族的需要与冲动而建立的殖民地将具有最坚实的根基。倘若它们在扩张的时候未受到本土当局的干预，随之而来的就是源源不断的财富，前提是它们的民众拥有独立的行为能力。

有一点需要特别注意，那就是殖民活动并非完全相同，不同的殖民方式也能取得不一样的成功。但是，不管人为的制度多么精巧，多么深入人心，也不及民族性对于殖民地成长重要。

一旦民族性中自我发展的种子觉醒了，那么本土再好的调控也不如无为而治。在蒸蒸日上的殖民地的政府中，并非一定有比不成功政府中更有智慧和才干的人。因此，如果说精心设计的制度与监督、认真地采取量入为出的方式、孜孜不倦地辛勤培育这些都对殖民有积极的帮助，那么，在这些方面英格兰人的才干还不如法兰西人民。然而，恰恰是英格兰，取代法兰西成为世界上最大的殖民国家。殖民发展的成功，还有随之而来的海上霸权和财富，其最根本的依托还是英格兰的民族性。原因很简单，自然的发展（最低程度受到政府干预）对殖民地的成长来说再好不过。所以说一个国家的民族性才是影响这个国家殖民地发展道路的根本原因。不过这不是宗主国政府所关心的事情。

当时，这一理论得到了更真实的体现，因为所有宗主国政府对待其殖民地的普遍态度都是完全自私的。不管是以何种方式在何种情况下建立的殖民地，一旦被宗主国赋予了重要性，它就成了一头从羊毛到羊肉都能变成利益的温顺绵羊，恐怕连羊角都会被榨干。当然，它也会得到一丁点儿照顾。但是，这种照顾不是源于一个国家对下属地的母爱，而是一种因为利益的得宠。这样的国家立法的终极目的就是垄断对外贸易。在他们的管理机构中，有权力的职位往往被宗主国的信徒所占据。与海洋一样，殖民地被当作流放对宗主国家毫无用处的闲散人员的首选。但是，只要那里还是一块殖民地，就必然实施军事管制，这是宗主国政府在殖民地管理的重要特征。

英格兰奇迹般地成为一个伟大的殖民国家，源于国民性的两大特征：英格兰殖民者自然迅速地在新领地定居，不急于返回家园；其次，英格兰人在最广泛的意义上自觉地寻求开发新领地上的资源。就前一点而言，英格兰人不同于法兰西人，后者总是长久地醉心于怀念故土上的闲情趣事。在后一点上，英格兰人又不同于西班牙人，对于一块新土地的充分利用，后者的范围过于狭窄。

最后，我们不妨来思考一个问题，如果所有条件都具备，美国人的民族性能否让美国成长为一个真正的海上强国？

一旦立法上的道路开辟完成，生意上的收益达到了极点，一个海上强国的本性就会表露无遗。就拿美国人来说，他们有对商机敏锐的嗅觉，追求利益的勇敢无畏，对商业贸易未来走向的直觉，这些特点结合在一起就可以说非常完美。随着社会的发展，一旦再次出现殖民浪潮，毫无疑问，美国人必将满怀本民族的才能、智慧和勇气，大张旗鼓地加入殖民的行列。

6. 政府特征

具有各种相应机构的政府的特定形式以及统治者的特征对海权的成长会产生十分显著的影响。一个国家及其民众所具有的各种特征，构成了一个国家开拓事业的天然性格特征。政府的行为就是民族意志力的运作，可以导致一个国家历史的兴衰。

一个完全与民众的自然根基相协调的政府，将会在各个方面最为有效地促进国家的成长。在谋求海上权力方面，一个充分吸纳了民众的精神并完全意识到民众真实倾向的政府，只要目光坚定，方向明确，成功就会接踵而至。当民众或民众代表的意志一致并在政府中占绝大多数时，这样的政府肯定是最稳定的。然而，专制国家运用手段往往能够造就庞大的海上贸易与威风凛凛的海军。比起自由民族通过缓慢的进程所取得的成果，后者更直接。不过，后者的缺陷在于某一特定君主死亡之后，政策未必能得以延续。

毫无疑问，英格兰是海上霸权巅峰的代表。英格兰政府的所作所为，都是为了保住霸主地位。

这里有一个鲜活的事例。在詹姆斯一世的统治时期，英格兰除了三岛之外几乎没有容身之地，当时连弗吉尼亚或马萨诸塞这些地方都还没有来得及拓展。这时发生了一件事：

萨利公爵，亨利四世的大臣，是一位有史以来最具骑士风度的王子。他乘坐一艘主桅之上悬挂着法兰西国旗的法兰西船驶离加莱，一进入英吉利海峡，迎面就碰上了一艘在那里等候他的英国通讯快艇。后者的指挥官勒令法国船降旗。考虑到自己的身份可以免受这种冒犯，公爵断然拒绝了。然而，此举却招来了 3 颗加农炮弹。炮弹在击穿他的船的同时，也击穿了所有法国上等人的心。实力迫使他屈服，而这原本是他的权力所不容许的。

对于他的反抗，英格兰船长毫不退缩地给出了答复：“我的天职就是让你尊重大使的职权，并且完全服从于海洋主宰旗帜的荣耀。”

如果詹姆斯国王本人来回答的话，可能要委婉绅士一些，后果也只会提醒萨利公爵谨慎行事而已。公爵会心地做出百分之二百满意的样子，但他却有一道无法愈合的伤口，一直隐隐作痛，永远都无法愈合。亨利大帝不得不为此事亲自出面调解。但是，在其他场合，他却矢志要通过必要的力量手段来维护王室的权力和威严，这种力量假以时日，会使他在宽阔的海面上任意驰骋。

如果按照近代的理论和看法，这种粗暴的举措在当时是不可原谅的，也与当时的国家精神背道而驰。需要注意一点，英格兰不可一世地宣称自己是海洋的绝对主宰，这种挑衅居然是由一位最胆怯的君主①发出的，对象是直接代表着法兰西最勇敢最具骑士精神的统治者的大使。

所谓的国家象征——国旗那空泛的荣誉感，除了对政府还有点儿外在表现的作用之外，对于其他阶层来说仅仅是一个毫无意义的空荡载体。但在克伦威尔的统治时期，他却对此格外看重，如同国王们统治时一样。而君主的决策是正确的，因为这，在第一次英荷战争中英国发挥了其强大的海战能力。

在荷兰人经历了 1654 年的毁灭性战争②之后，克伦威尔把暴政发挥到了极致，成为一个名副其实的暴君。他总是想把英格兰的财富、声望和统治力量保持在巅峰，并且为了名望和权力所向披靡而不计任

---

① 最胆怯的君主：指詹姆斯一世，儿时瘦弱而低能，胆小害羞、沉默寡言，终生口吃。——译者注

② 毁灭性战争：指第一次英荷战争，荷兰惨败，双方舰队作战次数已经不亚于当时世界各海洋历次战役的总和，故马汉说这对荷兰而言是毁灭性的战争。——译者注

何代价。

在当时，英国海军几乎跟海上霸权还扯不上任何关系，但是，恰恰因为克伦威尔毫无道理的暴政统治，这支海军表现出了前所未有的活力和生机。在波罗的海、地中海、北非及西印度群岛这些地方，英格兰舰队的补给都需要英国的权力来维护。正是克伦威尔近乎残暴的统治，顺理成章地催生了占领牙买加的战争，这也为英国通过武力方式进行帝国扩张拉开了序幕。同时，英格兰的商品贸易和航运业也在他的推动下以一种强劲有力的势头不断发展繁荣。

为了使这一良好的形势得以保持，克伦威尔颁布实施著名的《航海法》，规定所有运往英格兰或其殖民地的进口物品必须使用属于英格兰本国的船舶或属于所携带产品种植或生产国的船舶运输。这一法令针对的主要是荷兰，荷兰是当时欧洲最大的公共运输国。但是，该法令因为明显的倾向性而备受业界同盟的仇视。即便如此，这条著名的法令仍旧在那个国家间战争不断的年代让英格兰赚了个盆满钵满，这也正是此法令在君主政体下得以长期延续的原因。

纳尔逊执政的时候，他选择延续前任克伦威尔的做法。在还没有开创轰轰烈烈的事业之前，他通过并颁布了在西印度群岛针对美洲商船实施的同样法令。这是一个不错的信号，显示着这个年轻人会在为英格兰航运业谋取幸福的道路上大展拳脚。克伦威尔去世后，查尔斯二世继承了王位。虽然他是一位喜欢用各种手段欺骗民众的主子，但是在英格兰的荣耀和政府的海洋政策上面却表现得像一个正直的君主，为了英格兰的利益抛弃了自己的所有恶习。究其原因，是因为他想凌驾于议会和民众之上。

在与路易十四叛国性的交往中，查尔斯二世曾在信中写道："对我们完美的联盟来说，仍有两个问题迫切需要解决：第一，法兰西目前正在致力于创造一种商业，努力成为能够发号施令的海洋强国。这让我们不得不产生疑虑，而我们正是凭借商业贸易和海军力量才能在海洋上占据一席之地。这一问题的影响十分巨大，巨大到了法兰西的每一次行动都会引起双方猜忌……"

尔后，在那次臭名昭著的英法联军对荷兰发动的战争中，面对联合舰队由谁统帅的问题，双方发生了一场不小的争论。查尔斯在这一问题上表现出了前所未有的强硬，他说："英格兰向来就习惯控制海洋，这是国家的传统。就算我让步，我的臣民也不会做出丝毫让步。"

此外，在对联合省的分割计划中，查尔斯还为英格兰争取到了许多海上劫掠的阵地，而这些阵地又位于控制着须耳德河与缪士河河口的关键位置。与此同时，查尔斯麾下的英格兰海军也继承了克伦威尔铁腕统治下所崇尚的精神与纪律，尽管后来英格兰海军状态普遍低迷，这种状况成了其邪恶统治的主要特征。在那个时期，一个叫蒙克的人在战略上犯了一个致命的错误——将舰队力量的四分之一遣送到了其他地区。

于是，到 1666 年的时候，蒙克①发现自己手里有了一支强大的军事力量时便快刀斩乱麻，毅然对敌人发动了进攻。虽然也遭受了一些损失，但几乎可以算是所向披靡，一连三天都取得了辉煌的战果。

事实上，这还算不上是战争②，只是英格兰为了谋求海上地位而采取的军事尝试。在英格兰当局和国民看来，这是他们骨子里的共识和天生的追求，但这正如意大利城市里关于美第奇家族的神秘符咒一样，在几个世纪以后才得到证实。这里，有一点需要特别补充说明：查尔斯的继任者，詹姆斯本身就是海员出身，有着两次大规模海上战役的宝贵经验。

到威廉三世坐上英格兰王位时，英格兰政府不计前嫌地和荷兰政府联手，把所有的心思都集中在对付路易十四上，这种情况一直持续

① 蒙克：全名为乔治·蒙克，阿尔比马尔公爵，英国内战时期在爱尔兰和苏格兰作战的国会派将领、苏格兰总督。任第一次英荷战争和第二次英荷战争的舰队司令，著有《政治及军事情况分析》一书。——译者注

② 马汉为了粉饰盟国，将海上霸权战争说成不算是战争，并夸大 1666 年英荷战争期间四日海战的战果。——译者注

到 1713 年签订乌德勒支和约[1]确定了对法国的海上优势后才告一段落，前前后后经历了差不多四分之一个世纪。

那时候，英格兰政府日渐稳定下来，目标也十分明确，就是扩大自己的海上势力范围，在海洋霸权的道路上进一步成长。作为法兰西的公敌，英格兰在海上给法兰西制造了不少麻烦。而作为狡猾的盟友，它让荷兰的海上力量几乎消磨殆尽，这几乎是所有聪明人的共识。不管是对敌对友，英格兰都占尽了便宜。

当时，英格兰和荷兰签署共同约定，在海上力量的比例上，荷兰人占八分之三，剩下的八分之五全归英格兰，这几乎是荷兰海上力量的两倍。不仅如此，这个本来就不公平的条款还加上了一条：荷兰保持数量为 102000 人的陆军，而英格兰陆军的数量为 40000，这其实就是把陆地战争整个扔给了荷兰，而海洋战争整个交给了英格兰。而当时荷兰人显然没有意识到海上力量的重要性，被英格兰那“香蕉和猴子”的游戏所蒙蔽。由此可见，英格兰的算盘打得有多精。

此外，在乌德勒支和约中，荷兰获得了土地赔偿，而英格兰得到的是海权上的补偿。除了在法兰西、西班牙以及西属西印度群岛的通商特权以外，英格兰还获得了地中海的直布罗陀与马翁港等至关重要的海上据点，甚至包括纽芬兰、新斯科夏半岛与北美洲的哈德孙湾。从那以后，法兰西和西班牙的海上力量就从蓝色的海平面彻底蒸发了，荷兰的海上力量也每况愈下。但是，反观英格兰，此刻正立足于美洲、西印度群岛、地中海，一步一个脚印地踏上了英格兰王国转变为不列颠帝国的道路。

在乌德勒支和约签订后的 25 个春秋里，和平成了英格兰和法兰

---

① 乌德勒支和约：指 1713 年在荷兰乌德勒支签署的一系列旨在结束西班牙王位继承战争的和约。和约双方为法国的路易十四、腓力五世与英国的安妮女王、连省、萨伏依公国。其中，和约规定各国承认腓力五世为西班牙国王，西班牙则割让直布罗陀和米诺卡岛给英国，并赋予英国奴隶专营权 30 年，马汉据此认为法国的海上优势告一段落，实际是说其海上实力被削弱。——译者注

西的主要政治目标。在历史发展不稳定的时期里，陆地上风云变幻，硝烟弥漫，机智的英格兰人没有选择在动荡的陆地上发展，而是把力量放到维持自身海洋霸权的行动上。

英格兰舰队在波罗的海成功遏制了彼得大帝对于瑞典的不良企图，维持了那片海域上势力的均衡。正是这样一个行动，不仅让英格兰从中获取了数额巨大的贸易顺差，而且得到了海军储备物资的主要来源。这极其不易，要知道，当时沙皇原计划是直接把波罗的海变成俄罗斯的内湖的。

再看丹麦方面，当时它正努力创办一个能获得外国资金资助的东印度公司，英格兰和荷兰两国不仅严令禁止本国臣民参与，还对丹麦采取恐吓等手段阻止公司的建立，因为在他们看来，这个东印度公司与他们的海上利益是针锋相对的。

尼德兰方面，乌德勒支和约已经白纸黑字写得清楚，早已转入奥地利之手。在得到奥地利皇帝的批准后，一个以比利时奥斯坦德为港口的类东印度公司成立了。这意味着要通过须耳德出海口，他们才能恢复所失去的贸易利益。当然，这样的要求自然会受到海上强国英格兰与荷兰的反对，后者在长达数年的压制之后，成功扼杀了这一公司。

与此同时，地中海也因为乌德勒支和约而受到奥地利皇帝的干扰，而在欧洲的政治格局中，奥地利皇帝是英格兰天生的同盟者。有英格兰的支持，奥地利皇帝不仅占据了那不勒斯，还扬言要用西西里岛去交换撒丁岛，不过被西班牙拒绝了。西班牙的大臣塞尔伯诺尼掌握了海军大权之后，奥地利的海上力量开始复苏，不过1718年在帕塞罗角外海被英格兰舰队击垮并全歼，直接夭折。次年，一支法国陆军在英格兰的授意下，终于翻越比利牛斯山脉，摧毁了西班牙的码头和船厂。

这时候，我们不妨来看看英格兰海上力量的格局和分布。英格兰掌握了直布罗陀港、马翁港，其盟友掌握了那不勒斯和西西里。而在西属美洲，英国享有通商权，这无疑是当年趁火打劫从西班牙人手中巧取豪夺得来的。当时略感失意的西班牙一怒之下踏上了不归路，国内的主战派和主和派都觉得应对此海域来个鱼死网破，不过结局是鱼死网未破。英格兰的政策一向以稳健著称，总是一步一个脚印地发展。但是，欧洲其他国家的政府却在英格兰对西班牙的问题上睁一只眼闭一只眼，这无疑助长了英格兰人的野心。

在欧洲政治家们看来，海权正以一种稳定向上的速度成长为第三种压倒性的力量。而随着时间的推移，这种力量最终会沦为自私自利和侵略的后备力量，虽然这种力量并没有达到残酷可怕的地步，但与之前产生的那些力量相比，它明显可靠有效得多。

这种力量的碰撞往往不会像短兵相接那样闹出很大的动静，所以，它很容易避开大多数人的视野，即便潜伏在表面下的力量已经开始崭露头角。有一点谁都无法否认，那就是在以海洋霸权为主题并不断得到贯彻的时代里，英格兰占据了海洋的统治地位，当然，这肯定是那些深谋远虑的军事家的军事战略的结果。

在乌德勒支和约签署之初，这一点就已经被预见到了。而在此后的 12 年里，因为个人危机的驱使，法兰西的统治者决定与英格兰结盟共同对付西班牙。

尔后，在 1739 年与西班牙的战争中，英格兰海军的数量甚至超过了西班牙和法兰西联合舰队的总数。在之后长达 20 多年的战争里，这种差距不仅没有缩小，反而进一步拉大了。

在战争的开始阶段，英格兰仅凭直觉在战场上挥洒，但稍后他们意识到这次战争对于自己来说是建立海上霸权前所未有的良机，于是政府对国民和军队开展了一次积极的引导。事实的确如此，想要飞速崛起成为殖民帝国，必须要有一支强大的海军为帝国的利益保驾护航。即便是在严格的欧洲事务中，海上强权依然有着绝对的话语权。

这一点无须赘述，在皮特[1]那篇演说辞里，也对英格兰政府对于战争采取的政策作了全面的诠释，而皮特恰恰又是那一历史进程中的重要代表之一。

这就不得不说说皮特这个人，他对于政敌缔结的1763年和约大加讨伐。他说："法兰西和英格兰在海洋和商业上是天生的敌人，你们却毫无根据地给了法兰西海军卷土重来的机会，这是养虎为患。"

但是，英格兰最终收获颇丰，不仅巩固了对印度的统治，也成功掌握了密西西比以东的北美地区。自1815年以来，英格兰政府已经给予国民足够多的东西，这在世界上其他国家是罕见的。

所以，英格兰政府各方面的成长归根结底是因为国家政府和国民的和谐相处，是彼此之间互相促进的结果。**在海上权力的谋求上，只要政府愿意接纳国民的精神并为之提供庇护，同时还把政府的发展方向与民众的倾向性保持一致，那么就一定能取得举世瞩目的成就。**在一个政府中，如果国民的意志构成了政府的大部分事业，那么这个政府无疑达到了最稳定的状态。

我们再来看看政府在荷兰和法国发展中的作用。

荷兰共和国从海洋中提炼出的繁荣与生命曾超过英格兰。荷兰政府的特征与政策是不赞同持续地维持着海上强权。确切地说，荷兰政府应被称为一个通商贵族集团，它厌恶战争，憎恨备战所花的每一笔开销。不过直至1674年与英国缔结和约，荷兰海军在数量和装备上一直能与英法联合海军平分秋色、分庭抗礼。随后的威廉·奥兰治君主统治将政策集中在抗衡路易十四以及法兰西强权的扩张，采取陆地战而不是海战。由于荷兰政府只关注陆疆，荷兰舰队很快便衰落了。1702年，威廉三世死后，其政策仍为继任者所沿用，目的完全集中在陆地上。从那时起，荷兰就不再是一个伟大的海上强国了。

---

① 皮特：全名为小威廉·皮特（1759年5月28日—1806年1月23日），杰出的政治家，曾任英国首相，是英国历史上最年轻的首相。——译者注

法兰西优越的地理位置使其适合掌握海上霸权。1661 年，当路易十四接掌政府时，法兰西只剩下了 30 艘战舰，而且只有 3 艘装备有 60 门火炮。随后，一位伟大的政治天才——财政大臣柯尔伯特开始建立一支基础扎实的海军。在柯尔伯特执政期间，整套海权理论都以系统的、中央集权的法国方式加以实施。1666 年时，法兰西已有 70 艘战舰，其中 50 艘是战列舰，20 艘是火攻船；1671 年，战舰的数量已上升到 196 艘；1683 年，法兰西拥有 107 艘战舰，其中 24 艘拥有 120 门大炮，12 艘装载有 76 门大炮，除此之外还有许多较小的舰船。然而，这一奇迹般的崛起完全是由政府的行为强加的，失去了政府的恩宠后，就会像先知约拿的葫芦一样萎缩。1672 年法荷爆发战争。这场燃烧了 6 年的战火，使柯尔伯特所作努力的很大一部分顿时化为乌有。柯尔伯特政府一蹶不振。路易一个人成了法兰西的督导政府，路易的政策旨在通过军事力量与领土扩张，瞄准欧洲的统治力量，这就驱使英格兰与荷兰携起手来，这种联盟直接地将法兰西从海上赶了出去。法兰西的领土与军事力量上升了，然而，商业与和平航运业的活力却在这个过程中耗尽。法兰西海军不久就开始走下坡路，在路易统治末年实际上已荡然无存。绝对君主制形式的单一性强烈地显示出，政府对于海上权力的兴衰会有多么大的影响。

对于影响一国海上力量成长的主要因素的一般性讨论，至此可告一段落了。这种讨论主要限于战略的考虑范围，明显有别于战术。其中所包含的内容与原则属于事物无法改变的一般性特征，虽历经沧桑却始终未变。后面将要对欧洲与美国的一般历史进行一番考察，并特别关注海上力量在其广义上对于那段历史以及民众的福利所产生的影响。在情况允许时，我还要经常提醒与强调：“就目标而言，海军战略在战争时期与和平时期一样，在于奠定、支持与增加一个国家的海上力量。”

第三章

以史为鉴，1778 年海战告诉我们的真理

1

1778 年的战争参战国可以分为两股势力，一是大不列颠的军事力量，二是控制着法兰西与西班牙两大王国的波旁家族。

当时，北美殖民地正与其宗主国英格兰进行着一场力量悬殊的抗争。当他们知道这个对他们如此有利的事件后，举国上下欢呼雀跃。美国人的目标很简单，那就是彻底摆脱英格兰的殖民统治。

荷兰没有遭受到陆地上的进攻，只是想尽可能减少外部损失，对在战争中大展拳脚没有表现出丝毫兴趣，却被拉进了战争。那些小角色的目标也几乎都是终止战争。但这对于主要参战者来说是决不允许的，他们迫切地想要改变几个小国停战的想法。

而大不列颠的战争目标也很简单，就是竭尽全力阻止美洲殖民地从英国分离出去。

曾经的下属领地居然站在与自己相同的高度并扬言要摆脱自己的控制而独立，面对这种情况，暴力不失为一种好的手段。于是战争爆发了。大不列颠和北美殖民地的人民纷纷拿起刀剑，为着各自的目标而拼杀。在那个年代，海外领地臣服于如日中天的英格兰是顺理成章的事，因为它达到了辉煌的顶峰。

但正是这种辉煌，让大不列颠成为众矢之的，以至于法兰西和西班牙都以一种美洲大陆上反殖民事业的积极赞助者身份出现在其面前。这虽然对英格兰树立已久的雄心壮志毫无影响，可一旦法兰西和西班牙等国公然加入敌人行列，英格兰不仅会失去美洲大陆，更可能丢掉更多宝贵的领地。没过多久，这种担心就变成了现实。

就英格兰的目标而言，完全可以将这场战争视为防御性战争。英格兰人认为当务之急是守住已有的东西，所以行动起来总是患得患失。但是，当英格兰把荷兰骗入战争之后，军事上的优势明显增强；而对手的力量不但没有变化，反而为它敞开了大门。

与之相比，法兰西与西班牙的目标就复杂得多，天生的敌意和报仇雪恨的冲动占据主导。

虽然情感往往会成为影响国家行为的重要因素，但这种情况只在以情感为借口可以达到目的时才会发生，一旦情感失去效用，人们就会以其他事物作为借口来达到目的。不过，只有在满足目的的有形手段足可称述与计算时，法兰西才能指望其北美领地失而复得。

所以，法兰西的主要目标是接管英格兰手中的印度和西印度群岛，同时，在他们借此牵制英格兰的时候，确保美利坚合众国在适当的时机获得独立。简单地说，就是在削弱英格兰的同时壮大法兰西自己。总结起来，就是为了在海权和政治上对英格兰进行双重压制。

而西班牙的目标则是确保自己能够牢牢地控制住梅诺卡岛、直布罗陀和牙买加这些地方。

这就是西班牙和法兰西所追求的目标，他们的介入直接导致美国独立战争风云突变。尽管他们不承认可以从战争中获得利益，并且找到了一个正义的借口，但是，谁都知道只有傻子才会在全世界面前公然表明自己的真实目的。

而当时颇有见地的英国舆论却没那么好骗，它在法兰西宣言中找出了一些关键字句，简洁而生动地描绘出了联合一致的波旁王朝行事的真正目的："因为受到各种伤害而产生的疯狂报复，结束英格兰所篡夺的暴政帝国的同时，进一步巩固自身在海上的权力。"

简而言之，作为战争的双方，盟国属于进攻方，而英格兰则处于防御的一方。

2

英格兰之所以在海面上飞扬跋扈，不仅是因为它拥有强大的海上军事力量，也得益于商业贸易和武装航运业的发达，而且那些遍布于世界各地的商业设施、殖民地与海军基地又能为之源源不断地提供补给。

因为美洲大陆殖民地突然起义，英格兰坚固的海港网络出现了裂口，尽管他们与西印度群岛之间贸易往来频繁。这场战争的意义远不止政治占有和商业利用那么简单，它还有重要的军事目的：把大西洋沿岸和加拿大、哈里法克斯与西印度群岛连接成片，获得海洋性预备力量的支持，海军基地的环链也会因此坚固无比，但这些随着战争的进展，是否仍能掌握在英国手中已成疑问。

一方面，大不列颠在保持自己下属领地的完整性上屡次碰壁，另一方面，它的海上力量和舰队遭遇了前所未有的挑战，这些挑战来自法兰西和西班牙。盟国的海军直接和英格兰发生了正面冲突，冲突的时机对于盟国方有利，对于英格兰来说却十分糟糕。下一个问题是进攻地点的选择（应将力量集中在主要进攻目标上），而对于次要进攻目标，只要扰乱其防御，分散其力量即可。

托克维尔①是那个时代法国最为睿智的政治家了，他认为，美洲殖民地获取独立可能会损害法兰西的利益。一旦起义到了弹尽粮绝的地步，注定要被镇压，他们派出的力量也将落入英格兰之手。如果在某个地点的军事占领被削弱但还没有到无药可救的地步，那么对于一个宗主国来说，就需要持续地投入，持续的投入就导致了持续的劣势。虽然这样的主张并没有在法兰西政府占据主导地位，但是它所包含的真理性成分不容忽视。

如果以合众国②的利益为主要目标，那么北美大陆就是天然的军事行动场所，那些有决定性作用的军事地点就会成为主要进攻目标。但是，法兰西的最主要目标不是帮助美国独立，而是尽可能地打击英国。而这注定是一场轰轰烈烈的较量。显然，法兰西最喜欢的方式还

---

① 托克维尔：全名为阿历克西·德·托克维尔（1805 年 7 月 29 日—1859 年 4 月 16 日），法国历史学家、政治家，政治思想家，政治社会学的奠基人。——译者注

② 合众国：指美利坚合众国。——译者注

是对英格兰进行牵制。所以，英格兰占据的 13 块殖民地自然不会是法兰西的首要目标，西班牙自然也是如此。

英属西印度群岛由于自身的商业价值而成为法兰西最为重视的目标。法兰西人天生就有一种随机应变的能力，这使得他们很快就适应了那个地区的社会状况。他们的殖民地地域辽阔，有小安的列斯群岛的两块最佳之地——瓜德罗普与马丁尼克，不仅如此，斯塔卢西亚和海地的西半部也在法兰西的掌握之中。

除此之外，法兰西还想通过军事手段取得英属安的列斯群岛的控制权，如果目的达到，一块真正意义上的帝国热带附属地就完满无缺了。尽管西班牙人的敏锐把法兰西阻挡在牙买加之外，帮助那个弱得像跳蚤一样的国家尽可能地索回了原本属于它的领地。不过，对于小安的列斯群岛的军事占领完完全全地取决于对于海洋的控制，单纯将其作为一个适合的目标并不可行。

所以，法兰西政府禁止其海军指挥官占据那些可占据之地，对于那些地方往往采取摧毁各种防御设施后就撤离的手段，然后俘获留守部队成为自己的阶下囚。不管是在罗伊堡的优良军港中，还是在马丁尼克、开普弗朗西斯、哈瓦那，当时最大规模的舰队也能找到优良、安全、供应充足的基地。所以，斯塔卢西亚早期蒙受严重损失完全可以归咎于法兰西舰队管理上的无能和英格兰海军统帅的领导有方。

而在西印度群岛，前来参战的各种势力发现各自在陆地上得到的支援相差不大，仅靠占领其他地点并不能从根本上增强自身的军事实力，只能依靠增加舰队的数量和质量来实现。想要在安全的情况下扩张领地，迫在眉睫的是取得海上优势，并将它延伸到战争的其他领域，否则占领就不稳定。占领某地需要强大的增援，这往往会导致占领方得不偿失。

所以西印度群岛局势的关键就在于舰队，这才是一切军事活动的根本。但是西印度群岛各港口在这场战争中的真正用途远未被充分发现，它们是欧洲和美洲两个大陆的中转基地。在陆军进入冬季作战期之后，所有舰队都要退至这些港口。

除攻占斯塔卢西亚以及 1782 年流产的进攻牙买加计划之外，法兰西在西印度群岛的陆地上再无理智健全的战略性行动，在取得海上优势之前，他们从来都没有尝试真正去攻占一个军港，比如巴巴多斯，或在可能的情况下进攻罗伊堡。**必须再一次强调，战争的关键永远都在于海上力量，这是永恒不变的真理。**

3

海上力量——最小的单位就是武装舰队——对于美洲大陆那场战争的影响，华盛顿和亨利·克林顿爵士曾谈过自己的看法。关于东印度群岛的情形虽已充分讨论过，但作为一个战场，还是要再强调一下：那里的一切都取决于优势的海上力量对于海洋的控制。

对于法兰西来说，占领亭可马里是至关重要的，因为除此之外它没有其他基地。但就像占据斯塔卢西亚那样，占据这里也是一个意外惊喜。这本来需要先击败敌人才能得到的战利品，当时却天上掉馅饼一样地落入了法兰西之手。

从军事策略来看，把北美和印度作为真正进攻目标的国家，其海上力量必须随时与本土保持联络。这里仍旧要提到欧洲，因为它与这场战争有重要的关系。有一点十分明了，那就是，欧洲在政治上的让渡使两个地点——直布罗陀与梅诺卡岛成为“兵家必争之地”。因为西班牙的积极踊跃，前者成为同盟国的主要进攻目标，而控制海洋等于控制一切的真理在这两个地方都再次得到了证实。

在任何一场海上战争中，有两件事情是一成不变的，而且在战争中始终尤为重要。

首先，位于边界的基地恰好是海滨地区，军事行动就很容易展开。在这种情况下，海军舰队的规模和素质必须要和军事行动协调一致。如前所述，如果 1778 年的那场战争扩大到地球上遥远的地区，那么所有这些地方都需要有适用于航运的安全港口，以建立局部战争中次要或临时的基地。

其次，在这些辅助性港口与主要港口或本土的基地之间，必须建立起稳定的安全交通线。对于两者之间海域的军事控制则是交通线稳定的重要前提。这种控制权的实际操作必须由海军来完成，可以通过歼灭大海之上四面八方的敌军舰船，来达到使得本国船舶安全通行的目的；也可以通过武力伴随（护航）的方式，让每一支军事补给船只获得支援，这可以进一步加强控制权。

前一种方法主要是通过疏散国家力量达到目标；后一种则需在护航处于一定重大关头之时，在目标海域集中兵力。

不管采取哪一种方式，都应该在沿途适当地占领几个优质良港，比如好望角、毛里求斯这样的港口，无疑可以进一步巩固交通线。这样的据点总是必不可少的，而现在就更加重要了。因为，现在的后援补给比以前更加频繁。

海内外据点的配合和来往沟通的状况，也是一般军事形势的战略特征之一。依据这种特征和敌军舰队的相对实力，就能够确定军事行动的本质。现在，可以将先前的考虑应用到整个战争领域，看看同样的结论适用与否，如果适用，再看双方的军事行动的本质又是什么。

在欧洲，大不列颠的本土基地位于英吉利海峡，有两个主要的军需中心——普利茅斯与朴茨茅斯。而同盟国的基地则位于大西洋东岸，主要军港包括布列斯特、费罗和加地斯。在这些军港背后的地中海，还有塔兰和卡塔赫那造船厂。而在另一边，与之相对的是英格兰位于梅诺卡岛上的基地马翁港，不过后者完全可以不加考虑。因为在整个战争中，它都处于防御的地位，英格兰舰队根本无力抽调任何力量前往地中海。

反之，如果能对直布罗陀加以利用并将其作为一支舰队的基地，就能够监视来往于海峡的特遣部队和增援力量。遗憾的是这一点未能实现。

尔后，英格兰的欧洲舰队被牢牢地束缚在了英吉利海峡，除进行本土防御外，最多只是不定期地前往洛基护送守备部队的补给品。马翁港的作用显然不能与直布罗陀相比。在战争结束之前，这个地方都没有引起同盟国的注意，它在历经6个月的围困之后陷落了。

战争之初，北美的纽约、纳拉甘西特湾以及波士顿就成了区域性基地。当时，纽约和纳拉甘西特被英格兰人窃取。从地理位置看，它们是北美大陆上最重要的兵站，地形上易守难攻，补给方便。

此前，波士顿落入了美国人之手，为盟军所用。从战争实际发展的方向来看，由于1779年英格兰人颇具机动性的军事行动分散到了南方各州，波士顿不再是军事行动的主战场，并且从其地理位置上看，它的战略位置也不再那么重要了。

但是，假如占据哈德孙与尚普兰湖一线孤立新英格兰，并且向东一线集中军事力量，就会发现这3个港口对战局的决定性意义了。纽约以南、特拉华、切萨匹克湾绝对是成就一番海上事业的重要位置。

在美洲大陆的南端，英格兰人被一种虚无的幻想所迷惑，妄想能获得当地民众的支持。英格兰人自以为是地认为，那里的人民正遭受本土政府的压迫。但是，上帝似乎特别宠爱英格兰人，这个看起来荒诞又可笑的妄想居然变成了现实。英格兰就将成败的赌注押在了这里的一次起义上。查尔斯顿成了这次战争的又一区域性基地，英格兰远征军在乔治亚登陆，在18个月后的1780年5月，此地落入英军手中。

在这场战争中，对英格兰人来说，西印度群岛的主要区域性基地有斯塔卢西亚和安提瓜，只是后者的地位显得无足轻重。1000英里之外就是牙买加的主岛，那里的金斯顿有一座能力巨大的船厂。盟军①判断了主次轻重的顺序后，首先占领了马丁尼克的罗伊堡和哈瓦那，接着才是瓜德罗普和开普弗朗西斯。

在当时，信风和洋流也是控制战略形势的特性之一。想要占据有

① 盟军：指西班牙和法国。——译者注

利的上风，就必须克服这些障碍，对于单艘舰船来说这都是艰难的使命，更何况是规模庞大的舰队。

当然，舰队只有在自愿或在确信敌军正在驶向同一方向的情况下才会驶向这些西部岛屿。就像罗德尼得知法兰西舰队已驶向开普弗朗西斯时，才在圣茨战役之后开赴牙买加一样。风势状况使得顺风或朝东向的岛屿拥有了海战的区域性基地和欧洲与美洲之间交通枢纽的双重身份。

此外，在两大战场——大陆与小安的列斯群岛之间，横亘着广阔的中央地区。除非战争中某一方拥有较大的海上优势或者是在一处侧翼赢得了决定性胜利，否则，很难展开更大规模的军事行动。

1762 年，英格兰占据了所有的向风群岛，从而在海上确立起了绝对的优势，进而大举进攻并占领了哈瓦那。然而在 1779 年到 1782 年这 3 年时间里，法兰西在美洲的海上力量迅速崛起，占据了不少向风群岛，达到了能与英格兰分庭抗礼的地步。所以，在哈瓦那的西班牙人能随心所欲地在前述中央地区实现进攻彭萨卡纳与巴哈马的意图。

对于当时的战争来说，马丁尼克与斯塔卢西亚这样的据点比牙买加、哈瓦那及其他背向岛屿具有更大的战略优势。控制后者是出于地理位置上的考虑，因为由此西向而行将会比返航时迅速得多，而且大陆上的战略要点与它们的航程也比其他地点更近。小安的列斯群岛中的大部分岛屿也具有这种优势。

至于巴巴多斯岛①，处于逆风状况时，就只适合于进攻性行动，防守却十分困难，甚至从罗伊堡这样一个近在眼前的港口出发的大型舰队都能接近。在圣基特之前停顿的远征舰队，原本打算最终开赴巴

---

① 巴巴多斯岛：位于加勒比海与大西洋边界上的岛屿，是西印度群岛最东端的岛屿，此岛屿属于独立岛，海战中如用于防御显然不行，它无良好的物资补给，且信风（指在低空从副热带高压带吹向赤道低压带的风，信风经常会增加热带风暴的威力，影响大西洋、太平洋和印度洋沿海地区）暴虐，不利于海战。——译者注

巴多斯的，可中途被暴虐的信风阻止了。

在当时，巴巴多斯是通向牙买加、佛罗里达，甚至于北美的交通线上的避风港，作为英格兰参与战争的区域性基地与军需库再合适不过了。如派遣军队把守逆风100英里开外的斯塔卢西亚，再将其作为舰队的前哨站卡，就可以密切监视罗伊堡的敌军了。

再来看看印度。印度这块半岛的政治状况使东部沿岸成为战场的可能性大大增加。此外，毗连之岛锡兰能提供良好的、易于防守的港口，尽管其状况不是太好，但有着至关重要的战略意义。

原因很简单，亭可马里之外的所有锚地都在海岸线上，没有亭可马里那样开阔的停泊之处。在这种情况下，信风与季风也在该区域具有了战略价值：从秋分至春分这段时间，风有规律地从东北方向吹过来，偶尔十分猛烈，掀起滔天巨浪拍打着岸边，这使得登陆变得特别困难；但是到了夏季，情况就大不相同了。盛行的风向都是从西南而来，这使得海面相对平静，天气也较往常好；而到了9、10月份，“季风更替”通常伴随着肆虐的飓风。从这时起直至东北季风平息，进行军事行动或者停留在海岸边都不是明智之举。因此，在这个季节找到一个退守的港口就成为急需解决的问题。亭可马里[①]就是唯一一个这样的港口，其独一无二的战略价值也正因此进一步彰显出来。

英格兰与印度西海岸的孟买港距离实在是过于遥远，所以，孟买港并不能作为一处区域性战略基地。就像法兰西的毛里求斯之于波旁岛那样，孟买应归为与宗主国相连的交通线上的港口之列。

上述地方就是交战国各方在国内外的主要港口或基地。但必须注意一点：它们通常都资源匮乏，而这构成了其战略价值的另一个重要方面：海陆军的储存与装备，以及在海上需用的大量补给物品，都只能从本土运抵那里。

---

① 亭可马里：斯里兰卡东北部港市。位于科迪亚尔湾的北岸，斯里兰卡最大的天然良港，战略要地。它在1957年前曾是英国在亚洲的重要海军基地。——译者注

波士顿是个例外，其四周群居着富有而又友善的人群。哈瓦那也是如此，那时它还是一个重要的海军弹药库，造船业十分发达。不过，它们都与主要战场距离遥远，美国不得不依靠纽约与纳拉甘西特湾，频繁地向邻国勒索资源，这使得他们经常一无所获，而东、西印度群岛的遥远港口只能完全依赖本土供给，**所以，交通线的战略问题又具有了新一层重大意义。**

拦截一大队供应舰船是战略意义仅次于消灭一支战舰的军事行动。所以，只有通过政府与海军指挥官对手里可用的战舰与特遣队的灵活调遣和运用，才能使手下部队顺利完成补给的运送。

比如，与坎彭菲尔德的游刃有余相比，北大西洋的德·吉尚[①]的管理无方再加上狂风来袭，直接导致德·克雷斯在西印度群岛处境艰难。在印度洋的沙弗伦因为在大西洋的小股运输船队被拦腰切断，也遭受了同样的打击，好在后者曾一度通过捕获英格兰补给舰船而抵消了这种损失，并使其对手大伤脑筋。

只有海军才能保障或威胁这些至关重要的生命线。它们是将整个战场连为一体的纽带，因而被交战双方视为最主要的目标之一。

4

欧洲与美洲之间的距离决定了中间供给港口并不是绝对必要的。如果因为某种无法预见的原因遇到了问题，要么可以返回欧洲，要么可以到西印度群岛某一处友好港口去。

这种情况不同于绕过好望角历经漫漫长路驶向印度，比克顿于2月随同一支护航舰队离开英格兰，同年9月抵达孟买时被广为称赞。但顽强的沙弗伦于3月起航出发，花费了相同的时间抵达了毛里求

① 德·吉尚：即德·吉尚伯爵，时任法国海军少将，此人性格多疑且胆怯，不善于抓住战机。——译者注

斯，又花去了两个月时间从那里开赴马德拉斯[①]，假如中途淡水、新鲜的给养品等补充无法实现，或者整修船舶这一环节出现问题，就无法完成这样一场时间跨度极大的航程。

一条优质的交通补给线通常需要好几处港口，并且要求这些港口必须分布合理、易守难攻、补给充足，就像英格兰通过种种手段占据的那些主要商业干线一样。在1778年战争中，交战方都没有在这条线路上取得这类港口，直到后来荷兰同意，法兰西才控制了好望角，让沙弗伦得到了重大支持。

得到好望角，再加上沿途的毛里求斯与另一端的亭可马里，盟国与法兰西之间的交通线得到了最亟须的保障。英格兰虽然据有圣海伦，但因为补给和整修等原因，驶向印度洋的特遣编队和大西洋的护航队航行到马德拉岛[②]、维德角岛[③]以及巴西港口时就不得不依赖于葡萄牙的善意中立。对于战争防御来说，这种中立是一种脆弱的依靠，就像约翰斯顿[④]之于沙弗伦那样。

如果交通线上有几处可供停靠的港口，而敌人又不知道究竟会使用哪一处港口，这在一定程度就为自己带来了安全。只要海军指挥官正常地调遣手中的部队，部队就会像约翰斯顿在普拉亚港[⑤]那样安全。

所以，可用港口的组合以及它们之间交通线的状况就构成了影响局势的主要因素。在对此进行讨论之前，必须提及另一个对于海洋活动影响尤为深远的因素，那就是获取信息的困难。

---

① 马德拉斯：印度东岸的一座城市，它坐落于孟加拉湾的岸边，是泰米尔纳德邦的首府，印度第四大都市。——译者注

② 马德拉岛：属葡萄牙的岛屿，位于非洲西北部附近的大西洋海域，为马德拉群岛的一部分。——译者注

③ 维德角岛：又叫作佛得角，位于非洲西岸的大西洋岛国。独立前曾是葡萄牙的殖民地。——译者注

④ 约翰斯顿：位于北太平洋中部，波利尼西亚群岛的组成部分之一，战略地位重要。——译者注

⑤ 普拉亚港：佛得角的首都。——译者注

陆军穿越的通常都是居民所居住的疆域，会在身后留下征途的痕迹。但舰队就不一样，舰队乘风破浪，横行于大洋之上，很容易不留痕迹地四处逃遁。当船后的海水纷纷回笼，甲板上若隐若现的信号旗或许能够显示这些舰队的存在，然而却无从知晓它们何去何从。也许可以确定一点，那就是追逐者风帆的声响，被追逐者或许一无所知，而被追逐者肯定是处于领先地位的。

人们在对海洋风向与水流的仔细研究后找到了某些具有一定优势的路线，小心谨慎的水手会习惯性地对其加以追踪，并对敌方活动做出推测。但是，直到 1778 年，仍然没有在这方面得到精确的数据。就算他们拥有这些数据，因为种种原因，谁能在面对这些变数时作出万无一失的预测呢？就算真的预测准确，那这条最为快捷的路径也可能被放弃，因为对方也知道有时需要避开追捕或埋伏。

所以，在这样的捉迷藏游戏中，优势往往在于追逐的一方。监视敌国的出海口，在其进入寂静的不毛之地之前完成追逐，这是保障安全的必要手段。如果因为某种原因，这样一种监视不能实施，那么下一步最好就是径直奔向敌人的目的地，在那里以逸待劳，而不是试图去追寻或许根本就不正确的路线。

但是，这种方法也并非屡试不爽。在捕杀约翰斯顿的行动中，沙弗伦的策略是完全可行的，进攻普拉亚港时也是如此。而罗德尼在 1780 年和 1782 年两次拦截通往马丁尼克的护航队的失败却告诉我们另一个事实，尽管已经知晓敌人即将来临，甚至抵达地点都已掌握，埋伏起来仍然困难重重。这应该就是海战和陆战最大的区别之一吧。

5

任何一次海上远征，都有且只有两个地点是固定的，这就是出发点与目的地。

目的地开始或许并不为敌人所知，但是，起航时间、在港口某一地点的出现以及随后的迹象都能可能暴露出目的地是哪里。对于战争的主动方来说，这关乎到行动的成败，对于防御方来说，更是具有重要意义。

因为，在众多可能遭受攻击的地点中，防御方无法预知自己会在何处遭受攻击，而进攻方却能以逸待劳地等待目标出现。如果远征船队不在两个或两个以上的港口之间分散，就能保持强大的战斗力。所以，对于防御方来说，必须阻止敌方特遣队的集结。

如果防御方处于弱势，对敌军就更要利用分而治之的策略。1782年，在斯塔卢西亚，罗德尼密切监视着位于马丁尼克的法兰西特遣舰队，防止他们与在开普弗朗西斯的西班牙人会合，这便是一个具有教育意义的战略事例。假如岛屿位置能使他置于法兰西人及其目的地的中间位置，而不是在他们的后方，就再理想不过了。后来的事实证明，他已经尽可能地将事情做到完美了。

防御方作为弱者，不可能封锁住敌军的各个分支的所有港口，同时又不使自己在每一支敌军面前都身处劣势而最终失败，这些有悖于战争的根本原则。如果能只在一两个地点集中一支优势力量，决定在何处进行警戒、何处可以忽略防御方，就能避免上述情况。所以，这一思想应贯穿于整个战争策略中。

1778年，英格兰被迫成为防御方。尽管面对着法兰西与西班牙参战的诸多可能性，英格兰海军在数量上又次于同盟国海军，但是，在战略特征、本土基地与海外辅助性基地上，它依然占有总体上的优势。就算英格兰本身不是非常强，但其地理位置对于战略效果来说，绝对上佳。

我们还必须注意到战争的另一个要素，那就是足以展开攻势的有组织的军队或舰队。在这方面，必须要做到游刃有余、气贯长虹地调动一支处于劣势的力量，首先奔向大海，巧妙地摆开阵势，以更大的机动性抢在敌人之前集结；还需要袭扰敌方的交通线，以优势兵力对付敌军部分兵力，进而粉碎敌人的意图。

纵观全局，有一点已经十分清楚，除美洲大陆以外，任何一处战争的维持都依赖于欧洲的宗主国和与之相联的畅通无阻的交通线。如果英格兰人竭尽全力地用其压倒性的海上力量绞杀敌人的工商业，也许，美国人早就因弹尽粮绝而最终溃败了。

影响局势的关键还在于欧洲及其相互敌对的造船厂。如果英格兰无法挑起一场陆地战争来对付法兰西，也许，它最希望的就是找到并歼灭敌人的海军。利用其本土港口来发现这支海军再合适不过了。

在拿破仑战争中，英国就采用了上述策略。当时英国的海军在气势上雄霸天下，敢于敌众我寡在海洋与敌人展开对抗，也能面对敌军海港内为数众多且装备精良的战舰所构成的威胁。因为能够从容面对双重危险，也就获得了双重优势：将敌军置于眼皮底下，让港内舒适的生活消磨敌人的斗志；而自己则艰苦地巡游在海上，被不断磨炼着。

但是，不得不承认，上述方式对于人员和舰船的损耗都十分巨大，许多英国军官因此反对将他们的舰队置于敌人港外海中。

科林伍德写道："我们所经受的每一次打击，都会削弱这个国家的安全感，上次巡航使 5 艘大型战舰失去了战斗力，最近又增加了 2 艘。其中的一部分肯定被架上了船坞。这种持续不断的巡航已非人力所能承受，科尔德已被拖垮。我还听说，格兰夫斯也没有好到哪里去。"

除了人员和船只的过度损耗，还能从中总结出一些经验，那就是没有一种封锁能绝对地遏制住敌舰。比如维尔纳夫①就从塔兰成功脱身，密西斯也从罗什福尔②溜走。

---

① 维尔纳夫：法国贵族出身，15 岁加入海军，1796 年成为海军少将，此人曾被拿破仑大骂"不知耻的懦夫"，后又在特拉法加战役中指挥不当，造成法海军损失惨重。——译者注

② 罗什福尔：位于法国的滨海夏朗德省，曾是法国和英国的天然界线，被菲利普四世购入，法国海军创建之后，罗什福尔被选为海军基地。——译者注

尽管如此，当时过分紧张的窘迫终于熬了过去。英格兰舰队围住了法兰西与西班牙的海岸，遭受的损失得到了弥补，舰船得以修缮。对布列斯特的严密监视粉碎了敌方兵合一处的幻想。尽管困难重重，纳尔逊的警惕之心一直跟随着塔兰舰队，从其出发地开始，横越大西洋，最后回到欧洲海滨结束。这些都发生在他们进行打击之前，在忽略战略而依靠战术完成了特拉法加大业之前。

这群疲惫不堪却依然纪律严明的英国海员，忍着伤痛依然训练有素，阻挡住了他们那群不学无术的对手们。他们在敌军所有弹药补给中心附近都部署了部队，将那些小型战船联为一体。他们也许不能永远遏制住敌军的偷袭，但是，他们却能有效地阻止所有敌军特遣舰队的大规模集结。

6

事实上，1805 年的战舰在本质上与 1780 年的战舰相同。尽管前者在某些方面有进步和提高，然而，只是量变，而不是质变。

法兰西海军的状况比霍克与纳尔逊时代要好一些，军官的人格与训练素质都有所提高。尽管如此，海军统帅部也知道这类军官严重缺乏，于是用陆军士兵来填补。反观西班牙海军的人事状况，比 15 年前没有丝毫改善。当时纳尔逊在谈到西班牙向法兰西让步出让某些战舰时就曾说：“我想当然地认为这些都不会由西班牙人来操纵，因为那将是再度失去它们的最快方式了。”

对于较弱一方来说，摧毁敌军舰船的最可靠方式就是在港口对它们进行严密监视，在其准备起航时给予致命一击。但这种做法在欧洲遭到强烈反对。当时，法兰西与西班牙海岸气候恶劣，尤其在冬季，再坚固、再管理有方的战舰都经受不住。监视还造成了各种资源的持续紧张——需要储备大量舰船和人力，用以替换那些进行整修的舰船或舰船上的水手。

如果执行封锁命令的舰队能在敌军必由之路的侧翼寻找到一块停锚之地，就像当年纳尔逊在 1804 年与 1805 年监视塔兰舰队依靠的撒丁岛的马达莱那湾那样，情况就大不相同了。1800 年，詹姆斯・索玛尔兹爵士甚至使用了距法国海滨布列斯特仅 5 英里之遥的杜瓦纳内湾，这让他能够在恶劣的气候条件下停泊封锁舰队的近岸舰船。

从上述观点来看，普利茅斯与纽比的地理位置并非令人十分满意，而且没有像马达莱那湾那样位于敌军必由之路的侧翼，只是同斯塔卢西亚一样位处路线的后方。尽管如此，霍克还是证明，战舰的四处游弋与管理有序能够克服这些不利条件，后来罗德尼在其基地的情况也证实了这一点。

所以，英格兰人若想发动攻势，必须极其小心谨慎，并且还得依靠好运而与敌舰零星遭遇，如果获得的不是决定性的胜利，那么英格兰就会因为敌方大规模战舰的到来而陷入困境，即使获得胜利也要付出高昂的代价。

英格兰本土（或海峡）舰队也依赖于与直布罗陀、地中海的交通线。因为天气等诸多原因，他们仅仅局限于执行本土海岸的防御使命和骚扰敌人交通线的军事行动。

印度的距离是如此遥远，被遣往印度的舰船停驻下来后，即使出现紧急状况也不可能被召回，或予以增援，这块战场就成了孤立无援之地。

欧洲、北美和西印度群岛本就是庞大的战争舞台。在那里，各类事件相互关联，各个不同地区关系密切，这一点也需要注意。

7

假设海军是战争中的决定性因素，海军和交通线上的连续补给都来自本土——主要的军需库集中之地，那么，有两件事情就变得不可避免：

第一，处于防御地位的国家，如大不列颠，其努力应集中在保护军需中心。

第二，为了完成这种保护，海上的交通线不能盲目扩张，万万不能超出护卫分遣舰队的控制范围。

出于后一种考虑，英格兰应该强化和加固交通线上的据点，使其不需要依靠舰队来保护，而仅需补给与增援。且据点间距离要合理。比如，直布罗陀就完全符合这些条件，因为它本来就固若金汤，储备也能维持很长时间。

如果上述是正确的，那么英格兰在美洲大陆的举措就大错特错了。因为加拿大、哈里法克斯、纽约和纳拉甘西特湾，再加上哈得孙一线，都在他们掌握之中，孤立一大片起义者的土地更具有决定性意义，也在他们力量所及的范围内。

当时，纽约与纳拉甘西特湾应该让法兰西舰队无从下手，以此确保那里的部队安全，防范来自于海上的进攻，减轻英格兰海军的负担。一旦法军摆脱置于某欧洲军需中心附近的英格兰舰队的监视，堂而皇之地在北美大陆沿岸抛头露面，英格兰海军就可以在那些港湾中找到安全的藏身之处。

否则，这两处港湾就会不堪一击，遇到纳尔逊或弗洛格特之类的人物就会失陷。在纽约的陆军两度兵分两路，首先开赴切萨匹克，随后奔向乔治亚，而这两支各自为战的军队都没有强大到足以应付面前的挑战。

在这种情况下，英格兰陆军不分兵行事就无法在中间地带杀出一条血路。对于海洋的控制就是为了将敌军置于两股英军之间的夹缝。因为这两股英军之间的沟通完全依赖海军，所以，随着这条交通线的延伸，海军肩负的使命也相应增加了。

为了保护港口和漫长的交通线，英格兰必须不断扩大在北美的特遣舰队的规模，而欧洲具有战略价值地区的海军实力自然就削弱了。所以，英格兰远征北美南部的结果是，在1779年德斯坦出现在北美海岸时，英军被迫仓促放弃纳拉甘西特湾，因为克林顿根本没有足够的力量兼顾纽约和该海湾的守卫。

8

在西印度群岛，英格兰政府所要做的不仅仅是镇压揭竿而起的当地人民，维护对一些面积狭小但物质丰富的岛屿的使用权，还要彻底占据这些岛屿，保障贸易不受敌军的劫掠。

这一点已无需多说，上述种种现实要求英格兰既要面对敌军舰队，又要防范单枪匹马的巡弋敌舰，或者说商业破袭舰。因为任何一种警戒都不能完全阻止它们偷偷进入港口，所以，在西印度群岛水域必须部署英格兰的护卫舰和轻型舰船巡逻。

但是，相对于由一支舰队来遏制某一地点，如有可能，彻底将法兰西舰队赶走肯定会更好。因为英格兰一直局限于防御，处于劣势时，总是容易遭受损失。事实上，它正逐渐被削弱，部分岛屿逐一丧失，并且在某一港口遭到袭击时，舰队往往不知所措。但是它的敌人，一旦发现自己身处劣势，就可以等候着增援部队的到达，因为短时间的等待并不可怕。

类似的尴尬局面并不仅限于西印度群岛。在与之毗邻的美洲大陆，在尚未弄清敌方的意图时，敌方可能已集结好了两个方向的舰队，尽管这种集结在某种程度上受到气候与季节限制。因此，1780 年与 1781 年的事件让英格兰最出色的海军将领①也感受到了这里的复杂性，他内心的迷茫显露无遗。大英帝国的繁荣依赖海上贸易，这更加剧了这些海军将领的迷茫与困惑。可见，他们在西印度群岛的使命既不轻松也不简单。

在欧洲缺乏像在西半球那样的大型特遣舰队，这也是英格兰丢失

---

① 最出色的海军将领：应指纳尔逊。——译者注

梅诺卡的主要原因，而英格兰本土与直布罗陀的安危也因此受到了严重威胁。

当同盟国的 66 艘战列舰与英格兰东拼西凑弄来的 35 艘战列舰狭路相逢时，英舰队全被赶进港口，英吉利海峡的控制权终于落入法国人手中。拿破仑认为，这能让法国成为英格兰的主人。一连 30 天，比斯开湾①巡弋的是法兰西特遣舰队的 30 艘战舰，等待着姗姗来迟的西班牙人。在此期间他们没有受到英格兰舰队的任何骚扰。

直布罗陀陷入危机，因为与英格兰的交通线中断了。对它后来的成功拯救并不是因为英格兰舰队如何强大，而是因为英格兰军官高超的指挥艺术和西班牙人的无能。在最终的大拯救行动中，豪勋爵的舰队有 34 艘舰船，而同盟舰队有 49 艘。

当时英格兰很难摸清哪一条才是敌军自由进出其港口的航道，这让他们十分苦恼。

"请让我告知勋爵阁下，"纳尔逊写道，"塔兰港从来都没被我封锁过，恰恰相反，敌人获得了放马出海的大好机会。"

"假使他们想要出来，绝不会龟缩于塔兰或布列斯特。"

虽然这种说法有些夸张，但是，试图将法军封锁于港湾之中的任何举措都是徒劳，这一点倒是事实。纳尔逊之所以抵近他们的港口，并且巧妙地布置充足的警戒舰船，就为了监视法军的舰船何时启程，去往何方。用他自己的话来说，就是"尾随他们到地球另一面"。

"我相信，"他在另一场合写道，"法兰西的费罗尔特遣舰队将会开赴地中海，如果它在塔兰与其他法国舰队会合，那么将在数量上大大超过我们。但是，我可不愿意跟丢他们，皮洛一定会紧追不舍的。"

在那场旷日持久的战争中，也许是因为天气恶劣，也许是指挥失误，封锁舰队常常不得不暂时退避，法兰西舰队常常因此得以脱逃。

---

① 比斯开湾：北大西洋东部海湾，位于法国西海岸和西班牙北海岸之间，略呈三角形。——译者注

但是，众多游弋的护卫舰中总有一些能发现他们的踪迹，并很快发出警报，紧随其后以探明他们可能的目的地。从一个地点到另一个地点，从一支舰队到另一支舰队，信息一直传递，最后，一支势均力敌的特遣舰队便能尾随他们了。

9

商业破袭战是主要战争手段之一，对于像大不列颠这样的商业国家显得尤为有效。当时的法兰西军官大都这样认为，合众国对此更深信不疑。

颇有名望的军官拉蒙特·皮魁特写道："在我看来，对付英格兰最可靠的方式就是打击他们的商业。"

如果能在袭击一个国家商业往来上大展拳脚，那么就能给它带来无尽的骚扰和苦恼。这毫无疑问是海战中最重要的辅助性行动，而且在战争结束以前，永远都不能将其放弃。

但是，幻想商业破袭战足以置敌人于死地，这恐怕也只是一厢情愿。这种蛊惑人心的幻想在当时民众代表们面前带着一种廉价的外表，这更加大了其危险性。当敌对国具备一个海上大国的两个先决条件——遍及全球、健康的商业以及一支强大的海军时，误导作用尤其明显。

在某个国家的财富和工业可以被浓缩进珍宝船的地方，一次攻击就可能割断其战争的筋脉。但是，当其财富分散于成千上万来往穿梭的船只中时，这种制度的根系就能广泛深远地扩散，并能深深地扎根，在不危及根本生命的前提下，它往往能承受住许多次打击，丧失的只不过是众多繁茂的枝叶。如果要想通过破坏对手商业给其致命一击，只能通过军事控制海洋，对其战略性商业中心进行长时间的控制。

谁都知道，要从一支强大的海军手中夺取这种控制权只能兵戎相见，并且获得战争的胜利。两百年来，英格兰一直是世界上的主要商业国家，无论是战时还是和平时期，与其他国家相比，它把希望更多地寄于海洋之中。

签订于1783年1月20日的凡尔赛和约，结束了这场波澜壮阔的战争，在欧洲交战国之中，英格兰从法兰西手中收回了丢失的所有西印度群岛，不过放弃了斯塔卢西亚。法兰西在印度的据点也得到恢复，英格兰也将亭可马里归还给了荷兰，不过却拒绝让渡内阁帕顿。

对于西班牙，英格兰交出了佛罗里达与梅诺卡。如果西班牙的海上力量足以保持对后者的占有，那将是英格兰的严重损失。而实际情况是，在下一次战争中，它再度落入大不列颠之手。

第四章

海权与利益冲突

1

几乎在所有的国家，普通大众都首先关注国内问题，因为个人利益和他所居住的地区、省份以及国家的特殊需要密切相关。

在国际社会的内部关系中同样可见这种可被称为“地方化”的思想。

国际社会每位成员的首要考虑都是自身的利益。无论是人、社区还是国家，只有其主要利益得到了良好保障，他才能对公众的福祉作出贡献。但是，对这个道理的认识如果仅限于只关注自己而不考虑其他人，就成了消极的地方主义。

譬如，美国国务院在南北战争结束至美西战争告终期间在政治上的碌碌无为，正反映了美国公众对于国际形势的漠不关心。这主要是因为：对多数美国人来说，美西战争的前因后果以及它对国际关系的影响完全是随机性的，除了极少数毫无影响力的人关心国际问题，政府圈子之外的人们几乎无视国际关系的重要性。而政府又往往忙于其他必要事务，力不从心。正如一位精明的老国会议员告诫新当选的议员所说：“如果你希望保有选民对你的支持，就不要在看似光鲜的外交委员会中任职，因为民众对国际问题毫无兴趣。”

不过有趣的是，在殖民时代，美国人对于国际事务的冷漠并不像后来那样明显。当然，不难找到其中的原因。和现在相比，革命以前的美国人和欧洲有着更多直接的经济与政治联系。与欧洲国家间关系、甚至欧洲国家内部的关系都在影响着他们的生活，就像今天在一个欧洲国家内部发生的混乱可以让整个欧洲社会陷入恐慌一样。

在美国独立战争之后，接踵而至的是法国革命及随之而起的战争。当时新生的美国因之前与法国订立的条约遇到一连串的麻烦，法英之间的海上战争给它带来不少棘手问题。华盛顿严肃警告美国人民，要求他们不要卷入同盟关系，而后来继任的总统们也希望不要掺和进欧洲纷争。

实际情况也强化了这一点。1803 年和 1821 年，美国分别得到了路易斯安那和佛罗里达，领土由此从大西洋伸展到了太平洋与墨西哥湾。这样美国的边界就能以自然特征进行划定，从而防止了人工划界带来的领土争端问题。另一方面，西属美洲的革命又使美国除加拿大一侧外，和欧洲势力彻底脱离了干系。

与上述形势相对应，19 世纪早期，门罗主义[①]产生了。门罗主义的目标实际上就是将欧洲势力从西半球赶出去，这样就能避免与其发生纠缠。几个世纪的经验表明，欧洲国家之间在美洲的冲突必然会牵涉美国，而只要欧洲国家在美洲占有一块土地，就有可能在这片土地上发生冲突。

实际上，门罗主义的基本精神就是阻止欧洲列强通过占领和交换扩大其在美洲的领地范围。所以，尽管它的实施会带来不少争执，但这无疑将有助于美国既定目标的实现。不过，它引发美国对欧洲国家在所有政策上联合的反感，强化了某种在今天依然发生作用的心理。这种心理就像偏见一样毫无根据，并且有消极作用，它阻碍了我们看清当时动荡的世界局势中所包含的情势。

国家政策中的保守主义是必不可少和值得称道的，我国的宪法是对保守主义的巨大保障，但同时我们的思想中又具兼容性，使我们具有前进的动力。任何保守主义都不能防止外部环境的变化，一旦人或者国家不能使自己适应于时代，就只能眼睁睁看着牢牢在握的东西丧失殆尽。

在我国早期历史中，可以找到国人在观念和行动上将自己和欧洲问题相隔离的原因。与奴隶制的争论紧密相关的国内问题让我们对于

---

① 门罗主义（Monroe Doctrine），发表于 1823 年，表明美利坚合众国当时的观点，即欧洲列强不应再殖民美洲，或涉足美国与墨西哥等美洲国家之主权相关事务。而对于欧洲各国之间的争端，或各国与其美洲殖民地之间的战事，美国保持中立。相关战事若发生于美洲，美国将视为具敌意之行为。——译者注

国际事务的漠视进一步强化和持续。这就造成一种结果：从门罗主义的颁布到南北战争结束，我们面临的主要问题都在于保持国内秩序，将国家的自治建筑在坚实的基础之上。

在任何国家，尤其像我国这样的大国，各种势力之间的利益分歧必然会导致派别对立。但在我国，没有什么分歧能比两种对立的劳动制度之间的分歧更危险了。这种分歧对我国的产业和经济状况都带来了极坏的影响，甚至影响了国民的心理和道德。当时，因为国内局势的动荡、大部分地区的不发达等诸多原因，我国不具备积极参与国际事务的条件，而各种问题缠身让我们根本无暇关注远方的事态。

另一方面，除奴隶制之外，将我国分化为不同派别的原因还包括宗教和种族的差异。

在德国，信奉天主教的南方与信奉新教的北方也曾分裂，这种分裂的主要体现是一块领土在政治上的分化。而在我国，那种分裂已随着南北战争的结束愈合了。又比方说在法国，其历史上主要的分裂线是在东西部之间，而新教势力在南部则很强大。

在德国和法国，宗教不是造成国内纠纷的唯一原因，但它确实是导致分化的主要原因。而且，因为宗教派别在地域上的集中性，宗教绝对是最强大、最持久和最长期的分化力量。

要注意一点，在一些国家为国内纷争所困扰的同时，它们往往会在国际关系中也遭受到来自其他国家的压迫。也就是说，它们处于一种防御状态。

西班牙人因与摩尔人①旷日持久的宗教战争而在精神上团结起来，并最终击退摩尔人以及卡斯提与阿拉冈的联姻力量，从而实现了领土统一。当时，统一的西班牙发现自己正处于对世界有影响力的地位。

---

① 这里所说的摩尔人是指中世纪伊比利亚半岛，也就是今天的西班牙和葡萄牙、西西里岛、马耳他、马格里布和西非的穆斯林居民。历史上，摩尔人主要指在伊比利亚半岛的伊斯兰征服者，主要由埃塞俄比亚人、西非黑人、阿拉伯人以及柏柏尔人组成，此外，也有伊比利亚半岛出身的土著穆斯林。——译者注

暂且不论其目标正义与否，西班牙确实有能力推行自己的计划，对自身的一般或特殊利益的认识要求它对要予以干涉的地区采取行动。所以，在长达一个多世纪的时间里，西班牙因为自身的统一和团结而成为了欧洲的主宰力量。

与此同时，德国和法国却因国内分歧而成为一盘散沙，英国则由于英格兰与苏格兰的对立只能算是一个政治上分裂的岛屿。总体来说，就算形势会因时而变，在一个多世纪的时间里，法国、德国和英国事实上都处于对西班牙的防御状态。

但法国首先从内困中解脱出来。在某些方面，西欧国家比我国更幸运一点，因为奴隶制我们遗留了一个至今尚未解决的种族问题。就分布来说，这个问题仅是地区性的，但却因为种族间的巨大差别而愈演愈烈。虽然欧洲国家内部也存在地区间差异，但它们具备的同一性因素促使它们已实现了国家统一。

然而，在此无须再追溯法国国家权力实现统一的过程。我们要说的是，在亨利四世、黎塞留[①]、马札林[②]和路易十四的连续统治时期，法国实现了国家的统一和权力的集中；而在这个过程中以及随后一段时间，法国形成并执行了强有力的对外政策，取代了西班牙的地位。作为一个必然现象，该政策让法国在当时的国际关系中无处不在。而且，因为法国取得了在欧洲的霸权，西班牙帝国先前所享有的主宰地也遭到瓦解。

---

① 全名为阿尔芒·让·迪普莱西·德·黎塞留，法王路易十三的宰相、天主教的枢机。黎塞留在法国政务决策中具有主导性的影响力，特别是三十年战争时，他通过一系列的外交努力，为法国获得了相当大利益。在他当政期间，法国专制制度得到完全巩固，为路易十四时代的兴盛打下了基础。

② 马札林也叫作马萨林，全名为尤勒·马萨林J，法国外交家、政治家，法国国王路易十四时期的宰相（1643—1661）及枢机主教。1630 年 1 月 28 日，作为教皇乌尔班八世的使节为调解法国、西班牙冲突而去法国，得以谒见宰相黎塞留，受到器重，1639 年入法国籍。1641 年黎塞留提名马萨林任枢机主教，并在临终前将他推荐给路易十三。——译者注

法国依仗强大的实力强势地控制、干涉所有国家的内外关系，激起了其他欧洲国家的反抗，它们组成了一个广泛的联盟以遏制法国霸权的进一步发展。因为一旦法国的霸权不受限制，整个欧洲都有可能匍匐于这个强国的脚下。所以，欧洲社会的成员其实是为争取一种均衡而努力，这是一种针对集权的、组织良好的压迫者自发的自我保护行为。

虽然上述联盟有自身的弱点，但其目的最终得以实现，将路易十四拉下权力的高峰。百年之后，在拿破仑的领导下，法国再次获得了类似的霸主地位，但同样的联合反击再一次粉碎了拿破仑建立的庞大帝国体系。这不能不说是一件特别有意思的事，值得我们深思。

上述成就使政治家们对当时行之有效的手段佩服得五体投地，那就是：通过国家间协调行动来抵御霸权主义国家的压迫。当时，作为一种统治手段，克伦威尔将英国的军事力量集于一手，从而能够为所欲为。这样的情形在某种程度上也适用于国际关系中：**一旦某个国家通过集中力量变得十分强大，就能按照自己的意愿让其他国家对它唯命是从。**

抗衡是对抗霸权的有效手段，它以结盟为开始，简单地说就是要建立均势。其实，均势的概念在词本身出现之前就已存在了，而且，在长达 3 个世纪的时间里一直对政治家们的行动有着决定性的影响。

著名英国历史学家斯塔布斯写道："不管如何定义均势，也不管在哪些强国之间有必要保持一种平衡来保护弱者，均势是将现代欧洲历史的情节串接起来的首要因素。它是在 1500 至 1800 年的 3 个世纪中最重要的概念。不管上演什么戏剧，均势永远是情节的关键。"

在过去的时间里，这一概念不断得到深化，从而让人觉得均势能稳定地发挥其维护现状、保护和平的作用。最近关于国际仲裁的研究也和对均势的深入探讨相呼应，前者把国际仲裁看成在国家间平等的基础上进行合作的和平手段。

人为安排只要考虑到当代的人性，考虑到人的优点、不足、情感和利益，并且让它们相互协调，就能收到良好的效果，这个道理在均势和仲裁上同样适用。

在拿破仑垮台之后，欧洲事务需要重新安排时，人们都认为：调节领土分布可以在五大强国之间建立一种有效的均衡，而小国的领土完整也会在大国保证的基础上得到巩固。对这些局面的破坏将招致每个国家的反对。优势一旦出现就会被遏制，任何国家都不会被允许发展为一个将整个世界或者大洲笼罩在其阴影之下的巨人，就像西班牙的腓力二世、法国的路易十四和拿破仑受到的对待那样。所以说，均势意味着在一致同意的场合可以进行国际干涉。

上述设计确信如果权力的平衡和安宁能得以实现，各国的处境和机会就会趋于平等。但是，不管一时的协调如何完美，各国会一直满意吗？如果不满意，又如何去期望这些国家不制造麻烦？上述安排的理由是，如果使各国在物质力量方面达成平衡，它们也就能处于同一起跑线上。但经验告诉我们，由于个体间在精神或物质上的能力差别，范围再广泛的平衡也会很快导致不平衡，而后者又会带来社会和经济上的不满与对立。经人为调整而成的均势并不是 1815 年欧洲局势的全部内容，各个国家——上述安排的成功正取决于它们之间的平衡——有着不同的政治、社会和工业发展水平，不同的权利观念和不同的既得利益和机会。随着时间的推移，这些不同会很快加剧各国对现状的不满，这样它们就会各有盘算，从而处于争执之中。从 1815 年至今的欧洲历史就是对于由利益和情感所左右的人类本性导致的种种争斗及其结果的一份记录。

在路易十四的法国转入颓势之后，欧洲的控制权转到了英国手中。这在当时并不明显，但 18 世纪的历史进程却证明了这点。到了 1815 年，英国的这种地位就十分明显了。但是，新的英国霸权和之前的霸权有着本质的不同。严格地说，当时英国并不具备称霸所需的权力，从未有过像腓力二世、路易十四和拿破仑那样强大的军事力量，自然就不能在欧洲摆出一副蛮横的态度。

英国的主宰地位在于它能作为政治中的第三方，在局势中起到均势的作用，平衡各方的关系。英国之所以有这个能力是因为岛国的地理位置大大加强了它的防卫能力，使其能够集中精力发展工商业，免于战争的滋扰。如果一个国家的领土容易遭到入侵，它自然就会频遭战祸。此外，英格兰和苏格兰在1603年结成由同一国王统治的联盟使英国彻底摆脱了内战，而1707年的政治统一和单一议会的建立更加巩固了这种局面。可以这样说，国内的统一是英国实现自强和对外扩张的必要条件。

和以前的霸权国家不同，英国不再把扩张和进取的目光放在欧洲，而是投向了更为广阔的全球。这也许就是我们今天所称的“世界政治”的开端。在对外扩张方面，英国独树一帜，这不是说它是第一个进行扩张的国家或无人能敌，而是指尽管它对扩大殖民地有着永不知足的欲望，但它不仅是在殖民地搜刮财富，还在殖民地推广英国的制度。

在这方面，英国的殖民地和罗马的开拓地相似，不管是政治上还是产业上都是母国的翻版。虽然这也没能阻止英国对其殖民地推行剥削政策，但因为它们被看作是英国人的居住地，所以在那里人们可以享受到英国公民成文或不成文的权利。

英国在反对拿破仑的斗争中发挥了决定性的作用。它凭借地理和产业上的优势，迅速占据殖民地市场，从而在经济上支持了反法同盟。战争结束后，英国的产业和商业优势以及广大的殖民地依然发展稳定，这也是当时英国能在欧洲竞赛中领先于其他强国的重要原因，并且，这一点在整个19世纪发挥了不同寻常的作用。虽然，后来政治上的巨变和过多卷入战争让英国的优势大减，但科学进步所促进的产业发展依然是英国的特色。无论是物质财富，还是一贯由产业和商业传统所决定的国民才能，在这两个方面英国一直都处于优势，所以它能轻而易举地占得先机且在很长时间内难逢敌手。

欧洲国家之间的差别不仅表现在上述方面。持续将近20年的消耗战给欧洲国家的人口和产业都带来了毁灭性的打击。战争中的牺牲者主要都是作为生活中坚的青壮年男人。英国也有大量的公民在战斗中丧生，不过英国陆军规模相对较小，而作为其特殊军事手段的海上控制也没有引起多少大的海洋争端。

对法国来说，拿破仑发动的战争是法国大革命时期战争不可分割的一部分。但是，当它从战争中挣脱出来时，要面对的不仅是物质上的匮乏，还要面对人口总数的锐减，要知道，法国的世界地位向来是与其人口数量成正比的。法国的另一个困扰是，庞大的行政系统和繁复的官僚机构造成的不必要的负担严重削弱了国家力量，建立有效的新政府的希望也因此化为乌有。

当时的德意志处境与革命之前的法国相似，是多个相互独立的小国联合体。两大德意志强国奥地利和普鲁士的存在加剧了德意志的分裂——因为传统以及其他原因——除非一国能令另一国俯首听命。

随着奥地利和普鲁士之间竞争的愈演愈烈，传统上对两国的各自认同将德意志分为两大集团，而每个集团各分别以奥地利或普鲁士为核心。这两个国家的政治制度都是绝对君主制，对法国大革命的反应还使这种制度一度达到了顶峰。

在这方面，俄国作为第五大国更无需多言，从沙皇的独裁中可以看到绝对的力量。不过，俄国也和德意志一样，专制主义始终是一个政治弱点。因为在统治者与被统治者之间还有一个不负责任的官僚阶层。

一些消极因素给俄国造成了严重的困扰，而这些因素加上问题丛生的国家体制更让俄国本身的巨大力量在尔后某个时期丧失殆尽。当时的形势使俄国在欧洲的竞赛中被排挤出来，从而与亚洲国家为伍，后者与俄国在政治体制上正有共同之处。

以上简要描述了 1815 年的局势，英国在物质财富的创造上、在世界体系中都处于优势；而德意志处于分裂之中，从而在政治与产业发展方面滞后，这些都是和今天的现实还息息相关的主要特点。

当时的德意志还只是一个地理名词而不是一个伟大强国的称谓。法国则有意要使德意志四分五裂，从黎塞留时代到拿破仑时代皆是如此。拿破仑继承了分裂德意志的做法，不过策略有所改变，这对目前欧洲国际关系的形成起了决定性作用，均势的努力也可追溯至此。也许这种努力准确地说是争取在斗争中对敌国集团获得压倒性的优势，它在客观上导致的结果就只能是不稳定的平衡。

在很长一段时间里，德意志在国富民强的竞赛中处于落后的局面，持续数个世纪的分裂让它难以前进。但现在德国已经逐步成为一个令他国黯然失色的集权国家。就国际影响来说，德国的兴起可与近代史上著名的西班牙、法国和英国的兴起相媲美。

不过，德国和西班牙、法国相比又有所区别。后两者在其权力处于巅峰之时，主要的兴趣局限于欧洲范围之内，而欧洲政治的全部内容几乎都围绕着这些兴趣展开，它们在海外的经营状况通通都是由欧洲形势所决定。德国和英国之间也有不同，英国的权力完全以海洋为根据，它没有一支像今天的德奥同盟所拥有的强大无比的陆军。

当时的德国在权力上有着巨大优势，这不仅体现在军事上，也体现在各方面的体制中。而且，德国向来立志要在世界政治上有所作为。不过这个意愿由于环境的影响尚未定型，它的具体特点与方向也难以揣测，更谈不上去预言它未来的变化了。

在罗马帝国身上能很好地找到现代德国的原型。在某种程度上来说，德意志帝国即便不是罗马的继承人，也多少与其有着历史渊源。神圣罗马帝国渐渐沦为奥地利哈布斯堡王朝名下的一个摆设，而且在19世纪之初最终消亡了。但其精神依然存在，并对今天强大统一的德意志国家的形式和名称都深有影响。德意志的个人从属于国家的民族性也促进了德国的统一。

德国在自强与扩张方面迫切需要个人服从集体的精神。从社会发展的角度来看，上述观念和更充分地尊重人权的思想相比虽然有些陈旧和落后，但把它看成一种能给经济活动和对外关系注入力量的因素，它自有其优越之处。

其实，德国政府怀有什么意图并不重要，重要的是今天世界必须密切关注德意志帝国的一举一动。这个帝国还得到了奥匈帝国的支持，因为与德国邻近、实力相差无几以及与德国利益的高度一致，不管奥匈帝国有什么对内或对外的行动，它必定唯德国马首是瞻。也有不少国家和德奥对立，分别是俄国、意大利、法国和英国。

2

意大利也与德奥结盟。不过意大利的亲英倾向众所周知，这种倾向来自于两国历史上的好感以及意大利海洋国家的身份。另外，之前互相疏远的意大利和法国近来也日益接近。

在巴尔干地区和亚得里亚海，意大利的利益和奥地利的野心之间产生了严重的冲突，此前的事态以及最近奥地利对波斯尼亚和黑塞哥维那的合并已充分证明了这一点。

一份奥地利杂志写道：“我们迫切需要一支强大的舰队以统治北亚得里亚海，同时支援我国陆军的行动、保护我国主要商业港口，防止敌人来自海上的侵犯以及在奥特兰托海峡锁住我们的咽喉。要实现这些目标，必须加强舰队的实力，使其和我们可能的敌人大致力量持平。如果我们在发展海军方面拖拖拉拉，意大利就会占据上风，我们将永远无法超越它。与其他方面相比，在海军发展上止步不前是一种退却，而退却就等于放弃了奥地利的历史使命。”奥地利的无畏舰正在建造之中，上述文字也让人们对三国同盟内的平衡关系略知一二。在关于摩洛哥事务的阿尔黑西拉斯会议①上，只有奥地利站在德国一

---

① 阿尔黑西拉斯会议：又叫作阿尔赫西拉斯会议，指于1906年在西班牙阿尔赫西拉斯举行的调解会议，美国总统西奥多·罗斯福担当调停人，主要是调解法国与德国因第一次摩洛哥危机而生的纷争，并确保摩洛哥的苏丹偿还在1904年借下的贷款。——译者注

边，意大利不再支持德国。

通过分析当时欧洲的国际关系，我们能看到一个刚形成的三国协约集团：法国、英国和俄国；另一方则是已存在30年之久的由奥匈帝国、德国和意大利组成的三国同盟。

意大利的倾向尽管可以根据局势对它的压力及其正式同盟关系来判断，但仍然令人困惑。形势的焦点还是在德、奥这两个中欧君主国家和其所反对的三国协约之间。将双方的力量作比较，不难发现，前者除海军之外，在任何方面都占据优势。在地理上，德、奥紧密相连，从而可以相互支援。不过这种支援无法是纯粹防御性的。纯粹的防御态势也不可能成功保持下去，德奥至少应该在进攻方面做好了准备。只有攻守兼备才能为自己赢得尊重，1908年在巴尔干的兼并行动已证实德奥集团具有这种能力。而且，根据两国的经济状况和人民的生存手段来推断，将工业推入更广泛的世界市场是它们的主要目的。

奥地利向巴尔干和爱琴海的扩张也是同一个性质。此外，在过去的30年中，德国也从一个农业国逐渐转变成一个工业国，这样它也更需要尽可能控制原料产地以确保原料进口；德国快速增长的人口使得本国的粮食远远不能满足需要，必须确保在粮食进口方面的安全。这一切都要求海上的安全。

德国因国家的统一和有力的国内组织而实力大增，开始了它伟大的航程。这时它才发现，境外的世界市场和原料产地大多数都已被其他国家抢占先机。在实现国家统一的壮举后，德国建立了庞大的工业体系并组建了一支大型商业船队，这支船队在运载德国的工业产品、保持对外交流的畅通方面发挥着重要的作用。

但是，虽然有船队、有商业活动，德国却没有国外的贸易市场，因此不得不努力与其他国家进行贸易竞争。而在各国的国内经济都挂着保护主义标签的时代，任何一个国家想要改变这种竞争态势都困难重重。德国本土是其能有效控制的唯一一块有价值的市场。虽然在加入领土的角逐之后它也得到了少量的殖民地，但这并不足以减轻市场方面的压力。所以，德国在一开始就处于劣势。

德尔布吕克①教授曾说："英国的政体在其他国家受人欢迎，而德国的政体则恶名昭著。德国有一个辅之以民主议会制的强力的独立政府，它比英国不断变换的政党执政制度要好。德国的兵役制度、教育制度和社会法规已成功在实践中解决了许多问题，我们坚信这和今天德国的欣欣向荣一样，都与将秩序与自由结合起来的政府形式密不可分。但是其他国家更青睐相对宽松、有着更大自由度的英国制度。所以，英国统治范围和影响力的扩展比德国权力的上升更让人乐意接受。"

但是，德国人在工商业上也有着公认的优越之处：他们总是一丝不苟地根据目标来调节手段，他们善于仔细全面地观察问题的细节并且孜孜不倦，同时还有政府的支持。这些优点在日后足以把英国的优势全部抵消。

虽然德国有上述优点，但由于其他国家对工商业地区、对贸易场所和原料产地的实际拥有以及对大片可用于居住和开发地区的政治控制，德国已无法再在这些地区大显身手。

不过德国人在这些地方却很受欢迎，他们在那里安居乐业，并且喜爱更自由的英美生活方式和比他们原有的制度更加宽松的社会体制——尽管他们依然热爱着自己的祖国。

但是，不管这些变化在多大程度上促进移居海外的德国人的发展，人们在德国本土建立一个"大德国"体系的心愿仍然难以达成。

---

① 全名应为汉斯·德尔布吕克，19至20世纪德国最杰出的战略思想家，他提出和阐释的歼灭和消耗两大战略的基本形式，有效地批判了毛奇、阿尔弗雷德·冯·施利芬以后德国军队主流战略思想对克劳塞维茨学说（德尔布吕克的战略学说隶属于克劳塞维茨学说）的曲解和背离。克劳塞维茨（1780—1831年），德国军事理论家和军事历史学家，代表作《战争论》。德尔布吕克在其战略基础上进行了挖掘和剖析，像"事件考辨法"便尤为出名，他的很多惊人论断都是根据分析过去战争中参战部队的人数而得出的。其经典之作《战争艺术史》为后世所津津乐道。——译者注

在这样的一个体系内，各个部分之间都能在相互依赖的基础上建立起互利互惠的关系。这种关系在英国及其殖民地之间有实现的可能，而且双方都逐渐认识到了这一点。没有什么比建立一个“大德国”体系更能让德国人心满意足了，但这个急需殖民扩张的国家却一直缺少机会。德国的理想和现实之间还存在着距离。

此外，不列颠群岛的位置对于德国也有着深刻的军事意义。德国濒临北海和波罗的海，其所有内陆河道都得到了极大的开发和利用，而且相互之间通过运河沟通，从而构成了一个以北海或波罗的海为出海口的巨大的国内水运系统。这意味着，那些入海口就成了海上贸易的进出通道。德国的全部对外商业都集中于这些地区。

德国的北海海岸从埃姆斯到易北河口也就 60 多英里。波罗的海海岸长得多，但从大西洋抵达这里必须经过斯卡格拉克海峡，它的宽度不到 100 英里。战争中德国商船可以在中立区内贴着挪威和丹麦的海岸航行，能够在某种程度上保护自己的安全。

但是，德国依然面临着很大的危险，因为德国通往大西洋和其他大洋的所有航线都要经过不列颠群岛。英吉利海峡和多佛尔海峡的宽度让我们印象深刻，而且这两个海峡的一侧完全是英国的国土，其中还包括两个主要的海军基地。

在苏格兰以北的另一面，北海最宽阔的地方还不到 400 英里，有些窄的地方甚至只有 300 英里。一旦英国和德国交战，按照现行的国际法，任何德国船只都不可能穿过上述水域而不被劫获，而且只要成功封锁德国的北海和波罗的海，就能让德国和中立国之间开展的贸易陷入停顿。对英国来说，只需将离德国不到 400 英里远的英国港口作为基地，就可以在北海对战德国，封锁其两个主要商业城市汉堡和不来梅。但要封锁波罗的海则复杂得多。

至此，在易北河口将波罗的海和北海连接起来的基尔河的军事意义就体现出来了。借助这条运河，德国海军不仅能集结来对付敢于将舰队一分为二的敌人，还能派遣军用或商用船只从一个海域前往另一个海域而不被敌人发现。

虽然基尔运河不能使德国商船在北海的处境得到改善，但它能使因封锁不能前往汉堡和不来梅的中立船只驶往波罗的海港口，从那里他们的货物就能够通过运河系统转运至许多目的地。而成片的水道使得这些货物无需在中途再另行装船。

基尔运河在防御上有着巨大意义，如果某敌国海军的规模只是德国海军的一倍多，那么就无法同时封锁北海和波罗的海。如果非要这样做，相比通过基尔运河而集结的德国海军的全部力量，一分为二后的任一部分都不可能占到优势，敌方只能后撤。

在既定的国际法中，这样的后撤会使封锁暂时失去法律效力。国际法还规定：在封锁得以再次确立——牢牢扎根之前，封锁国不得劫获中立国的船只，而且中立国拥有一定时间来决定封锁某个航线非法与否。

但是，虽然封锁的松缓使中立国船只能出入北海或波罗的海的德国港口，但德国从中得到的好处还是有限的，因为英国和德国在今天的世界商船总量中都占有很大比例。一旦英德开战，中立国船只的吨位根本满足不了德国的运输需求。

如今，德国在北海的海军基地威廉港也在不断发展，并且与德国舰队的壮大保持同步。这表明德国正在做系统的准备，在某种程度上显示了德国的强大，也让各国不安。但是，发展威廉港的意义是有限的，因为它与易北河口被一条 20 多英里长、近海多沙洲的危险海岸分隔开来，这在某种程度上削弱了基尔运河作为两个海域间保险的连接纽带所具有的优势。

此外，赫尔果兰岛的拱卫在上述海岸的外围有着重要的战略地位。德国用东非的桑给巴尔岛换取了赫尔果兰岛，该岛于 1890 年由英国让给德国，从此它就成了一个坚不可摧的鱼雷艇基地。不过，距离海岸仅 30 海里的赫尔果兰岛的意义远不止于鱼雷防御。

虽然类似基尔运河的防御准备意义重大，但借此获得的安全尚不足以保证德国对荣誉和利益的追求。

3

大不列颠岛对德国的商业意义我们的人不会不明白——就像古巴对于我国对外政策一样重要。墨西哥湾海路贸易除了包括密西西比河流域贸易之外，还囊括了古巴的100英里海岸。因此，我们绝不允许任何海军强国将古巴岛据为己有。但是，随着我国军事力量的壮大，对古巴政治归属状况变化的担忧也成为了历史。古巴的重要性依然存在，不过它再被某个国家用作海军基地的可能性几乎为零。谁都知道不列颠群岛对德国的重要性和政治归属状况的长远影响。当时英国的海军力量在世界上首屈一指，保持这种局面的稳定成为英国两大政党的明确目标。

对英国来说，这个目标是合理且必要的。虽然和德国同为商业国家，但英国更依赖外部的原材料、粮食和市场。英国的人口只有德国的三分之二，所以在用以支持军事力量的人力资源方面处于劣势；同时英国人口密度也较大，单靠自己的土地难以养活——英国的人口密度是每平方英里400多人，而德国却只有300人。此外，英国是岛国，没有德国那样物资丰富的大陆边界。也就是说，英国完全依赖于海洋。

与之相对，德国有莱茵河通过荷兰入海，它是德国腹地运量较大的运输要道，而且不会被英军切断。另一条边界上，德国和世界最大的粮仓俄国接壤。1909年，俄国小麦产量比其他任何国家都多，接近1100万吨，排在第二位的我们为1000万吨左右。所以，单就保持一支强大海军来说，英国在保全自己方面有着比德国更大的需要，因此，英国绝不能放弃自己在海上的主宰地位。此外，英国与其殖民地之间的关系也需要海上的主宰地位来保障。不过，英国不需要在其殖民地所处的海域都保持海军优势，只需将这种优势在欧洲地区集中体现就行了。

与世界上其他地区相比，欧洲是攻守行动的基地所在。而且，因为不列颠群岛的地位，英国在欧洲海域保持海军优势可以对德国商业进行长期的潜在控制。正是因为这些原因，在过去的几年中，英国加强了海军在本土海域的集结，军力不再像之前那样分散——在这之前英国海军大部分驻扎在地中海，而现在英国减少了对该地区的控制。

上述集结是因为德国海军的发展和德国陆军的出类拔萃而引起的。拿破仑就曾梦想将英国舰队调虎离山之后迅速入侵英国，这是当年英国人最怕看到的局面，不过拿破仑最终还是失败了。然而，在蒸汽时代之前，入侵英国还是完全有可能的事。早在拿破仑之前的路易十五时代，舒瓦瑟尔尤就尝试过。

今天，蒸汽轮船的运用使跨越英吉利海峡不再像过去那样困难——可以在完全不受风向和天气影响的情形下迅速运送军队。当然，调集船只和载运部队并不会因此就一帆风顺，想要在英国登陆还要受到众多细节的影响，需要细致入微地考虑才能成功。英国人对为防止奥地利或法国的入侵而采取的政策还记忆犹新。

英国把海军集结在本土周围，也促使德国努力发展海军力量——不仅增加军舰的数量，还大力建造各类工厂和船坞，具备了大规模制造和维修海军装备的能力。这些计划体现了德国周密的准备能力。德国虽然没有公开过它发展海军的目的，但用下面这句话来说明这个意图并不会有出入：壮大德国海军的力量，就能让世界上最强大的海军也不敢对德国贸然挑衅。

德尔布吕克也曾提道："德国永远不会以征服英国为政策目标，但它必须尽力限制英国的行动。"这就是说，不能由着英国的性子让其对德国的贸易进行控制。但是因为德国的计划是建立一支规模比英国海军还要大的海军，英国就不得不和德国展开一场造舰竞赛，这样才能保证它的海军处于领先地位。

英国海军的强大抵消了一部分德国在陆军上的优势。如果英国丧失了对海洋的控制，它不可能指望有一支足以和德国陆军一争高低的陆军。反观德国，在已有一支强大陆军的同时，它还希望拥有一支无敌的海军。虽然英国比德国要富有，但是英国政府不可能像德国政府那样从人民那里大肆索取。个人自由是英国人最重要的本性，它决定了英国绝不可能按照德国的方式来治理社会。这个特征靠一代人是根本无法改变的，必须经历数代人才行。作为一个海洋和殖民国家，英国所取得的成功是个人努力和自由合作的结果。这种局面至今依然未变，个人之间的公平竞争仍是其中的规范。在英国，进步的动机来自个人，而德国本质上则是集体行动决定一切。

德国所具有的优势使得欧洲大陆上任何国家都无法单独与之对抗。如果想两个或所有的大陆国家结成同盟对付德国，协调行动也是一大问题，更何况，无论欧洲强国如何分化组合，奥匈帝国始终都站在德国一边。

事实上，英国海军是唯一一支能让德国不敢轻举妄动的军事力量。英德两国之间的军事态势又是和相互间的工商业竞争相辅相成的，这种竞争日趋激烈，而且左右着两国的人民。

欧洲各国频繁的外交访问是当时的国际局势最好的反映。但是，这些访问在德国人眼中就变成了一种孤立德国的手段。而这些访问传递给其他国家的则是另一个共识：应该压制发展迅速又充满侵略性的德国。

当时在欧洲，只有英国和德国在力量上难分高下，这一点在它们的富有、它们的工商业体制的有效以及英国海军和德国陆军的强大上都有所体现。其他国家只是站在英国一边或德国一边，对它们间的平衡发挥作用。

4

我们在了解德国和英国之间的敌对及其产生的根源的同时，也不能忽略其他状况。比如奥地利的兼并行动，1905 年的摩洛哥争端[①]等长期存在或转瞬即逝的事态，都影响着各国的政策方针和国际关系。

当时，德国和英国之间的对峙是国际关系的核心，它是从前文所述的一系列历史事件发展而来的。德尔布吕克提道："英国和德国这两大国之间的角逐是事物发展的自然结果，绝不可能瞬间消除。但是，这场竞争并非一定导致战争，顶多是各自竭力进行军备建设，保持相互间的力量均等，谁都不敢越雷池半步。"其他欧洲国家则和他们中的某一方站在一起，影响着这种平衡。

德尔布吕克的观点适用于任何一个国家。战争的情况很大程度上取决于参战各方的地理状况。当时，欧洲各国和我们都满世界寻找原材料产地，同时为自己的工业产品和资本寻找出路，它们在亚洲、非洲和南美洲都处于相互竞争之中。

1909 年 5 月底，英国外交大臣在议会下院的发言中说："任何欧洲问题从来都不会激起欧洲国家间的尖锐冲突，而非洲刚果的问题得不到妥善解决的话，却会造成欧洲国家间的冲突。"

德尔布吕克又写道："德国的目标不是获取大片的殖民地，而是得到一个德国的所有事务都能在欧洲范围之外和其他强国在平等的条件上进行竞争的地位，包括德国的影响、资本、商业、工程业及聪明才智等等。"

相信这样一个目标没人会否认。不过，人们还必须看到德国的军事力量已经不容小觑。因此不得不再提及德尔布吕克的一句话：战争的起因不一定因为某个明确的目标，更有可能受促于偶然的事由，但强者始终在战争中占据上风。

德国希望依靠军事力量谋求更多的对外控制，其他国家必须注意以下两点事实：一是在亚洲、非洲和南美洲与德国有关的竞争普遍存

---

① 这里是指 1905 年 3 月 31 日发生的摩洛哥危机。当时，德国皇帝威廉二世于 1905 年 3 月 31 日访问摩洛哥丹吉尔，威廉表示支持摩洛哥独立，公然挑战法国在摩的影响力，由此引发了这次危机。——译者注

在，而门罗主义使南美的情况更为复杂。二是德国海军很快就会与英国海军的实力势均力敌。

如果英国充分利用大不列颠群岛的地理位置，保持自己在海军方面的支配地位，那还能钳制德国的海军；但如果英国没有这个能力，其他国家就更无法胜任。然而，由于英国的体制非常自由，致军事组织不甚发达；由于对殖民地的欲望早已得到满足，它也失去了再进行侵略的动机，更何况它曾经的高组织效率已不复存在。所以，德国的体制才是适合海军发展的典型。

如果上述观点正确，那么在当今工业技术和资本占优势的国家都在寻求贸易发展和投资的机会、国际形势势必随着竞争的日益激烈而愈加紧张之时，英国显然是国际局势的关键。

工业、生产力和资本等都不再是抽象名词，已经变成了资源的体现，对它们的开发利用决定着大众在物质生活上的合理需求是否能得到满足。所以，当今斗争的主体不是政府，而是各国人民，政府不过是他们的工具而已。**如果哪个国家在政体上技高一筹，加上所拥有的工业和商业实力作基础，就可以作为一股军事化的、组织良好的力量投入角逐，而其他国家就只能寄希望于结成联盟来维护机会的平等。**

因为地理位置、海军以及庞大的殖民体系等原因，英国牢牢把握了国际形势的走向。不过就武力竞争来说，英国在组织效率与人力物力的集中上却逊于德国。

有一点需要注意，在大多数的工业竞争中，海洋都是决定性的因素。就当时欧洲形势来说，由于俄国日趋衰弱，还要把一部分力量投向东方，德国在本土完全不受威胁，触角自然很快就能伸展到世界的任何地方，而在此之前只有英国可以做到这一点。一旦英国丧失这种地位，德国就能成为欧洲的主宰，其海上霸权将在世界上起到支配作用。

我们不妨设想一下，如果德国海军的行动不影响英国的切身利益，同时英国又没有得到其他的支持，那么还能期望英国去制约德国吗？

我国宣布门罗主义时还处在力量薄弱期。虽然我国的声明及其海军力量同样让人不屑一顾，但英国却对该主义表示支持和欢迎，尔后两国还联手阻止了其他国家提出的从欧洲运送军队去干预美洲争端的建议。当时，利益的契合使我们和英国结成紧密同盟。

1898 年美西战争爆发时，一位英国权威人士曾告诉笔者，英国拒绝参加一个为约束美国而成立的国家联盟，并表示会积极地反对这种联盟。在 1895 年，法国、德国和俄国的联合行动就迫使日本放弃了对旅顺的占有。英国的上述做法完全是出于利益的考虑，它明确意识到自己的利益所在。

当前的问题是：在目前形势中，鉴于两国利益的共同性，英美在什么领域更可能相互支持？当然，英美之间有着共同的政治传统，这使两国间在感情上相互亲近。

总之，有一个道理毋庸置疑，只有利益才能让一个国家的行动进行下去。德国也直言不讳地将“现实主义”作为了国家政策的根据。

5

今天，我们需要看清欧洲政治对自身利益的影响。当前，德国下定决心要在世界政治中发挥主导作用，而且公开了一项建立一支超越所有国家海上力量的计划。作为一个独立国家，德国正行使着它无可争议的权利，但是它也必须为自己的行动负责。

无论就某个地区的防御还是就涉及德国的争端来说，德国的所作所为已经让其他国家感到了严重的威胁。对我国来说，当前形势的主要特征和我国在 19 世纪上半叶时十分相似，尤其像从门罗主义提出到南北战争结束这段时间内所面临的形势。

世界已习惯由拥有海上霸权的国家主导。一旦德国的目标达成，它带来的威胁将是空前的，因为现在国家间的竞争远比 1860 年时期激烈。这在很大程度上是受到了德国自1870年以来由一个农业国向工业国转变的影响。当时的敌对局面是由海洋而起，而海洋恰恰又是我国和其他海上国家的边界。海上霸权由此被提到特别重要的日程上，**不过也要注意，海上霸权必须依靠商业和工业的优势来维系。**

当时，英法两国正是为了这个优势而斗争。对这个优势的追求促使各国寻求市场，同时让他们在一切可能的地方倚仗压倒性的力量以控制市场，其最高形式就是占有。这种保护制度目前盛行于世，揭示了**实力或国家权力可以用来人为创造工商业优势**的道理。

英国引以为傲的自由贸易政策是以简单的比较优势为基础，而目前这种优势却引起质疑，自由贸易体系也摇摇欲坠。1878年，英国同意奥地利占领波斯尼亚和黑塞哥维那，尽管当时后者在名义上还是土耳其的省份。但是，奥地利在占领这些地区之后，马上调整了关税，结果英国被挤出了当地的贸易市场。“门户开放”① 政策反对的就是对通过领土占领或控制而在某个地区推行贸易独占政策。

毫无疑问，纯粹的商业竞争完全基于工业和经济效率。但是，不管一个民族在这个方面表现如何出色，它也只会在无力操纵事态时才愿意依靠效率进行竞争。它一旦拥有权力，就会加以利用，不利用只能说明它未控制某片土地。这样就会产生两种结果：一是一些国家想要占有某块地区；二是占有者使用武力来保住既得地盘。

海军在这些较量中起到了至关重要的作用。**如果没有一支强大的海军作支持，在海外其他武装力量就成为空谈。而且，海军可以根据需要灵活地在世界上任何区域出现。**这就要求要有海军基地，而土地占领能达到这一目的。比如德国向中国炫耀武力，后者就将胶州湾让

---

① 1899年，美国政府先后向英、俄等六国政府提出在中国实行所谓“门户开放”、贸易机会均等的照会。主旨为美国在承认列强在华“势力范围”和已经获得的特权前提下，要求“利益均沾”。门户开放政策的主要内容有：对任何条约、口岸或任何既得利益不加干涉；各国货物一律按中国政府现行税率5%征收关税；维护中国的领土和主权完整，对资本主义国家开放，各国在各自的“势力范围”内对他国船只、货物运费等不得征收高于本国的费用。——译者注

给了德国。这里，有必要说明一下，当时德国首相告诉议会夺取胶州湾并不是偶然的孤立行动，而是经过深思熟虑的结果。因为，德国长期以来一直想要在远东地区建立一个海军基地，以完成“工业—市场—控制—海军—基地”的链条建设。

这个链条正总结了英国海权的发展过程，而正是这种发展使美英两国在自门罗声明到南北战争结束期间，一直都因土地占领争议而外交冲突不断。

我们可以清楚地看到，国家利益的相互冲突将导致各国间的竞争。这种竞争就是权力的针锋相对，无论解决办法是外交调解还是战时制裁，对峙一直都会在两国或是国家集团之间存在。对权力大小的判断不应仅停留在对物质力量的认识上，更应该对所有行动的影响进行广泛评估。均势是指天平两端的对立方此起彼伏的平衡状态，19 世纪的欧洲呈现的正是这样的局面。

在此不难看出国际协调的核心思想就是大国和其他有关国家步调一致，通过妥协或保障基本权利寻找解决问题的办法；而一旦达成了某种协议，它就具备了合同的约束效力。虽然所有在国家间会议达成的约定和条款都具有这种性质，但“协调”的概念从广义上讲是指各国通过双边交流和国际会议进行普遍的磋商和安排，进而能够共同解决某些具有争议的问题。

此外，均势有着特殊的强制性，需要通过理性的相互协商和让步来替代强权的作用。但是，按这类方式达成的协议实际上常常也完全是强权争锋的结果，所以，均势注定受到权力的驱使。

奥地利无视 1878 年的柏林条约就是一个很好的例证，它改变了涉及条约的波斯尼亚和黑塞哥维那的归属，将其纳入自己怀中。这让柏林条约中所谓的大国协调也彻底湮没于新一轮的对抗之中。在此次事件中，德国站在奥地利一边，而俄国在德国压力下也终止遵循它和英法达成的协议——三国保持一致，反对任何不经欧洲协调就剥夺土耳其对于波、黑两省的正式宗主权且和塞尔维亚王国的合理意愿明显相背的行动。

无论结局如何，它并不能证明在世界各国之间不可能建立起一种有序的体制。甚至有人认为：任何一个国家都不会无条件地服从协调或公断的结果，必须靠强制才能使其行为和结果保持一致。

奥地利吞并土耳其领土的举动，明目张胆地弃协议于不顾，必将在道义上给整个世界造成消极影响。不论是社会关系、金融关系还是国际关系，要想令人满意都必须以信誉作基础。没有信誉就没有安全感，信誉丧失殆尽，接下来的必定是动乱。

谁都可以想象倚仗强权违反条约对国际政治会造成什么样的影响。而这种情形也在普法战争以来的欧洲局势中体现得淋漓尽致。这种局势不仅表明欧洲有一个超级军事大国，而且表明了这个国家可以和任何欧洲强国，甚至可以和我国媲美，在社会生活等许多方面都更出色。

德国人组织才能的一个具体表现就是军事组织，也就是他们的陆军。德国对自身力量进行协调、搭配的主要方法如下：在政府统辖之下的社会生活的各个领域都设有全国性指导性机构，这种广泛程度和它所取得的成效是前所未有的。因此不管是在工商业领域还是在军事领域，德国都成功地集聚起了民族的力量。

在德国，政府出面进行有效的集中特别容易。因为，今天的德国人是长时间的政治与社会环境的产物。在这个环境中，无论政府好坏，个人与之相比始终处于次要地位。这种状况的存在某种程度上是因为德意志传统的政府形式是绝对政府，但主要还是因为历史上的德意志国家大多规模较小，它们的政府能很大程度上管理个人生活。

因此，历史环境和遗传特性造就了今天的德国人，让他们习惯于在政府的干预下生活。事实上这种控制的加强看来正是所有文明国家的发展趋势。而英国和美国一直推崇的是在不侵害公共权力的前提下不受国家约束的个人自由。可是，如今这种自由在任何地方都受着各种约束，因为少数个人的行为难免要破坏公共权利。出于自我保护的目的，国家不得不采取一些措施。

当今的一个趋势就是组织化现象日益普遍，而德国不管是在方法还是才能上来看，在这方面一直处于领先地位，有着丰富的经验，可以最大限度地弥补一个世纪之前的不利因素给它带来的损失。

那时，德意志在政治上四分五裂，社会、经济和商业也相对落后。直到1835年，德意志的关税同盟才得以建立，将工商业从每隔几英里就一个税卡的束缚中解放出来。普鲁士在这里起到了突出作用，对以后替代奥地利成为德意志的首邦也有着决定性的意义。但是，1862年至1866年间的普鲁士政治发展却颇耐人寻味。当时的普鲁士首相俾斯麦根本不把议会下院放在眼里，上院不断地颁定被下院所否决的新税种，以支持俾斯麦的政策。

当时德国在政治上最鲜明的特点是：德国人民一直心甘情愿地交纳税款，这和英国人民对于舰只税以及我国人民对于印花税的排斥态度形成了鲜明对比。事实上，普鲁士的税收促进了其陆军的改组与发展，而陆军的强大将普鲁士推上了德意志领导者的地位，在一系列的军事胜利之后，现代化的德意志帝国得以诞生。

显然，舰只税对于英国海军的发展具有同样深远的意义，而且发展海军是英国人迫切需要的。至于印花税，它的征收也是出于国家防御的需要。在相似的情形下，普鲁士人民在税收方面对于政府的绝对服从反映出他们的民族个性，他们乐意奉命于政府的支配，同时在政府规定的范围之内又保持着一点主观能动性。

由此可以看出，德国政府和人民是相互协调的。这种协调促进了德国的强大，但是这一点并非所有人都能认识到。在当今组织化的时代，因为德国政府对社会进行系统组织驾轻就熟，而人民又能普遍接受，因此在组织程度上德国自然独占鳌头。

这就使得它能通过协调自身的力量而变得强大。德国陆军的强大集中体现了德国人所有的军事禀赋。这支军队所依赖的德国人口，如今比俄国以西的任何一个欧洲国家都要多，而且人口增长率也高于任何其他欧洲国家。

自1870年的普法战争以来，德国人口从4000万增长到了6000万，增加了50%，而且还在以每年80万人的速度增长。所以，就规模和质量来说，德国陆军显然有理由保持自己的领先地位。即使其他国家联合起来，德国也可以凭借地理上处于欧洲中枢的军事优势来保全自己。

如果不考虑其他军事因素，其他欧洲强国——俄国、意大利、法国和英国，组成一个类似反对路易十四和拿破仑的联盟，分布于德意志和奥匈帝国领土周围，就能使德、奥四面楚歌。但是，军事实践证明，在其他因素保持不变的情况下，位于中心地带给一个国家所带来的好处要远远大于经受攻击的危险所带来的损失，使它能够同时连续打击几个敌人。这样的国家可以采用优势兵力对付薄弱之敌的方式，而居中的地理优势使它可以在自己的内线调动军队——所谓内线其实就是较短的路线。较短的路线意味着军队可以行动更迅速，节省时间，而时间决定了战机，战机又影响胜负。

因为这些原因，位于一个圆弧的中心位置的国家比领土零散分布于圆周之上的国家更易采取协调行动。当时德奥同盟有的正是这种便利，而且还因铁路系统的存在而得到了加强。该系统的大部分处于德奥政府的紧密控制之下，而且政府会根据战略与商业运输的需要对其进行组织，所以能把内线调动发挥得淋漓尽致。这些都能加强德、奥间的相互支持，双方在当前欧洲格局中的互惠关系已被他们视为必然。不管是从这两个国家的具体意图来说，还是从总的国际关系来说，联合永远都能带来比分裂多得多的好处。

此外，德、奥的领土相连，从北海和波罗的海贯穿欧洲直抵亚得里亚海①，这也给两国带来了军事和商业上的好处。因此，考虑到土

---

① 地中海的一个大海湾，在意大利与巴尔干半岛之间，通过南端的奥特朗托海与爱奥尼亚海相通，具有较为重要的海洋战略位置。——译者注

耳其命运多舛，从土耳其爱琴海畔的萨洛尼卡向地中海出击也是德、奥的一个必然的打算。

鉴于此，奥地利1年前的吞并行动和它建造4艘无畏舰的计划都是一种信号。一旦奥地利在爱琴海边获得了据点，同时借助海军优势控制住亚得里亚海，那么就能将爱琴海和亚得里亚海之间的地区纳入囊中。但是，奥地利这一企图与意大利的利益相冲突，也为欧洲国家对近东局势普遍具有的敏感所不容。

在半个世纪之前，奥地利占据着包括威尼斯和米兰在内的意大利的大部分领土。在1718年至1733年间，奥地利还曾占领了那不勒斯和西西里。在意大利的推进受到压制之后，奥地利又把扩张和对商业的期望投向了亚得里亚海另一侧的巴尔干半岛。意大利此前对奥地利的抵制力量也因此转移了过来，因为对亚得里亚海的控制对它本身的安全至关重要。

亚得里亚海最宽处不过150英里，出口处宽度还不到40英里，意大利绝不会眼睁睁看着和它整个东部边界相邻的海域落到强大的奥地利海军手中。所以，意大利和奥地利之间的利益存在着根本冲突。人们唯一需要做的就是认识巴尔干局势的不稳定及其对世界政治的影响。

两个中欧国家组成的强大同盟有着什么目标，在德国的海军发展以及奥地利在巴尔干的兼并等事态上得到了体现。德国是奥地利的手足兄弟，它的支持对于奥地利行动的成功是必不可少的。

奥地利之所以采取这个行动，一是出于眼前需要，二是为了提高自己在世界上的威望。对于奥地利吞并波、黑两省，奥地利首相曾说道，必须当机立断，否则事情的发展可能对奥不利。这是指刚刚在君士坦丁堡取得革命成功①的土耳其青年党人在羽翼丰满之后或许会反

① 这里是指君士坦丁堡的陷落，当时奥斯曼帝国在苏丹穆罕默德二世领导下对拜占庭帝国首都君士坦丁堡发动了征服之战，具体时间发生在1453年5月29日。此次征服之战，标志着东罗马帝国最后的毁灭，也使得奥斯曼对地中海东部及巴尔干半岛的统治在战略上获得了一次决定性的成功。——译者注

对将波、黑并入奥地利，就像当初他们虽然面对战争威胁却依然拒绝让希腊获得克里特岛一样。

奥地利还公开表示它要执行积极的对外政策，以使奥匈帝国在世界上的地位让人心悦诚服。此外，奥地利还打算向爱琴海和地中海进行贸易扩张。如果奥地利全国上下都能支持上述目标，一切就会进展顺利。

当然，奥地利也需面对当时爆发欧洲战争的危险，可事实上的格局却是俄国一蹶不振，而两个中欧帝国兵强马壮。德、奥的联合行动证明了两个国家铁一样的关系，作为一个最稳定的因素在当今国际关系中发挥作用。

德国向来都会及时地向它的盟友伸出援助之手。反之，它也希望能得到而且肯定会得到奥匈帝国对于德国的各种政策的支持，尤其是在德国陷入和其他国家的冲突之中时。这就意味着，一个国家无论在世界上的哪个地方和德国发生争执，它都必须要同时考虑奥地利的战斗力。这一点在摩洛哥问题上有着明确的体现。

在克里特岛事务上，德、奥两国一直都是携手并肩，独立于欧洲协调之外。如果今天的法、英、俄三国协约集团中的任何一国惹了德国的麻烦，其他两国想要干预也不能不考虑奥地利的反应。

一旦法国决定动用自己的海军支援英国，由此可能引发的危机是它不得不留意德奥在陆上边境的威胁。同理，当我国和德国的利益在世界某个地区发生冲突时，欧洲对德国的制约必定因奥地利对德国的态度而大打折扣。

上述例子都具体说明了均势效应。目前欧洲均势状况的主要特点是，天平的一端是因地理位置和相互依赖而凝聚起来的力量，而在另一端，力量分散且缺乏必要的凝聚力。因此，在制衡力出现之前，欧洲的均势天平不可阻挡地会向一端倾斜。与德奥同盟相比，三国协约集团力量的涣散清楚地说明了在今天的欧洲谁才是真正的强者。

在如此莫测的局势下，只有一种力量能有效地制约德奥集团，就是英国海军。如果英国海军能保有适当的优势，英国还会像在过去的两个世纪中一样继续起决定性的作用。英国之所以拥有强大的海军，有以下两个原因：

（1）首先是英国将举国之力集中投入海军。

（2）其次，除了享有岛国身份给它带来的安全之利，英国还有足够的财力以推行今天所称的“两强标准”。

在这里，有必要对“两强标准”进行阐释，它是传统观念的新名称。在北美独立战争前后以及整个 18 世纪，英国政治家们都笃信英国海军的规模必须比法国和西班牙这两个波旁君主国家的舰队联合起来还要强大。而当时的法西同盟和今天的德奥同盟一样，将长期、稳定地存在，因为这两国不仅为王朝纽带所维系，相互间还有着迫切的互予支持的需要。

当今，英国对两强标准的执行缺乏针对性，这事实上表明了自普法战争以来的国际关系的扑朔迷离，而且这种局面还会持续一段时间。不过，不能否认两强标准的存在，恰恰说明国家的安全需要英国持续加强自己的海军。

对英国来说，对海洋的控制是必不可少的。因为这不仅关系着英国的军事防御，也关系着英国的生存，还关系着英国的粮食、商业和工业原料获取。

6

是否应把美国视为反英联盟的潜在成员？目前，对这一问题仍存在着争论。一些人认为我国可能参与这样一个联盟不是因为英美之间存在分歧，而是因为在当前格局下，我国权衡再三后或许会把上述做法作为权宜之计。

不过，考虑到英美商业的紧密联系以及英美在语言和政治传统上的一致性，还有不可能置身于英美战争之外的加拿大的利益，英美两国之间任何可能引起争端的因素都要让位于抑制争端的因素。

据说，当今英国首相索尔兹伯里①奉行的一个主要原则就是坚决不允许英美间的分歧发展到使相互关系破裂的地步。这说明一个事实，任何国家和另外某个强国保持友好关系有着极重要的意义。

在俄国不可一世的年代，普鲁士重视的是俄国。而当前的德意志帝国，垂爱的是奥地利。德国首相俾斯麦在 1879 年完成了这个转变。

如果我们不仅把目光凝聚于英伦三岛，还能注意到英帝国的其他组成部分——澳大利亚、加拿大和新西兰，它们都濒临太平洋且和我国的太平洋沿岸诸州有着同样的政治要求——再考虑到英国海军在世界上的作用，我们就有充分的理由相信，对于国际问题的思考会使我们与大英帝国结盟。

当英格兰、苏格兰和爱尔兰合并成一个国家，当法国不再是一个封建领地而成为一个集权的王国，当德意志独立的各邦合并为一个集权的统一帝国，国家的概念也变得越发简明和容易理解了。将一个统一的整体的美国和独立战争结束之初明争暗斗的 13 块北美殖民地相比，上述道理也容易理解。

在未来，历史进程的两大主角将是西方和东方两大势力集团。和之前的欧洲国家间的关系一样，这两者一直相对独立地变化和发展着。此外，包括美国在内的欧洲国家社会内部的斗争还导致了作为国际关系准则的国际法的全面发展。

一位德国人曾毫不忌讳地说："国家的一体性和独立性体现于国家主权之中。正是因为国家享有主权，组成各个国家的各国人民才能融为一体。"当今，一直主导着欧洲社会发展的独立观念已深入人心。这种结果的产生，每个国家都起到了一份推动作用，因为它们都为一种共同的传统所左右。

---

① 索尔兹伯里为英国保守党领袖，此人奉行光辉孤立政策，比较有名的作为如迫使沙俄修改《圣斯特凡诺条约》，1900 年曾派兵镇压中国义和团运动。——译者注

第五章

上世纪东西方海权利益综合分析

1

在那个时候，美国门户开放政策的短期目标是：防止其他强国沿着拥有 4 亿消费人口的中国的边境地带发起推进；为此，就必须保持中国领土的完整。包括美国在内，任何支持门户开放的国家都希望中国的领土保持完整，这不是慈悲为怀，而是因为领域完整是中国市场完全开放的前提。

之前的日俄战争，让人们逐渐意识到了上述观点。战争中，一个东方国家居然击败了一个西方国家。这必然会引起轩然大波，虽然大多数人不能透过表象看到本质，甚至连造成上述局面的原因也一无所知。但是，不管人们从日俄战争中得出什么启示，日本的杰出表现都不能否认。

其他东方国家都对日本的胜利持支持态度。这主要是因为这些国家和日本都处于对西方支配性影响的防御地位，而不是因为感情上对日本亲近。

两百多年前，西方国家就开始和除土耳其帝国之外的东方国家接触。西方的政治和军事力量都高度集中，能够控制一些缺乏组织和没有结盟的东方国家。

至于中国，大部分中国人的民族意识尚未觉醒，国家观念也很淡薄。军人的名声向来不好，从军被认为只会惹麻烦。50 年之前，日本也处于封闭状态，因此也无法获得欧洲进步所带来的成果。其他东方国家落后的政治制度和发展水平就更不用多说了。

在此背景下，尽管西方国家相互钩心斗角，但对于远东国家的处理却出奇地统一，结果就是西方在整体上主宰了东方，就像是当年西班牙、法国和英国相继在欧洲执牛耳①，而德国今天又独步欧洲大陆一样。

---

① 《左传 · 鲁定公八年》曾记载“卫人请执牛耳”。执牛耳原本是一种仪式，后泛指在某一方面或某一领域居最有权威的地位。——译者注

上述情形是历史演变的结果，短期不会发生逆转。不过日本确实向人们展示了短期内所能取得的杰出成就。和其他东方民族相比，国土的狭小和长期封闭使日本人形成一个紧密的集团，这也是原因之一。

长时间的封闭使日本人形成了一种独特的精神气质，早在几年前的战争中这一点就得到了充分的展示。这种气质加上日本人口少而集中、日本人的尚武传统以及幕府体制，让日本全体国民团结在了一起。

此外，英明的领导和适当的机遇对一个国家的成功也是必需的，日本在这方面是幸运儿。在漫长的历史进程中，大好的机会因领导者的平庸而失之交臂的例子不在少数，但日本却是一个例外。

虽然东方的变革周期很长，但有一点可以肯定，如今的某种认识正促使占人类一大半人口的东方渐渐开始了改变。就目前的情况而言，这种认识更多是因为外来的控制或干涉引起的恐慌，不是源于自觉的、冷静的内省。然而，这种恐慌能让一个国家具备自我管理的能力。

虽然日本之外的东方国家都被日本取得的成就所深深震撼，但值得深思的是，这些国家是否能完全参照日本的改革依葫芦画瓢，或者是否真认可这种道路？朝鲜人就明显反对日本人的东西，东印度人对此也并不待见，而菲律宾也一如既往地对美国的统治毫无好感。

在印度和菲律宾，思想的转变通常是一个漫长的过程，与西方统治阶级打交道的都是当地因种族和信仰不同而形成的利益集团。所以，集团之间的矛盾掩饰了对西方的不满。此外，当地人对于外来者的统治所带来的物质进步以及这种统治消失带来的后果也有着充分的认识。这样一来，大多数人对外来统治都心照不宣，闷声接受了他们并不认可的东西。

但是，受过良好教育的人对西方统治的不满以及对独立的追求依然存在，他们对西方的制度和手段有着较好的了解，却缺乏对历史的洞察，所以无从体味到西方人民为探求和运用这些手段所付出的长时间的努力。着眼于当下来说，除非这种变化为宗主国所赞允，否则印度和菲律宾的政体都不可能发生翻天覆地的变化。不过，如今英美两国确实也向当地人作出了一些让步。

2

中国的情况有些不尽相同。和其他东方国家一样，中国也被日本战胜西方国家所深深震撼。中国对于西方的物质优势也有着长期的认识，不过这些认识常常是在被西方欺凌之后得到的。

比如，在日俄两国缔结了朴次茅斯和约后的短时期内，中国的进步人士似乎都把目光投向了日本这个有着血缘关系的邻国。在学习和运用西方成果方面，如果中国人也能具备日本人所显示出的聪明才智，他们或许能更容易、更自然地学到西方的本领。

中日地理位置接近、差旅费低，因此曾有大批的中国人前往日本留学，但这股浪潮已大为衰退。事实上，不管中日两国在抵御西方的控制上有多少共同语言，地理上的靠近和民族性的极大差异都使这两个国家难以进行政治合作，更不用说结成联盟了。

地理上的邻近是人们公认的国际矛盾的根源之一。满洲地区不仅是中国、日本和俄国三国的交汇点，更是三方的利益冲突之地。即使这三个国家之间保持和平状态，它们相互间的政治对立和防范心理也会一如既往地存在。

虽然中国在过去饱受蹂躏，中国人也普遍向往和平，但**中国依然完好地保存着能让自己有朝一日强大的潜质，这是由它的广阔的国土和众多的人口所决定的。**

因此，**只要能有效地发挥这些潜质，中国就能成为一支强有力的世界性力量。**虽然中国的庞大和笨拙使这个进程受到了一定的阻碍，但变化的缓慢对中国未尝不是一种保护。尽管中国的领土不断遭到侵蚀，但中国政府依然保有统治权力。对中国的大部分地区来说，从内部影响统治权威简直是痴人说梦。

中国幅员辽阔且交通联络不发达，这使得它的人民相互间有着隔阂和沟通上的障碍，但中国人在种族上却是统一的。此外，了解中国的人都会在某个活生生的中国人身上发现一种特有的坚定气质，这种气质对于一个国家的发展大有好处。

但这种气质在过去更多地表现为保守的呆板和无法克服任何事物的偏执。现在看来，这种偏执只能成为进步的敌人。

后来，外国的曙光照入了中国，以文化借鉴为手段的自我认知过程已经开花结果。典型事件是，没有依靠外国经济援助，中国人独立修建完成了从北京到张家口的122英里的铁路。所有的工程师都是中国人，负责人詹天佑是一位耶鲁大学的毕业生。

中国还打算再独立修筑150英里的铁路，不过，拒绝一切外来投资只会妨碍筑路进度，延长工期。上述事实表明中国决心逐渐从过去的麻木和自我陶醉中解脱出来，转而放眼未来，在积累自身力量的同时，将理想和希望转化为实际的发展成就。

中国正处于一个继往开来的阶段，因此门户开放对其意义重大。此外，中国正产生一种与种族意识不尽相同的国家意识。虽然在目前还不完善，但的确生机蓬勃。这种国家意识的产生，对中国实现民族团结来说是举足轻重的第一步。而**只有中国人团结一致，中国才能在世界之林中取得应有的地位，才能摆脱长期束缚自己的防御姿态。**

3

无论东方各国成为现代意义上的国家需要多长时间、会表现出怎样的特点，它们终究会像欧洲和北美各国那样经历一个阶段——必须将自己从没有内部凝聚力的利益集团转变为民族国家。但是，幅员和人口问题使印度和中国不可能像日本那样很快地度过这个阶段。

同时，印度和中国的政治更不会让它们像1783年至1789年间北美13块殖民地成功地完成立宪那样轻松地实现政治变革。从另一方面来看，引入西方的交通联络有助于加速这一变革。

这就是说，在东方国家进行自身整合的同时，也需要借鉴欧洲先进的理念和经验，就像当初欧洲国家在整个中世纪一直维系着与我们今天所称的近东地区的联系那样。阿拉伯人向法国南部的推进、十字军东征以及土耳其帝国在欧洲的扩张就是上述联系的几个举世皆知的例子。

当时，欧洲是一个由多个松散的国家组成的基督教世界，巅峰时期的伊斯兰世界自然能轻易地将利刃刺向欧洲的心脏，而待到国家权力的集中在欧洲完成之时，这种危险也随之消失了。不过，土耳其帝国仍然继续和一些基督教国家来往，并在波旁王朝与奥地利的长期斗争中起到了平衡作用。

在法国和奥地利交战的时候，我们曾多次看到土耳其在另一侧对奥地利后翼的袭扰让后者不得不分散自己的力量。从那时到现在，土耳其帝国的局势一直都是欧洲的焦点，各强国以黎凡特为中心的利益冲突使土耳其逐渐成为了一个危险的根源。在50年前的克里米亚战争中，两个基督教国家就曾联合与土耳其结成同盟，一起反对另一个和它们在土耳其地区有着利益冲突的基督教国家。

对我们来说，上述情况就太遥远了，甚至感觉不到它们对自身的影响。但实际上，这影响必然会通过其他地区而波及我国。在这些地区，我们和维系欧洲平衡的各大强国有着密切的联系。换句话说，只要某个事件削弱了一个与我国有密切联系的国家，它就有可能对我国的敌对国有利，我们就绝不能对此不闻不问。

在最近10年，欧洲的格局极大地受到了中东方事态发展的影响。据说，德国已意识到欧洲在俄国败于日本之后进入了一个新时代。俄国的失败缓解了德国受到的压力，它对法俄同盟不会再感到丝毫不安。加上奥匈帝国对德国的支持，德国更加无所顾忌。陆地上负担的减轻让德国能将更多的财力投入海军建设。这会相对抵消英国海军的强大实力，除非英国也大幅度地增加海军开支，但军费的上升对一个国家来说绝非好事。

英国通过和日本结盟来抑制俄国或许是一个政策上的失误。当然，俄国卷入远东事务对英国还是有好处的，因为这会分散俄国的力量，让俄国无力再针对君士坦丁堡、苏伊士、波斯湾及印度地区采取行动。不过，即使俄国能像之前的土耳其人一样向德意志帝国施加压力，也会符合英国的利益。但是，因为满洲的灾难性事件及其后果，俄国下一代人很难恢复元气了。

正是英国政府的行动成为日俄战争的导火索，而这场战争却使欧洲力量的平衡出现了对英国不利的变化。英国不得不为此埋单。

我们所讲的与其说是陈述现实，不如说是一种揣测。但日本在日俄战争后的财力枯竭的确是英日结成同盟的决定性因素，而前提是英国海军在过去两个世纪的世界政治中一直发挥的作用。

如果日俄战争的结果是另一番情景：交战双方势均力敌，在财力上都捉襟见肘，那么俄国的威望就会少受一些损害，围绕着门户开放的外交争论的影响也就会大有不同。门户开放在另一种意义上体现了均势精神，它和均势都旨在增进和平，只是后者喻示着独立权利的平等，而前者意味着机会的均等。此外，和均势一样，门户开放的保持也取决于各国实力的平衡。这里的各国具体来说是指对于中国的发展及对在华商机颇感兴趣的国家，因为门户开放这个词只针对中国。

4

均势一直是欧洲国际政治的关键所在。除非争夺海军优势的斗争遭到抑制或大局已定，否则均势的变化就可能削弱欧洲对远东政治的影响。英国将其海军集中于本土水域这样的集结行动需要将分遣舰队从远方撤回，就原则和实际情况来说这是绝对正确的，但也意味着或多或少要暂时失去对撤出地区的控制。不过，只要德国和英国还像今天这样势不两立，从军事上讲英国在北海的集结就是合理且必要的。当然，如英国还想在其他地区集结力量，这就不可能办到了，因为它没有足够的舰只来建立大的分舰队。

欧洲的力量组合究竟会在多大程度上影响国际形势，并使欧洲国家在世界其他地区的权力为其海军力量所支持？这仍是一个难题。不过，作为其中的一个方面，可以想象的是，在英国和德国僵持于北海的情形下，协约国控制地中海的任务就落在了法国的头上，这自然会引起意大利的不安。

据说，法、英和西班牙之间现成的协定中对于西地中海地区含有门罗主义的性质。这种态度或许会像门罗主义那样趋于强化，而相关国家也会从自身的利益出发，就是否改变地中海地区的海军力量状况作出决定。在世界主要的海军力量都在北海严阵以待的情况下，一支能够在地中海发号施令的舰队事实上就是一个快速纵队，它处于核心位置，有助于针对其他地区采取持续的行动。

如果欧洲还像从前那样有着一个无可匹敌的海军强国，就能更直接地影响到日本和美国这两个欧洲之外的海军强国的利益。在日本1902年和英国初次结盟时，后者在海军上还有着绝对优势，它不仅可以照应远东，还能保持自己在其他地区的优势地位。虽然日本缺乏战列舰力量，这一点让英国有所顾虑。可让人意外的是，在1895年，几个欧洲国家迫使日本作出让步时，英国还是采取了干涉，这对于下一次日本对俄战争有着决定性的影响。

由此可见，深谋远虑的行动计划一旦实施，会对精神和物质产生深远的影响。对敌人采取出乎意料的进攻就会产生类似的结果。比如1895年，法国、德国和俄国迫使日本把包括旅顺港在内的辽东半岛归还给中国，随后中国又将日本归还的地盘租借给了俄国。虽然英国反对，但它当时准备尚不充分，没有下定决心，而且形势也难以逆转，并且日本又没有战列舰力量。但到了1904年，英日同盟出现在了世人面前，这是英国采取的一项积极行动。此时，日本已拥有一支战列舰舰队，英国海军在世界上的地位也首屈一指，而德国和法国也已不再亲近俄国。德国的实际政策就是如此，法国则是因心有余而力不足。在日俄战争中，日本在自己的北海区域作战，英国则在欧洲与它遥相呼应。这种情形体现了不同国家军事上的分工。虽然英国海军当时并没有实际战斗任务，但它的行动却是军事性的，在战争中起到了威慑作用。就像 1898 年那样，对于干涉美西战争的建议，英国不仅表示不支持，还要反对。英国海军当时同样是一支威慑力量。

上述情况说明另一个道理：**动用武装力量不一定就意味着发生战争。人们可以在不引发战事的情况下恰当地运用这种力量。**只要运用得熟稔，就能和平地达到目的。话虽如此，**但是手无寸铁绝对不能保障和平。**美国的南北战争就是活生生的教材。

从一般意义上来说，南北战争中的双方准备的不足简直空前绝后。这场战争之所以成为滑铁卢战役之后历时最长的战争，就是因为双方都缺乏筹备，而且又势均力敌。不过这样的局面最终还是会改变，因为北方有着资源上的优势，而南方从军事观点看只能将胜利的希望寄托于对手缺乏耐心。

5

正如前文所述，作为欧洲大陆强国，法国可以给英国提供海上支持。但这种支持有一个缺点，即它一旦付诸实践，就是一种战争行为，会引起陆上战事。而问题是，当前没有哪个大陆国家能单独和德国抗衡。

这并不是说法国陆军不堪一击，更何况法国自 1870 年以来一直在努力构筑边境防御工事。从事实上来看，法国的武装力量虽然逊于德国，但依然能为法国的安全提供保障。这就使法国的对手必须谨慎行事，不敢贸然行动。

1905年，德国迫使法国政府解除了其外交部长之职，而法国之所以甘受此辱就是因为当时没有任何军事筹备。但是，一年之后，面对德国提出的同样苛求，法国严词拒绝了。而德国也只好退而求其次降低了要求，因为法国的军事筹备令其不可小觑。

因为档案保密制度，我们不可能完全如实地还原当年的国际事件，但上述情形就是欧洲局势给人的普遍印象。而且人们都相信，只要能保持现有的军事优势，德国会将强势外交继续推行下去。这个优势连同其他政治需要一起，注定使奥地利和德国被拴在一起，而它们组成的陆上同盟是无比强大的。和英日同盟一样，在德奥同盟中，奥地利的作用可有可无。但是，只要让对手知道它在关键时刻会有所行动，就足够了。

上述情况对协约国十分不利，除非战争的代价能够让德国有所顾忌，从而使它不敢一意孤行。所以，协约国必须增强自身实力。不过目前它们没有足够的力量能同时抵制德国海军陆军的侵扰。

强大到足以使敌人不敢轻举妄动是一回事，能够在冲突发生时取胜又是另一回事。而且，在和平时期，没有哪个欧洲国家的海军能对地中海的英国海军给予支持，英国只能自力更生。一旦奥地利的财力允许自己打造出重型舰队来，英国将会更感吃力。

因此，我们可以看出英国海军在世界政治中作用无出其右，同时还能看到：目前，只有两个与德国不接壤的国家有能力以海军力量帮助英国——日本和我们。

长远来看，这两个国家都需要考虑英国的海洋霸权落入德国之手是否符合自己的切身利益，因为这种变化是完全可能的。就今天的情形来说，除开放海域之外，美日两国和德国之间没有实际接触。但英国在每个角落都有海洋边界，在任何一个它不具备海军优势的地区都可能遭受攻击，比如澳大利亚和其他英国的东方地盘。这一点毋庸置疑，连我国都可以通过对邻近的加拿大施以影响来制约英国。

6

在以后的发展中有一种可能，即英国海军的衰落将德国海军推上世界头把交椅；和陆军相配合，德国海军完全有能力实施远洋行动计划。英国在自1756年七年战争爆发至1815年拿破仑战争结束期间取得了海洋霸权，原因不在于英国海军的强大，而在于岛国的地理位置使强大的英国海军在本土及海外都可以发挥效用。

今天，英国的财政困难、俄国的组织涣散以及法国的人口过剩等原因都使德国未来的行动计划畅通无阻。虽然英国和德国相比更加富足，但长期养尊处优让英国人没有了德国人在经济上的忍耐力。同时，个人自由的传统也让英美两国人民不愿将个人行动受束于组织和规范，而恰恰是这些因素使德国在世界舞台上崭露头角。

德英的竞争不仅使得当前欧洲政治局势紧张，同时影响着世界的政治局势。英德对抗背后是双方的利益分歧，它们的得失牵扯到了两个民族福祉的根本——工业和商业。

德国的发展给世界政治带来了不安。就此来说，英国、法国和俄国——虽然后两者在不久之前和英国还处于对立位置——结成协约国集团也在情理之中。一位德国首相谴责这是包围和孤立德国的奸诈行为，不过三个国家采取上述行动却是为了维持欧洲及世界的均势，同时有力地回应德国四面出击以加强自己海洋及商业地位的企图。

不冒犯他国是一回事，保持警惕并进行制衡是另一回事。历史已经证明，任何远大的抱负都包含侵略性的因素，需要强力的应对才能使它不超出限度，使平衡得到保障。而维持均势正是欧洲政治家所密切关注的目标。

南北战争之后，我国不自觉地和欧洲融为一体，因此欧洲的事情也应为我国人所关注。当我国和西班牙纠缠时，门罗主义在欧洲的支持者与反对者都普遍存在，而德国属于后者，美德两国在菲律宾问题上的分歧无疑使这一点更加明显。毫无疑问的是，如果当时的德国拥有它正在筹建中的强大海军，它的态度自然就会更加强硬，地位也会更加有利，而我们的支持者会面对的将是另一种截然不同的情形。

7

让我们根据德国的历史来考察一下它的现状吧，因为不借助于适当的方式就不可能理解德国为什么会有今天的地位。为了更好地了解这一点，不仅要认清一个国家的利益，同时还要理解它的情感，并找到可能的历史根源；只有这样，才能合理地作出评判。

原因很简单，大众的情感强烈地左右着一个国家的行动，虽然通常物质利益才是根本原因，但它所激发的情感却有着更大的能量。无论统治者意欲何为，大众都只是根据自己的是非判断来行事。因此，一个政府在与他国政府争执中都会力求让自己的观点看起来合乎情理，这样就能赢得民众的支持。

历史赋予了德国人一种情感，它和德国当前的利益融汇成一股强大的推动力，使德意志帝国的臣民全心全意地支持统治者的对外主张。和其他国家一样，德国内部也有着争执和分歧，人们分为不同的派别，对争端的看法也各不相同。但是，政治团结对德意志民族发挥的重大作用比什么都重要。

一篇法国报纸上的文章曾以批评的口吻评价德国的外交，但不无道理："在德国和在其他地方一样也有着宗派主义，可是它受到了民族主义感情的抑制，这种感情在德国比在其他地方更加强烈。国家集体主义精神将6000万德国人聚集在政府的召唤下，而法国比其他国家更应该当心，不能对这种精神视而不见。"这个告诫虽然只是针对法国，但同样适用于全世界。

德国人还普遍认为，他们至今取得的成果能否保持，很大程度上取决于他们在海洋上的地位。自1870年以来，德国的统一为其工业发展带来了契机和必要的动力。而工业需要市场、商业和船运业，保护主义便呼之欲出。

1879年，德国采取了保护主义方针，这既是为了发展国内工业，也是为了保护德国农业，防止农村人口向工业部门的过量流动。德国的劳动力数量之所以能成倍上升以满足工业发展的需要，和外流人口数量的减少息息相关：1881年是22万，如今只有2万。当然，外来移民的增加也是一个原因。

在军事上，与此有关的是德国海军的变化。德国海军联盟之所以能取得引人注目的发展，很大程度上是因为德国在有条不紊地积蓄能量以及周详的筹划——使手段和目标相适应。这种优势体现在各个领域：军事、教育、工业和商业。当然，不管这个联盟在宣传上是如何出类拔萃，假如大众的思想和它的主张没有产生共鸣，它也不会有所成就。

正因为德国公众对建立强大海军有着强烈的认同感，德国海军联盟才得以尽其所能地为这种情绪提供组织形式、注入活力，并使它能积极地产生效果，哪怕巨大的海军开支意味着债务和额外税收的增加。所以，这种情绪是德国海军联盟取得成功的必要条件。该联盟的领导人最近也说："不是规章而是联盟本身所蕴含的精神造就了我们的成功。我们的基本精神反映了德国人的憧憬，这种对德国海军的憧憬已经印在了我们的旗帜上。"

德国海军的开支在1875年不到1000万美元，现在则是一年1亿美元，而且这种上升趋势按计划在未来10年中还将延续。不过，这样大的一笔开销，在德国比在美国能带来更大的收益。此外，海军活动及海运业比任何其他形式的国家行为都更能够激发起全国上下的团结一心。因为这些行为在国家疆界之外进行，给人的印象是代表着全体国民而非一小部分人的利益。和国家的工业成就相比，一支巨大的商船队或舰队更是国家力量的象征。

上面这句话尤其适用于德国。在这个国家，海军还是一个崭新的组织，而统一的实现——从理想转化为现实，也是不久之前的事。就统一来说，今天的德国和1789年至1812年间的美国非常相似。在一个洋溢着民族激情的时代，统一自然为人所拥护，尚处于独立战争之中的北美殖民地上的情形就是这样。当时，德国的统一已被写入了成文的宪法，是神圣不可侵犯的东西。而这部宪法经过一代人的考验，已为德国人所认同，将来这种情形也必将还会延续。

但在各地方或集团利益依然存在的背景下，德国依然存在独立主义情绪。这个德语词在我们这儿可理解为强调各地方的权利的情绪，它在一定程度上再现了美国独立之初，几块各自为政的殖民地之间的猜忌所导致的情形。推动美国宪法的起草与颁布，不过是出于各个殖民地的物质利益的考虑。

1812年的美英战争以及随之而来的对于共同的外部威胁的统一认识促使美国人形成了国家观念，联盟的理想这才深入人心。对南北战争之前的动荡年代还记忆犹新的美国人，依然记得联盟这个简单的词汇所体现的情感是多么炽热和强烈。在那时，只有国家团结有着不容置疑、永恒的意义。

没有超越物质利益的另一种推动力，德意志不可能完成最终的统一。这种力量可以在统一的德国以及当前德国对其国际地位的自豪中看到，事实上它就是一种自我激励。这种自我激励在他国看来则是一个国际舞台上新强者的敏感。

8

美国人应认识到这种特点也曾经在他们身上出现过，它源于一种不安，即对自己地位的不自信。所以，德国和我国的政策中有着相同之处——极具进取意味的自我激励成分。

许多年前，德国首相比洛就曾说道：“我们不会容忍剥夺我们与其他强国权利平等的行为，我们与他国在世界上同样享有发言权也不容置疑。我们已是一个伟大的强国，我们希望在上帝的保佑下能永远强大。”

事实上，作为我国对外政策的象征，门罗主义在产生之初并不为他国所接受。当前德国的对外企图也同样如此，这明显地反映在其海军的壮大。一个国家，就算完全出于防御目而采取的行动有时在其他国家看来也是咄咄逼人的。防止欧洲国家对美洲大陆的侵吞对美国人来说是出于原始的、合理的自我保护的本能，但是在他国眼中或许就超出了防御的范围，具有了引发政治及军事冲突的嫌疑。

门罗主义实践之初的确呈现出这种局面。但是，今天各国已然习惯和默许了我们的主张。必须指出，我们巨大的潜在实力使其他国家不得不有所顾忌。但是，这种实力只有得到适当的调配才能充分发挥效用。财力往往是一个国家物力的具体表现。国家也可能跟个人一样对财富挥霍无度，造成浪费。

门罗主义和适用于远东的门户开放当前是我国对外的两大最基本国策。至于欧洲，我国一贯的政策是消极不干涉，这和门罗主义相呼应。

但是，我们不干涉欧洲国家间的关系，并不意味着我们对影响到自身根本利益和权利的欧洲形势毫不关心。例如德国和英国之间的竞争——德英两国之间在经济和海军力量上的差距已经日渐减小。

对于内部钩心斗角的欧洲体系，我们关心的只是这种不稳定的平衡关系的变化对我国两项主要对外政策的影响。就目前的情况来看，在这种平衡关系的影响下，门罗主义不像门户开放政策那样处处招来敌意，但未来的情形就不好说了。因为美洲的每一寸土地现在都归属于某些主权国家，并且其权利也得到了国际法的承认和保护，不能随意侵犯。

虽然中国也是一个主权国家，但组织无力、治理不当，导致它缺乏军事上的威慑力，其他国家干涉中国的主权成了家常便饭。尽管它在人口和资源方面有着巨大的优势，但是这种局面将它的优势彻底抵消。中国的地位既取决于它有多大的自保力量，也取决于其他国家的干涉强度——这与欧洲国家、我国和日本在中国的利益交锋息息相关。

和门罗主义一样，门户开放政策目前还仅仅是我国的国家政策，并没有写入国际法。就算它得到了某些国家的承认、签署了协定，并能在协定的有效期内对相关国家进行约束，但实际实施起来还是取决于各国的力量强弱。没有谁能要求一个不同意门户开放的国家自觉遵守这一政策，那些国家完全可以对其置之不理，除非有外力胁迫他们遵守。

和我国的其他政策相似，门户开放也是形势发展的必然。

对欧洲国家在美洲的殖民活动来说，门罗主义是一种持续的告诫，对更远地区的扩张活动，它具有类似于警示的作用。这类扩张常常通过政治或军事干涉来实现。简单地说，就是侵略，不管伪装得如何道貌岸然，它的目的一目了然——控制东方市场。

9

门户开放政策的短期目标是在中国领土必须保持完整的前提下延缓其他国家向中国内地扩张的脚步。我们和任何支持门户开放主张的国家都“关心”中国领土的完整，这显然不是出于同情，而是因为它决定着中国市场能否完全开放，所有国家在中国能否得到均衡的利益。虽然中国无力维持统一，但却因此有了领土完整的可能。

尽管门户开放政策的实施究竟能在多大程度上促使有关国家以实际行动支持中国的完整还有待观察，但可以肯定的是，一旦在某些国家以据有的地盘为依托而影响到其他诸国的利益时，相关国家就一定会采取公开行动。这时候，平衡才是“和平”的保障。

现在，门户开放原则上已经被西方国家所接受，开始发挥效用。

门户开放旨在通过人为地维护各国间的自由竞争或商业机会的平等，来防止某些国家为了一己之私而在中国的土地上肆意夺取。在太平洋地区，门户开放是最引人注目的政策，而且作用巨大。当今的时代归根结底是一个商业时代，所以这项政策在本质上是商业性的。不过，从决定着进步的特征及程度的力量之间的相互作用来看，工业和商业能否顺利发展归根结底还是由国家的实力决定的。

经济的好坏左右着战争的胜负，而战争的筹备能避免经济运作过程受到外来的侵扰。海军的强大确保了英国的安宁祥和，也铸就了英国经济的卓绝。这样的和平局面在我国身上也有所体现——我们远离欧洲国家的明争暗斗和相互制约。

因此，英国和我国都成为了当时世界上最富有的国家。

10

门户开放政策要想发挥有益作用，需要太平洋地区（尤其是西太平洋地区）的各股势力达成均衡，这样才能得以有效贯彻。现在，再来看看太平洋地区的势力分布吧，它与门户开放的推行息息相关，对我国的重要性自然不言而喻。作为地理上的太平洋国家和门户开放的倡导者，我们应特别关注上述问题。

在运用有组织的物质力量推行自己的主张方面，我们有着与众不同的机会和优势。

就在太平洋的沿岸占据的地盘而言，我国和欧洲强国位于同一起跑线。虽然后者的地盘军事或商业意义更重要，但却与本土十分遥远，漫长的交通线使其容易遭受敌人的偷袭。而且，如前所述，欧洲国家的海军力量对比正趋于均势，这使他们谁都难以从本土向远方派遣一支强大的分遣舰队。这里我们又看到了欧洲各国间的关系对我国利益的影响。

对我国来说，取得太平洋的霸主地位并不符合它的利益，但确保对自己的地盘以及通向它们的道路的控制则是合理之举，而且不会危害其他国家。因为相对于我国没有哪一个国家处于这样一种地位：它的东方领地和本土之间的交通完全在我们强大海军的威胁之下。英国海军之于德国也是这样。

可是，英国的困难在于必须用海军控制出入德国的通道，海军对于英国的自身生存必不可少。我国就没有这样的问题，而且我们与巴拿马运河地区及远东较近，军事力量对于这两个地区都相当有影响力。

虽然巴拿马运河尚未开通，但当时的情形就是如此。假如我们能在太平洋海岸做好长期准备，就能将舰队很快部署于此，弥补舰队先前远在他处所造成的损失。这要求我们将战列舰集结到一处，无论是在大西洋还是太平洋，这都是唯一且适当的部署。不管我国舰队的规模如何，只要舰队调配得当，再加上距东方较近，我们不仅易于采取行动，而且会减少派出分遣舰队的必要，这样我们就具备了某些优势。

德国海军近来的发展对我国在太平洋地区发挥作用有着最积极的影响。德国海军日益强大，很快就会成为仅次于英国海军的力量，而且比所有其他国家的海军都强大许多。这种局面将使英国海军被困在本土水域。面对这种状况，英国能做的就是将海军主力集结在本土周围，再在前方采取行动来保护后方——即英国所有的殖民地以及英伦三岛与外部世界至关重要的海上交通线。作为一种军事举措，这样做完全正确。只要这条交通线存在，而英国海军又没有被灾祸或懈怠所削弱，这种做法对于英国的防御及切断德国海上交通都能发挥积极作用。不过，不论在和平时期还是在战时，英国都必须保持这种状态，如果它在本土水域及其他地方之间分配战列舰，结果自然可想而知。1866 年奥地利的遭遇和 1870 年法国的遭遇都证实了一点——自身力量的强大加上充分的筹备才能带来意想不到的收获。

显然，如果欧洲局势持续紧张，那么英德两国就都无法抽调过多力量前往太平洋地区。英国海军部官员在议会对某个问题的回答证实了这一点：1910 年 3 月，英国在中国没有任何战列舰，只有 4 艘一级巡洋舰。在英属东印度则不仅无战列舰，也无一级巡洋舰。

门户开放政策的实施，并不会招致商业国家的抵制。但假如谁企图谋取不合理的国家特权，尤其是借助于强制力量或是对其地盘的占有权的不公平运用，就可能导致相关国家采取行动来制止它违反门户开放原则。所以，这项政策也可能成为战争的导火索，而只有保持贸易机会的均等才不会激起纷争。英德两国的敌对会左右其他欧洲国家相对弱小的海军的行动；这些海军都是均势局面的因素，而均势局面涉及所有国家的合法权益。

综上所述，我们知道美国和日本这两个主要的太平洋国家——也是仅有的两个濒临太平洋的海军强国，将会维持太平洋地区局势的平衡。这对国际和平来说是个好消息。

11

美日两国的海军比其他任何国家的海军都更容易在太平洋地区保持力量的集中。我们不妨探讨一个与之相关的问题：正确的军事政策会否使我国的战列舰舰队毋须驻扎在太平洋而是在大西洋呢？

当前，欧洲海军力量的平衡让英国和德国都把舰队部署在了北海地区，我国的大西洋海岸及门罗主义的推行等也因此得到了保护，这是太平洋那边的情形没法比的。在目前形势下，即使德国和英国对门罗主义心怀不满，也都不敢轻举妄动。

太平洋地区的日本对于门户开放的态度与欧美国家有着天壤之别。劳动力廉价一直是日本在自由竞争方面的优势，地理上邻近中国的满洲和朝鲜半岛、相互间交通的便捷又给它带来了商业优势。市场近在咫尺，而市场的占有者却貌合神离，这使日本产生了一种将其据为己有的想法。这种想法很容易转变为一种政治控制的表达，而这种表达归根结底要借助于强权。

所以，经常有报道说，日本正企图建立政治控制之上的商业优势。先不论这些报道是否靠谱，它们至少说明了一些国家孜孜以求的到底是什么。它和我们所说的保护主义并没有什么不同，只不过后者得到了国际法或国家的普遍认可而已。

中国外交官的软弱无能和腐败堕落引来了那些企图进行政治控制的势力，从而危及了门户开放，并导致了这样一种担忧，以强权为后盾的不正当的影响力正改变着各国在华所受的平等待遇，或者说正在为不平等做铺垫。毫无疑问的是，俄国和日本已经渐渐撕破了文静的外衣，这正是这种担心的根源。

经过长时间的发展，我国的夏威夷群岛上的劳动力主要变成了日本人，他们引得我国太平洋沿岸的日本移民艳羡不已。这一带人口较少，和我国东部的交通联系也比较方便，但在承担战争需要的繁重的人员和物资运输时还稍显吃力。也就是说，在交通不尽完善的情形下，我国落基山脉以东地区的人力、物力需要经过长途跋涉才能支援西海岸。这和我国所具备的从海上能迅速抵达巴拿马运河的优势大相径庭。当地没有舰队的存在，我国的西海岸很容易遭受侵袭，虽然我国舰队随后就能到达并弥补一些损失。就当前的世界形势来说，在我国的三大海岸线——大西洋海岸、墨西哥湾海岸和太平洋海岸中，太平洋海岸最为脆弱。

对于涉及整个世界的重大问题，我国人民应该普遍有所了解。做到了这一点，国家的政策才不会仅是政府的政策，也会成为全体人民的政策。这样才能有上下一心的力量。倘若没有这股力量，国家就难以大刀阔斧地有所作为。

上述结论使美国自建国以来的国家实践告一段落。就德国和日本的海军而言，它们都是在距今不到一代人的时间内新崛起的力量；对于它们的国际影响，笔者依拙见已作了论述。只是对于日本海军的意义谈得较简略，而对于德国海军则着墨甚多，这是因为欧洲的体系是一个特别复杂的制衡系统，是几个世纪的发展演变的结果。要大致地了解这个体系并不十分困难；不过，它又包含着多种多样的细节，要想对其进行仔细分析并对可能的变化作出准确估计，不具备大量的细微知识和对历史的相当了解就不可能做到。

第六章

俄英美海权强国的三国杀

1

与个人一样，国家的首要目的也是自我保全，这就要求国家能够通过适当方式获取国家进步所需的要素，并逐步取得抵御外部力量非法行为的权力。

不管是在个人还是在集体生活中，为了确保行动能够行之有效，我们都必须将长远目光和短期利益相结合。尽管两者在逻辑上看似矛盾，但在实践与影响上却像宇宙中的向心力与离心力一样密不可分。只有两者同时存在时，才能达到判断和决策的平衡。坦然地接受与理解相悖的事实，而不是拼命地去消灭它们，我们才能尽可能地使我们的航线沿着成功之途前进。众所周知的一条政治真理是：强大的反对派的存在对代议制政府的成功是必不可少的。这也是上述观点的一个活生生的例证。

因此，必须掌握所有细节，才能建立坚实的理论基础。另一方面，又需要把细节搁置一边，将思想集中于某个问题的关键点，这样我们才能清楚地领悟到各个部分之间的相互关系及它们对于整体的重要作用，并在此基础上采取谨慎的行动。在此必须强调的是，能否正确理解这些关系及重要作用取决于是否具有精准而敏锐的感觉。

虽然每个国家或种族都只处理其自身的内外问题，不过它们命运的联系却影响着总体上的结果。这些影响不仅各不相同，而且影响着部分与部分之间、部分与整体之间的关联。

这些变化的重要作用及其性质是相对的、不断变化的——亦敌亦友，强弱难辨，突发事件常常能在某个时刻改变局势。国家及其领导者任何时候都要充分考虑历史车轮的方向，在当前的基础上展望将来，考虑各个因素的相对作用并由此猜测未来可能的情形。简单地说，就是他们必须目光长远，并且在适当的时候据此行事。

但是，由于人为的分析和事物的变化不可能一致，预测和估计都难以精确，他们还必须在着眼当下的基础上处理眼前的局面，要具有短期的考虑。只有在他们务实的现实行动和国家利益的长远目标一致时，国家才能够真正向前挺进。

“扩张”在最近时期迈出了决定性的一步。在俄国向亚洲的推进中、非洲的分裂中、法国和德国的殖民推广中、德国海军力量的增长中、日本的前行以及正在南部非洲的实践里初露端倪的大英帝国联邦思想中，我们都可以看到它的痕迹。每个大国在这方面都有所表现，有着不可小觑的影响。

2

“扩张”确实存在，尽管我们不知道它从何处产生并有怎样的前景。笔者的目的就是对上述可能的前景及其具体阶段进行探讨。但是，在探讨展开之前，必须简要地说明一下近期的形势起伏。古巴、西印度群岛以及巴拿马地峡对于我国的政治、商业和军事利益的重要性不言而喻，单从外交谈判及政府主张，还有如《克莱顿-布尔弗条约》、格兰特政府吞并圣多明戈、关于购买丹麦人占有的岛屿的失败谈判以及与哥伦比亚达成的确保地峡铁路运输的条约这些大事件中，我们就能略知一二。

我国对美洲的关注在成立之初就已显露，虽然因为内战的爆发而暂时搁置，但内战结束之后这种关注又复活了，我国对于法国从墨西哥撤军问题的坚持就是其中一个成果。所以，虽然有时长远目标需要服从于短期利益的迫切要求，但一旦危机过去，长远的目光又会占据上风。

与此同时，世界的万物已不断更替。新的影响因素不断涌现，而老的影响因素随着时间推移也让人更加明了，因此会更多地与实际行动相结合。于是，我国宣扬扩张的思想也变得更加犀利与坦率了。我们的长远目光渐渐超出了安的列斯群岛与巴拿马地峡的范围，转移到了太平洋、夏威夷以及中国和日本的地盘上。

不过这种注意还有欠缺，因为我国及扩张主义的支持者并没有最终认识到海权对于世界历史进程的绝对影响。当然，海权仅仅为扩张提供服务，是扩张的开创性力量和后盾，但不等同于扩张。我国的扩张支持者也没有想到还能在太平洋地区进行推进。他们的目光仅仅停留在夏威夷，虽然夏威夷对我国有着重要的意义，但他们一直都从防御的角度来看待它，而没有把它当作我们走向世界的踏板。因此，在我们与西班牙正式交锋之前，扩张主义支持者的心思还停留在过时的防御性阶段。现在，我们只是认为安的列斯、古巴、巴拿马地峡和夏威夷都是外围据点，而且渐渐意识到那里最容易对我国造成威胁。所以我们必须先发制人，就算不当机立断采取行动，起码也要政策清晰，有备无患。

在这样的心理下，美西战争爆发了。战争的结果告诉我们，只要在合适的精神土壤之上播种，思想的种子会很快发芽。在今天，我们建国后的几代人未加开垦的领域，后继者正在对其开垦，正在进行思考与讨论，并为此制定政治纲领。从上述言论中，我们意识到：历史习性使得美国人对建立超越自己大陆疆界的国家权力的观点和理由并不陌生。尽管在亚洲建立霸权之类的奇思妙想一开始让美国人不知所措，但作为一项长远的计划它很可能在将来变为现实。吞并菲律宾，这是我们在当前扩张中最远的跨越了。

所以，就目前状况来看，我们必须使自身的行为符合新形势，并在新的阶段确定新的目标。近些年发生的事件已彻底改变了国家间的政治关系，也为之后的各项行动指明了方向。虽然这种考虑受许多不确定因素的影响——随时都可能发生意想不到的事，然而它对国家在未来的发展仍不可或缺。

这项研究需要具备灵活而坚韧的信念。国人通常对对外政策毫无兴趣——门罗主义是一个例外。这种习惯既是美国独特的孤立环境的产物，也是它自身追求的结果。这是从历史中继承下来的，孤立于世界事务之外，在当时比今天让人感觉更加合乎情理。

如果没有长远的目标，在面对国际政治中层出不穷的局面时就无法当机立断。只有未雨绸缪，才能有备无患。充分的准备是指对当下和未来的形势有着明确的判断。美国近来的经验就充分说明了这一点：与西班牙之间围绕着古巴的战争使我们成为世界强国，责任和机会也在同一时间接踵而至。

还有什么能比这更让人不可思议的呢？这很好地说明，对当下的考虑引导出了具有决定性意义的行动。很明显，对当下的各种可能与趋势多加思考并做好心理准备，能够让人当机立断地应对很多事情。

东方的局势变化也源于某些具有铺垫性的事件，这和我国的扩张类似，但是它们在萌芽之时并不明显，所以没能引起过多的关注。另一方面，形势变化的标志事件都集中在一定的时期内，因此颇具突发性特征，自然令人不能对它们有精确的理解。不过，这些都是客观存在的，包括那些对老牌国家来说深具国际影响的事情。

随着时间的推移，我们占据了菲律宾，这是一项祸福不明的行动，但它带来了新的机会。可是，机会和责任从来都是一对双胞胎，不管利用机会与否，我们都必须作出决定，而这一决定必然会遭受道义上的评判。

如果对这一机会加以运用，我们可能会面对放弃门罗主义的指责。门罗主义要求我们坚决抵制欧洲列强对美洲大陆的扩张，作为平衡，我们则不干涉欧洲事务。但不管做什么选择，只要基于我们的利益就是合理的。

在特定的环境中，门罗主义是一种行之有效的理论。但是，在经历了几代人的时间后，它更多地成为一项传统而保守的政策。传统倾向于赋予现存政策永恒的特质，而事物是否永恒完全由不断变化的世界环境所决定。一种思想所基于的原则可能是符合必然的，是永恒的，是真理。但是对它的运用却是千变万化的，信条、规范、主义都不是永恒不变的。我们不应把它们神化。

不管如何信守一种观念，人们对其实际影响的看法依然会有所改变。比如当年我们对欧洲复杂事务的疏离，即使是今天，绞尽脑汁也仍找不到让我们干涉欧洲争端的理由。但对于目前欧洲力量均势上的巨大变化，我们不能再袖手旁观，或者像过去那样只限于自保。

世界的变化业已将我们带入这样一个时代：一个欧洲国家的没落可能会迅即、直接地损害我们的利益，从而促使我们采取行动，或避免灾难本身，或减轻其后果。鉴于不同国家的力量和地位不同，关注他们固有的权利与我们的关系以及他们对我们的态度是至关重要的。

由于所有国家都比之前联系得更紧密，并相互影响着，因此，我们与其他国家有着共同的命运。在亚洲，外部环境将所有国家的注意力都集中在一个共同点上。关于这一点，未来的形势依然难以捉摸。

3

来自各地区、各民族，代表着各大集团利益的各股影响力汇集在一起，就产生了关于亚洲未来的一个大问题。为此，我们可以首先依照诸如位置、幅员、自然特点等因素来广泛地探讨一下亚洲地理上的一些要点，随后再涉及政治状况，以及由上述两者可能导致的情景。为此，我们需要分析亚洲大陆的环境，包括某些亚洲或欧洲国家的地缘状况、政治、经济、陆军及海军力量和交通的便捷程度。

亚洲的问题也是世界的问题。它出现时，世界正处于这样一个时代：交通迅捷，电讯联络发达，各国的变动及走势正空前地引起广泛关注。

各国的地缘状况是其力量与行动的基础。交通和那些投向利益中心的力量有着同样重要的军事意义——因为能自由转移的力量才算是有效的力量。事实上，正是运输质量与设施使海上强国有着非凡的表现与效率。

假如从长与宽两个物理因素考察亚洲大陆，首先可以发现它几乎完全位于赤道以北，主体处于北回归线与北极圈之间，即处在温带地区。但是，如果以此来推断亚洲的气候那就大错特错了，因为自然环境状况也会引起气候的变化。亚洲北部和南部的大平原分布在西伯利亚和印度，就像两个极端，前者寒冷无比，而后者酷热难当。这主要是因为大陆幅员辽阔，海洋无法广泛而有效地调节某些地区的气候。

区域广大对气候的影响最明显地体现在季风——随季节而改变的周期性的风上。季风在其持续期间像信风一样稳定，主要存在于印度洋、孟加拉湾和中国海，是由大陆的冷热差异造成的。太阳在赤道南北间的运动导致了大气风向的周期性变化，夏天是西南风，冬天是东北风。

大致来说，由于西部的小亚细亚半岛和东部的朝鲜半岛的延伸，亚洲大陆沿北纬 30 度从东到西的跨度大约是 5000 英里，而沿北纬 40 度则会增加几百英里。这两条平行线之间存在着亚洲最典型的自然景观以及政治分立，其动荡不定的特点使今天的亚洲问题仍然扑朔迷离。

在上述带状地区内还有着苏伊士地峡、巴勒斯坦与叙利亚、美索不达米亚、波斯（伊朗）的绝大部分及阿富汗——后两者的特点是高山遍布全国，帕米尔、西藏高原以及长江流域的大部分地区，它们组成了一个争执不断的地区。其南面和北面的政治状况相对稳定。而南北两边的边界则遭受着外部的冲击，虽然这些冲突就目前来说还多是政治性而非军事性的。不过，不管形式如何，从本质上来看，这些都是冲突动机的体现。

4

在亚洲可以看到，沿着上述地带有一条分割线——东西延伸，呈南北波动，这条线经过的地区政治动荡不安。这条线上的地理人文，对新闻有着高度热情的人都不会感到陌生，只要听到突厥斯坦、基发、梅尔夫、赫拉特、坎大哈、喀布尔这些耳熟能详的名字就能意识到上述事实，满洲和旅顺港的名字同样有这样的效果。

但是，事实上并不可能完全按照这些预测把亚洲沿南北向分割开来，东西亚共同构成了一个大问题并给它注入了大量复杂的因素。所以，应该探究它们内部个体相互间的关系以及个体与整体的关系。不过，如果我们暂且把对亚洲东西方向的分割看成分析过程的一个阶段，接下来再考察这条线上力量的特点与分布，就能对问题有更加深入的了解。这些力量在南北两个方向的投射，是各种变化发生的重要因素。

瞄一眼地图，我们马上就会发现一个明显的事实：庞大的俄罗斯帝国的领土从小亚细亚的顶部绵延地向东横亘日本的上端。凭借这样长的一条线，没有任何障碍能阻止俄国集中自身可调用的力量。

在俄国境内，只有距离和自然环境可以限制力量的调度。所以，俄国拥有处于世界中心位置这个权力因素。此外，俄国领土还伸进了中亚，并且在一侧有着高加索山脉及俄国控制下的内陆里海的庇护，另一侧因为阿富汗向东北延伸至中国西部边境的山峦而得以保障，这也是至今俄国都没有碰到来自中亚东边的袭击的原因之一。

俄国的领土推进计划是在一代人的时间内完成的。它在中亚的楔入点位于波斯与阿富汗之间，不难想象，通过波斯更远地挺进至波斯湾对俄国来说是极具诱惑力的。大陆的另一端也可以进行同样的活动，俄国跨过满洲直抵旅顺港也已经成为可能。因此，俄国在东西两端都表现得无比踊跃。

因为种族的天性和本能，俄国又拼命在地理上依托东西两翼向南推进，而前进的中心地带就是阿富汗山区及多沙漠的东突厥斯坦与蒙古地区。即便其他国家对俄国在上述地区的行动有些想法，也是心有余而力不足。就自然与政治境况来说，上述地带的漫长并不是俄国的弱点，因为它的扩张中心并不能轻易击碎。如果确实要对它加以限制，也只能针对上述地带的侧翼或据此向内推进。

反对俄国扩张的人对俄国没有恶意，也不嫉妒它的繁荣，他们只是觉得，在任何政体之内，无论是就国内议会还是就国家间的议会来说，不适当的主宰现象都是不正常的。如果世界联邦成为现实，政治的健康运行需要反对势力的存在，它绝对是以国家或种族为存在依据的。

北和南在逻辑上是相对的，所以可以推测，和俄国从北边进行的扩张相对应的是来自分割线以南的扩张。无论是就程度还是就本质来说，南北之间还是有着明显的差异。历史的演进将越来越多的抱负和企图展现在我们面前。我们可以看到，尽管南亚半岛也向北深深地楔入了中亚的争端地区，但实际统治该半岛的种族的权力中心远在千里之外。与俄国的领土集中形成对比的是，他们的本族人口及军事力量散布各地。

正因如此，印度并非英国的主要政治、军事活动场所。它只是英国所属的许多块土地中的一部分——它们遍布全球，由英国的超级海权联为一体。但要想在中亚发挥影响或是要遏制俄国的扩张，只有印度在距离和地形上是最适合的。只要英国海军依然有优势，且印度的陆上边境还能受阿富汗的山脉及喜马拉雅山的保护，其后翼就无机可乘。这样，印度事实上是一个前进基地，它可以成为开往埃及或中国的远征军的出发点。

从本质上来说，印度对英国的价值不仅仅是一个基地。它相对于中国与埃及的中心位置同样适用于澳大利亚和好望角。这样一来，在其他殖民地对英帝国联邦的支持上，印度起着无可取代的作用。

就印度与其他亚洲问题的相关性来看，它也有重要意义。得到缅甸能使印度将边界向东推延，从而避开喜马拉雅山脉，打开向长江上游地区及中国西部省份的通道。在海上，东边的海峡殖民地、香港和西边的亚丁、埃及像陆上据点一样发挥着巨大作用，有力支持了英国在东西两个方向上的海上经营。在广泛的意义上，这种经营是针对亚洲分割地带的，或者说是南北力量争锋地带的侧翼。这种争锋在当时明显是以亚洲的领土为对象的。

可以说，英国和俄国在亚洲的领土扩张构成了当时的地区背景，不仅英俄或和平或武力的行为是以此为基础，其他国家的防御或进攻行为也以此为基础。正因为存在着这样一个背景，每个国家都顿时多了不少外部的机会和威胁，我们绝不能视而不见。所以，有必要思考、总结这些威胁和机会，它们是我国外部利益所在，这些利益在政治领域是和战争中的战略目标相对应的。

5

和个人一样，国家的首要法则也是自我保全。当然，不能狭隘地将其理解成一成不变的孤立。变化发展是生命的显著特点，对人来说，当身材成长到一定限度后，身体的内部尤其是精神在很长时间内仍是不断发展和变化的。但对国家来说，不能认为扩张是必然。**对国家来说，保存自己意味着能够通过适当方式获取国家进步所需的东西，并能够抵御外部力量的侵犯。**

我们常常根据精确的权利规定来研析国家间的分歧，在此情况下，我们预设的前提是必须遵守权利和规范。但是，当一件事情涉及的双方力量不均，同时没有法律、制度上的规定可依时，我们就只能采取一些权宜之计。从自保的角度来看，这是有利的，如果每个国家都能坦诚地考虑自己和对手的需要，并通过互谅互让或公正的仲裁来寻求适当的平衡，有关国家乃至更广泛的人类群体都会受益匪浅。

不过，在这样的权衡中，政府和国家本身并不是最终要保全的目标，而只是工具，它们担负的是子孙后代的福泽和信任。因此，放弃要求和求助于仲裁都受到这种委托关系的制约，不能轻易采取这类行动。

仅仅把眼光集中在英、俄两国的领土安全上面是远远不够的。我们要明白的是，这两国除了发展的需要之外，还有发展的权利，而这也许是因为它们之间的针锋相对的态势，也许是受亚洲本身的形势——主要是纷争地带的形势所左右。因此，我们不能仅在英俄范围内讨论。对世界来说，尤其是对亚洲国家来说，发展权就意味着处理亚洲的诸多争端，意味着要对亚洲广大地区的开发和利用的权利进行分配。

发展取决于两个关键因素：一是内部组织的活力，它是消除差异的力量；二是与外部资源的交换自由。在文明国家，前者是国家本身的分内之事。对国内制度来说，外来干预只有在政治发展的开始或结束阶段才能被接受。组织问题本质上是国内问题，只在十分棘手的情况下才涉及外来因素。交换自由则不同，因为依赖于外部环境，交换必然意味着需要外部允许——交换对象或涉及交换利益的其他势力的允许。

当今欧洲国家的特点之一就是对领土有着狂热的扩张欲望，这导致了公共土地的相应减少。与此同时，排他性控制威胁的行为受到了更多的嫉恨——这种控制或通过直接占领，或借助于暗箱操作——尤其是在它不是依靠开放市场上的公平竞争，而是寄希望于排他性的军事或政治力量而获得时。

因此，所有想通过商业和交换来促进自身健康发展的国家都有着共同的利益。每个这样的国家都希望在上述领域有平等的机会，不受强权等非公平竞争等外来消极因素的阻扰，否则只会引起恐慌和愤怒。

不过，历史证明，军事力量的使用是上述理想能否实现的关键所在。发展是一个长期持续的过程，不过当前形势是，通过获取新的地理要点以及巩固在新旧土地上的权力，英、俄在实行领土控制方面的优势正在不断扩大。

上述情形不单单适用中国，同样适用于北纬30度和40度之间的所有地区。因为幅员辽阔、人口众多，中国自然备受关注。如果把亚洲的中央地带看成一个源泉，所有国家在此能够通过贸易受益，给自己带来生机，那我们就没有必要去计较源泉的大小。亚洲地区最终能为世界的普遍繁荣做出直接或间接的贡献，这正是各国倍加关注的利益所在。从各国或对其谋求控制或争取分享的企图来看，这些企图和军事行动的战略目标是一致的。

6

到这里，我们还需要看看内外交通的问题，这在战争政策的制定上尤为重要。连接全国范围的交通是商业发展的重要部分，构成重要国际航线的交通就更不必说。交通主要分为两种方式：海路和陆路。这种区分不难令人想到今天正稳踞在亚洲大陆上的两大欧洲强国的本质区别。我们也可以明显地感到陆上强国与海上强国之间的新一轮的较量又开始了。

不管出发点和方向怎样改变，海上航线总是随着船只的航行而延伸。人为因素并不决定它们存在的形式，只是影响着对它们的运用。而且海上交通的运载量是陆上交通难以企及的。陆上运输既受制于地形的阻碍，也受制于交通路线建设的开支，它和水路运输的成本简直是一个天上一个地下。

铁路运输无法与水运竞争，它的速度优势不足以弥补运量和成本上的劣势。因为水路运输简便易行且载运量大，在相同距离内，水上运输更为实惠，所以更加普及。这些特点不是偶然、暂时的，而是实实在在的、永恒的。但是在没有水上交通的地方，或是水运距离与陆运相比太过遥远的话，前者的优点就会被完全抵消，此时陆运在价格与运用的普遍性上就有了竞争力。

所以，我们很有必要在此强调，因为铁路运输的快捷给普通人留下了深刻的印象，人们很容易忽略铁路运力有限的问题。交通，或者说物资交换，其盈亏不仅取决于速度，也取决于单位时间内运送货物的数量和运输成本。

我们还需要明白一些道理。**海上交通的存在是一回事，对它的利用又是另外一回事，后者取决于海路拥有者的实力。该实力既受到海上海军力量的影响，也受到海陆交界地带的海上力量和陆上力量的协同影响。**

在海陆交界处，因为陆军力量是传统的政治权力的基础，必然会存在海陆力量之间的不协调，这就需要达成其间的平衡。依托于海权的领土控制的性质、范围及稳固性是一国政治影响的根本所在，这就像根据地在陆上军事行动中的作用一样，来自这些根据地的影响辐射远至内陆地区，并在那里发挥着同样的效用。

因此，陆军的使用受到与海洋的距离的影响，同理，陆上环境反过来也影响着海权的使用，两者不是彼此独立的因素，而是在性质上相辅相成的。

上述情形在海港、可航行河流的出口及中上游地段、岛屿及海岸对战略的影响上都有所体现，在直布罗陀海峡及苏伊士运河上也能看到。

在所有这些影响中，陆权对海权的影响尤为明显。如国际水道会被陆军截断，像巴拿马地峡这种地方，时常能见到这种情形；苏伊士运河也是一个再明显不过的例子；地中海通往波斯湾的铁路——无疑说明了亚洲的发展前景——也脱离不了上述情形。

考虑到陆地和海洋作为交通渠道的各自特点以及它们交汇之时的互补之处，毫无疑问，对中国以及其他拥有海岸线的国家来说，海洋是发展商业的最有效媒介。物资交换使国家通过对外接触获得成长，从而能够生机勃勃。长江对于商业发展也意义重大，因为它有上千英里河段可供汽船航行，并且能将大海与内陆要害连接起来。

中国的海岸让其他国家只需要通过海洋就能轻易抵达。交通方便，运输量大，国家的财富也会相应地增加——海陆之间的相互作用在此具体地体现出来。要有大的收益，就必须保持并促进有利的环境。也就是说，**从商业交换中获得最大好处的国家最希望发展商业，**

而商业的兴衰又受国际局势的左右，所以，进行海上贸易的国家把和平作为利益的最基本保障。

但是，**这些国家也需要做好随时进行战争的准备，并以此来推行其和平的政策。不过就此来说，这样的军事准备在本质上是防御性而非侵略性的。**这也是因为：

这些国家的主要利益都集中在海上交通方面和对其的控制权上，它们对争端地区的陆上控制能力就不可能强于与这些地区接壤的国家。**因为海军对内陆采取强制行动的能力有限，所以使用海军必须要有政治智慧。而海军作为防御性军事工具，也不会对一个国家的自由权利构成威胁。**

正如前文所说，俄国的统治范围绵延千里且连为一体。再加上俄国离开放海域远之又远，它必然要依赖于陆路来完成与亚洲争端地区大量的交通和联络任务。陆上自然条件如此恶劣，很难想象它们能通过哪种政治扩张得以改善。

这意味着，即便俄国现在抵达了海边或是能够快速做到这一点，但因为这些地点与俄国中心地带相距遥远，它们之间的联系还是必须要通过陆路来完成。所以就俄国的幅员来说，海上贸易的好处只会影响到离海岸较近的地区，而这些受益地区相对较小，也就达不到海上贸易通常为一国所带来的发展水平。而且，俄国西部濒临的是内海，又很可能遭到敌国的封锁。看看达达尼尔海峡和波罗的海的出入口就知道了。

这说明一个问题，如果陆地与海洋交通的优势比较及影响确如上文所说，那么俄国在积累财富方面就已经处在不利位置。换言之，俄国缺乏促进人民获得财富的手段和途径。它自然就怀恨在心，而这种怨恨很快就会转变成侵略。

所以，俄国肯定会不断扩张，这暴露了它的最终目标。就像彼得大帝广为人知的志向表明的那样，俄国一直都有扩张计划，同时还周全地考虑到了这些计划的负面影响。

在亚洲，俄国只有部分领土从海上贸易中获益，即使这些领土加在一起，和俄国的全部国土相比仍旧是九牛一毛。所以，俄国不但希望获得更多的开放海岸，还想通过占领或间接控制来触碰远方的海滨，这些地区的收益将促进俄国的繁荣。这里需要说说俄国对内政策的特点：吞并了某一地区之后，其他国家在之前得到的东西会被拿得一干二净。

第七章

陆上强国与海上强国的利益交锋

1

谈到陆权对亚洲中心地带未来的影响，不得不提俄国，自然环境使俄国对领土独占偏爱有加，而其他国家虽然在俄国占领的土地上享有些许权利，但也基本上不值一提。

陆上强国和海上强国的政策对象均是那些政治与社会前景尚不确定的地区。这些地区亚洲有东部的中华帝国和西部的土耳其及波斯。

凭借全面的主宰，俄国在海权作用范围之外能随心所欲地施展力量。但是，其他国家虽然无法在某些地区直接抵抗俄国，却能够通过采取一些行动来制约俄国。这些行动可以是陆上的，也可以是海上的，其作用取决于一个国家本身的实力及其所处的地理位置。

施加上述压力通常是可行的，因为各国利益错综复杂，而且一个国家在某个地区的行动通常会被其他地区的弱项所牵制，这一点在国际社会中早已是共识。在军事行动上，这类约束方式被称为“转移”。

一旦俄国推行独占政策，就面临着上述压力，力量就会因为分散而被削弱。这不仅与它幅员辽阔和交通落后有关，也因为它的独占行为严重影响到了其他强国的利益——这些相关国家有着不少可“转移”的有利地点，而这些地点都直指俄国侧翼。

如果不考虑其他情况，某些压力和攻击施加在侧翼比在中间地带更为有效，这最简单不过了，两个侧翼间的距离比中心与它们间的距离要远，而集中力量的进攻或防御在中心和一翼之间比在两翼之间更容易办到。

因此，虽然与俄国能将其力量充分集中的情况相比，其对立国就算结盟或合作也显得脆弱不堪，但它们也有着上述的种种机会。不过，从潜在的角度来看，陆权和海权也因此趋于达成某种均衡。就像前文所说，这是促进亚洲和平并永久解决亚洲问题的两大要素之一。

另一个要素则是冲突的消失，这一点因为极难达到而显得更加突出。事实上，忧虑不安是摩擦的心理体现，而这种体现正散布在各国政府之中。为了有效预防这种不安导致的最坏的结果——战争，我们必须对形势以及应采取的态度深思熟虑。

如果做不到上述几点，国家的行为就会像无头苍蝇一样。假如认识不到敌我的优劣所在以及导致这些优劣的因素，那么国家和政府在面临各种情况时就会犹豫不决，也可能在时机未熟时急功近利——必须注意的是，这两种状态都只会招致危险，是不可取的。反之，如果每个国家都透彻地、真实地认识到事实及可能的变化，按形势的需要做好筹备，那么它们将普遍具备承受心理，行动也会更为正确，和平也将因战争的不再出现而得以继续。

毋庸置疑，对国家间力量对比的分析有助于国家更全面地维护自身的利益，并能正确认识到冲突是最愚蠢的事情。这正是当前和平能在欧洲国家间长期并有效存在的根本原因。

同理，如果与亚洲的命运密切相关的国家能正确认识彼此的长短，能看到合作好处，并对各自所需和能力有自知之明，亚洲就能和平。

根据实际力量加以协调以及相互谅解通常是心照不宣的处理方式，这种方式会导致与产生摩擦及心理恐惧截然相反的情形。如已在欧洲发生的，战争得以避免，相互竞争促成某种新的平衡。

2

接下来，在已经考察了俄国固有的优缺点的基础上，我们将对那些本能地要对俄国的排他性主宰地位进行限制的国家进行同样的考察。在此项工作中，需要不时涉及自然状况以及实际存在的人为的联合或同盟。

想要把海洋从自然状态有效地转变为存在着海权的状态，最行之有效的方式是商业控制。

海洋本身并无什么产出，但作为主要的商业通道和交通场所，它有着独一无二的价值。海洋的独特意义体现在商品上，通过交换利润使国家得到物质繁荣。所以，一个国家决不应放弃对商业的控制、放弃海上帝国的地位。

由于海上强国有着丰硕的潜在利益，一些国家在面对潜在放松对商业控制的呼声时，必须慎之又慎地考虑是否让步。而让海上强国放弃长期享有的特权也绝不容易。掠获私人财产就是这样一个自商业冒险时代就已存在的权利。

不过“私人”一词颇值得商榷。“私人”这个词的一般意义是指属于个人的，但运往其他国家以求交换的商品并非“私人”的。众所周知，钱是战争的润滑剂，而一旦参与了对外贸易，个体公民的财产就对国家财富有着决定性影响。

所以，个人财富对于战时国家的血液循环有着重要的作用，这和国内贸易的情况截然不同。后者在一国之内进行，没有其他国家的参与，因此不过是一个生物体内的新陈代谢，仅是身体的功能分工合作而已。但是，一个有机体绝不可能自给自足，它要消化、吸收、分配那些得自外部的东西，而这些必要的外来养分就相当于政治或经济团体的对外商业活动，它使国家得到外部营养。

海上贸易是获取外部营养的主要途径，因此对战争的支持作用尤为重要。而扰乱国内贸易只会引起功能的紊乱，这可能会妨碍战争目标，也可能不会。

假如对外商业活动因为所谓的“私人”财产受掠而被终止，其影响不言而喻。因此，**干预其他国家的对外贸易能直接促进本国战争目标的达成，这样做会使对方因失血过多而不堪一击，而自己的代价却很小。**

3

如果把俄国看成一个亚洲中心地带的国家，可以看到它的扩张是从两翼而非中间开始的。所以，只要把重点放在俄国的侧翼，就有可能钳制俄国。

这种钳制之所以十分有效，不仅因为前文所说的侧翼攻击有种种优点，还因为它针对着俄国的海岸——面向海洋的出口。换言之，内陆地区需要和这些海岸保持联络才能利益最大化。而这一点，必然受到力量强大且地理位置较好的海上强国所钳制。

就俄国来说，它想要保障自身的利益，就必须寻求宽阔、开放的通向海洋的出口。这些出口主要包括东部的中国海岸，西部经波斯抵于波斯湾，或通过黑海或小亚细亚而涉足地中海。看看地图就知道，俄国在波斯的推进不仅能使它靠近海湾，还能使它跨越阿富汗的山脉地带。这样一来，俄国就能在阿富汗及其北部地区取得良好的交通据点，这将对针对印度的行动十分有利。

俄国的这些行动会影响到其他国家的利益，激起后者的强烈反对。所以，后者必然会利用一切手段去对抗俄国。这些手段的基础就是海权。但是，除非这种海权得到加强，否则根本无法与俄国具备的陆上霸权相抗衡。此外，由于俄国的政治统一及领土的广袤，对俄国施加的压力也会被分散。然而，施压的有关国家已认识到，由于在维护争议地区的商业和运输自由方面有着共同利益，它们也就有了一致的要求。要知道，这些国家政策的正确与否，其间协调的成功与否取决于它们能否认识到上述利益并认识自己。国家间合作的有效性取决于共同利益带来的必要性。因此，对利益及其实现条件的认识越清晰，国家间的合作就会越稳固。

陆上强国和海上强国的政策针对的都是那些政治与社会不稳定的地区，决定这些地区前景的是各大强国对该地区人民的影响。这些地区包括东方的中国，西方土耳其的亚洲部分及波斯——后两者接壤，其分界线是一条高大却无真正阻隔作用的山脉。这条山脉从亚美尼亚山地延伸至波斯湾，因为没有铁路，该地区从现代的角度来看商业十分落后。如果阿拉伯地区不计算在内，其面积为 100 万平方英里，南邻地中海与波斯湾，北靠黑海与里海，南北跨度约500英里，相当于纽约到芝加哥路程的一半。该地区有着惊人的发展潜力，可以先修建一条铁路连接地中海和波斯湾，再建一条铁路穿过波斯直抵印度边境。假如这样的线路建成，它就会飞速发展。

遗憾的是，在上述地区和中国，政府和人民都不思进取，不知道也不愿意发展和进步。所以，这些国家的问题处理起来十分困难，只有等外部的文明进步来处理。

针对当时的中国问题，各国都有着现实的认识，都在为能从中国获得一块自己控制的地盘而努力，这关系到各自的切身利益。不管各国想法有多么不同，有一点是相同的：它们想获得某种优势，进而实实在在地获取利益。

4

如果这种自南北两个方向而来的动机十分强烈，其造成的结果显然会左右各国的行为。当然，不用剥夺当地人民的权利，这既不现实也没有必要。合理的计划应该是引导他们接受那些能促进他们进步的思想。

如何才能实现上述目标？是对原来的统治者取而代之还是施压当地政府？这还是一个有待讨论的问题。

在中国，强国的扩张和抗衡早已拉开帷幕。但是不少国家参与了竞争，这一局面是否会像在印度和埃及那样因一些突发事件而扭转，我们不得而知。至于小亚细亚、叙利亚、美索不达米亚和波斯，它们也不可能永远置身事外。

不管这些过程会导致什么结果，它已经是一个客观事实。对此，应该对现状进行研究以使未来尽可能有更多的确定性。这个研究基于两个基本情况：

（1）目前的斗争是在亚洲中心地带的两翼进行的，而且将因俄国的扩张而持续。

（2）上述斗争在海上强国与陆上强国之间展开。

但是，也要认识到海权和陆权是密不可分的，彼此相辅相成。也就是说，陆上强国也需要扩张至海边以利用海洋，而海上强国也必须依托陆地并控制陆地。

对于第二种情况，有一个例外。因为和俄国有着正式联盟的关系，海上强国法国在东方成了俄国的支持者。除此之外，还是天然的利益决定了国家倾向，德国、英国、日本和我们有着共同利益，而且将长期存在。

上述几国和俄国共同决定着侧翼地带的军事和政治形势。在几国中，英、日、美三国是绝对的海上国家，它们的军事力量也主要集中在海军上；德国则不同。不过因为近年来的商业发展，德国也希望在不发达地区实行自由贸易，因此它必然会反对独占性的控制。德国的这种希望尽人皆知，扩充海军的计划也证实了这一点。

所以，我们可以设想，如果形势需要，四个国家可以在中国采取同样的行动——以海军为后盾的行动。这些国家可用手中掌握的基地来支持这种行动，强大的海军力量也足以使这些基地远离陆上进攻。但各国的情况又不尽相同，德国占据的胶州湾基地容易受到袭击；日本则因其岛国地位而相对安全；香港是英国远离陆上敌国的重点所在；占据着菲律宾的我们则高枕无忧。

上述情况保证了海洋处于它们的海军控制之下：在基地、舰只、防御进攻力量、基层官兵以及上层决策者等诸多方面，四国的海军合在一起已经胜过了俄法海军。同时，四国海军还拥有陆军的支援。在俄国的一翼有着日本陆军，而在5000英里以外的另一翼，驻扎的是德国军队。德军对于亚洲问题的意义正是我们对德国的长盛不衰耿耿于怀的原因。

此外，俄国易受攻击的两端中间缺少铁路交通线。而菲律宾和香港都接近俄国的东翼——仅有一小段绝对安全的水上距离。除了这些，长江还为海上强国提供了进入内陆的通道。战列舰可上溯至南京，而颇有战斗力的其他舰只可以再上溯400英里，到达汉口。广泛用于美国内战的汽船甚至能驶入离入海口1000英里的宜昌。

军事形势其实就是政治形势，正确地理解它有助于维护和平。上述优势不应用于政治侵略。不过，用它们来阻遏凭借武力谋取商业垄断的行为则是合情合理的。

5

然而，对海上强国来说，也有一个明显的不利因素，那就是中国首都的位置。因为自身力量的特点，海上强国无力进行领土扩张，它们必须要通过中国人来发展中国，只能激励而非取代。

所以，各国希望中国政府的首都能迁往长江流域，最好就在长江沿岸，那样就能使后者成为中国发展的中心。

很显然，上文提及的四个海上国家凭借着它们在东亚的地理位置，能够有效地抵制来自北方的冲击。但在包括波斯、土耳其亚洲部分以及地中海畔的黎凡特盆地在内的西翼，情况则难以捉摸。那里离俄国的力量中心更近，法国的海上力量方便为俄国的黑海舰队提供支援，这些对俄国建立主宰地位十分有利，而这个地位一直以来也都是法国的长远目标。

意大利因为在当时国际联盟问题上的倾向性和基于利益的民族情绪的影响，肯定会积极支持保证地中海地区的均势及苏伊士运河航行自由的一方。意大利人民凭借出众的政治智慧，自然能认识到这一点：靠近马耳他及位于地中海盆地中心的地理位置能够使他们凭借强大的海军在该地区发挥决定性作用，同时也使其成为连接欧洲与远东的交通链条中最重要的一环。这部分抵消了俄法在西方的优势。

至于我国和日本，在地中海地区没有根本利益，也无优势地位，所以不会把能用于更紧迫任务的力量浪费在该地区。

话虽如此，我们仍需接受并了解一个事实，即我们已经不可逆转地介入了国际事务，我们奉行门罗主义，占领了一些岛屿，主要是菲律宾，在中国也有着切身利益，所以美国人绝不能置身于如黎凡特或波斯湾入口的势力平衡等问题之外。这些地区关系着我们的切身利益，至少目前如此，因为我们要控制从大西洋海岸通往新获得的地区的最短路线——红海。这条路线对英国和德国意义更加重大，而这两国对中国的政策又相同，从而对我国有利。因此，在某个地区影响到英德两国的因素也必然会影响我国的利益。

6

波斯和小亚细亚的问题关系到涉及英德及我国共同利益的最短交通线的安危。因为这条交通线是由狭窄的地中海水域、更狭长的红海和连接这两者的危险的苏伊士运河组成，这就使形势更加不妙。

但是，如果有关国家能继续扩大自己的政治地盘，特别是沿着这条航线进行扩充的话，它所受的威胁就能减少到一种足够建立某种平衡的程度。这时，相对于更安全但也更遥远的是绕过好望角的航线，它至少能发挥一条用于军事目的的临时航线的作用。

很明显，军事安全首先取决于海军力量，而海军需要获得东地中海地区作为基地，还需要取得一种既能保障像直布罗陀和马耳他这样的据点的安全又能通过利益联系赢得广泛民众支持的政治局势。这种局势在英属埃及已经存在。

英国必须保证苏伊士运河在战时尽可能地畅通，同时还需要避免沉船意外造成的运河短暂关闭——如果对河上的船只及引水业务实行严格的军事管制的话，这种悲剧就不会发生。即便运河受堵，英国依然能找到其他短距离的通道来及时完成任务，只需要把部队或军火运过狭窄的陆上长颈地区就行。

战时，维持埃及的归属现状及通往东方的最短线路的安全关键在于今天被称为土耳其的亚洲部分地区的政治倾向。但是，在一定程度上也取决于波斯地区未来的政治发展。

假如我们能想象亚洲的土耳其、小亚细亚、叙利亚和美索不达米亚成为一个高度发达、拥有强大陆海军的现代国家，自然就会有上述认识。就算是地中海西部的法国在很多问题上的影响也无法与这样的国家抗衡。这样的国家如果存在，埃及就会变得危险，就像奥斯曼帝国盛世时一样，因为埃及的战略位置一直都是有目共睹的。这样一个想象中的国家，地理上毗邻黑海、波斯湾、红海和黎凡特，对这一地区甚至外部世界的事务都有着深远的影响。

不过，现在并不存在这样一个国家，这样一个政治实体能否健康地形成和发展，在亚洲是一个相当重大的问题，就像中国问题一样重要。但是，这一地区更重要的角色还是在交通的影响上。所以，对于全世界的利益来说，它的重要性远胜于中国。

7

一个政府的命运取决于它能否承受强大的外来压力。在中国发展的进程中，即使军事组织与经济管理都以外国——比如俄国或西方的知识成果为据，但很长一段时间内，在中国驻扎的军队还将是以外国舰队为主。因为海军是最具技术性、最专业化的军种，中国海军不可能很快地成长起来。

但是，在监管期内，军事战略领域受到的影响和中国的海军与陆军组织完全由中国人组成的情形是一样的。如果学习能对中国的陆海军产生积极作用，那么两者的结合就能让中国按照自己的利益来决定自己的行动。

在中国、埃及和其他人口数量巨大的地区，实现全面的、文明化的发展就只能由本土人民来进行。当前，不管是对民众还是对当局来说，这些地区还不满足实施必要变革的条件。因此就出现了这样的问题：这样的变革需要怎样推动、在什么样的族群或组织的指导下才能实施？

答案取决于外力之间和平的或其他形式的竞争。这场交锋在所难免，因为各国的政治行为是相互对立的，而该行为正是起关键作用的各个国家不同特性的反映，也常常是冲突的导火索。

无论上述斗争的表现和性质如何，发生在争端地区本身还是其外部、在陆上还是在海上，是通过和平还是战争手段，问题的解决最终都取决于力量的强弱。此时会产生另一个疑问，那怎样分析无法预测的事情？

有一点需要注意，即不能准确预测并不意味着没有必要对形势进行分析。决定结果的不仅是未知的事物，还有我们的思维。通过斟酌问题的重要性与本质并确定预期目标，我们就能给予上述思维以慎重的引导。这在有着共同利益的海上强国间尤为明显。这些国家没有统一的领导，能否协调行动就在于能否准确地就相关问题达成共识；而如果不能协调一致，它们就不堪一击。

土耳其的黎凡特地区虽然在叙利亚和卡拉马尼亚的海岸有一处靠近英属塞浦路斯岛并折进内陆的海湾，但没有一条水道像中国的长江那样能连接内陆和海洋。所以，当地人只能借助陆上交通才能进入国际社会，尤其是铁路。没有能够承载大型船只航行的水道，文明就以铁路为中心向四周辐射。

如果没有外国政府的直接参与，铁路建设就主要由私人企业负责，优先建造的一定是难度最小、收益最大的路线，在地中海与波斯湾之间、易由海洋抵达的那些国家尤为如此。无论一条铁路走向如何，它都必须发挥政治和军事作用。因此它必然会导致围绕筑路权而展开的新一轮的纷争。

8

上文说明了北纬30到40度间的亚洲中间地带两端的基本状况和

可能的变化，由此可以得出一些简单的推断：虽然东部的中国及其下属国对世界其他地区而言有着巨大的商业价值，要对这里的未来早作打算，但以黎凡特和苏伊士为中心的西部的重要价值也应引起应有的重视。

因为上述航线相对狭窄，所以在占据其附近据点的基础上，如直布罗陀、阿尔及尔、土伦、马耳他、亚丁和波斯湾，能对这条路线实施有效控制。

就地理位置而非军事实力来说，在地中海以西，控制权在法国手里。过了西西里和马耳他之后，海上形势随地理与政治力量的分布呈现出了新的形势。在该地区，当地国家没有强大的海军力量，至于将来是否会有就取决于土耳其的亚洲部分和波斯的政治前途了。

有人反对英国和德国在黎凡特的海军力量的存在并从本土为其给养。由于从直布罗陀至马耳他的航线比较暴露，上述交通就有很大缺陷，而一根链条的强度实际上取决于其最薄弱环节的强度。这样的反对完全正确，它虽然并不能改变现状，但清楚地说明了在黎凡特获得一个稳定的陆上基地的必要性。与之相联，天然条件使埃及成为东西方主要通道的战略中心，任何事情，包括运河的淤塞，都不能改变这个特点。如纳尔逊和拿破仑认识到的，在帆船时代，埃及就有了上述地位，而蒸汽时代亦是如此。在运河开凿之前，埃及就成为了相关航行的必经之路。

然而，埃及由于其宜居地区有限，注定将成为大国的附庸。那么是哪一个大国的呢？是否近水楼台先得月？目前看来，英国在黎凡特地区权力不容动摇，再借助强大的舰队，它操纵着整个地中海。就地中海这小面积的海域来说，一支部署在中心地带的优良舰队就可以控制整个海域并且能轻而易举地完成一般的军事任务。在地中海两端拥有港口对这支舰队来说并非当务之急——尽管在紧急情况下它或许能开往直布罗陀或苏伊士并从那里获得补给——只要在黎凡特、意大利或马耳他拥有稳固的基地，舰队就能获得地中海地区的主宰地位。

为了本国的利益，英国掌握着埃及。对整个东方世界来说，埃及是核心和中枢。任何情况下，来自世界各地的物资都能进入埃及。在军事上，埃及是要塞之地，因为从世界各地流向埃及的物资是任何海军都无法完全阻断的，这就意味着人们能够在埃及集中力量来针对来自直布罗陀或印度方向的防御或进攻采取行动。

这一地区的供应至少能来自两个方向：红海和地中海，有哪一支舰队能同时切断它们呢？即使地中海遭到封锁，红海对印度、澳大利亚和好望角来说依然是最短的交通线。在上述情况下，英国还有途经好望角的航线。如果觉得这条航线过长，那就更没理由放弃苏伊士航线了。而一旦英国海军长时间处于劣势，不管何时何地抵抗都将成为徒劳。

总体来说，根据严格的军事分析，放弃地中海和苏伊士航线转而选择好望角航线是防御性的，而不是进攻性的战略考虑。对一个手握马耳他和直布罗陀的国家来说，正确的方针莫过于紧紧抓住埃及，巩固自己的统治，在印度、澳大利亚和好望角建立必需的物资供应基地，以此预防可能的任何阻断行为。在英国孤立的情形下应当如此，在意大利、德国与英国利益大体趋同的当下，更是应如此。

上述讨论有力地表明了在黎凡特建立和保持战略中心有着无可取代的长期意义。

9

当下，因为欧洲与东方的交通联系取决于苏伊士地峡及运河的畅通与否，“苏伊士”这个词的意义非同小可。前文对亚洲土耳其、波斯、埃及与地中海盆地等处之所以谈论甚多，就是因为它们与苏伊士相连，这些地区的重要性就在于对交通线的影响上，而这条线的关键点就在于能连接亚非两洲的颈状地带。

那么，谨慎地认为可以放弃经过好望角的环形航线是否明智？或者更直率点，短距离的航线是否是唯一有用的航线？还有，英国享有的全人类施惠者的长期荣誉是否越来越多地维系在苏伊士航线上？

在现实的基础上展望将来，会发现世界的发展不是南北向的，而是东西向的，东亚和西亚正是发展潮流最大的推动力。东亚和西亚的发展与影响都离不开巴拿马和苏伊士这两个地峡。作为捷径，它们推动了人力对自然障碍的克服。从某种意义上来说，这两条运河也是一种分界线。在重要性上，线以南地区的商业和政治活动一直比以北地区稍逊一筹。

此外，尽管两条运河都意义重大，但苏伊士运河却更重要：短期内还无法出现像横跨北美大陆的铁路那样的交通途径来取代它。何况苏伊士附近有着直布罗陀海峡、黑海、达达尼尔海峡、红海及曼德海峡，地理优势十分显著。

如果上述分析正确，自然会出现另一个问题：上述情形是否会影响政治思维习惯？答案是肯定的，这些情形是决定对外政策的重要因素。但也不能完全忽略其他考虑，只是其他考虑应服从于前者。正是这种情况左右着英国对南非重要性的认识及对苏伊士运河的关注。

对我国来说，毗邻中美洲地峡的加勒比海价值不言而喻。所以，我们必须时刻注意一切影响它的政治变化的因素。而在我国本土，门罗主义已风光不再，没有必要再硬着头皮继续推行它了。因为世界的重心和注意力已向亚洲转移，不管是我们还是其他国家，利益重心早已不再是美洲。假如新的利益足够巨大且容易得手，我们就需要考虑一下这个问题了：对一个没有感情的国家进行政治保护是否会削弱我们自身在其他地方的行动能力？

至此，我们的讨论集中在亚洲之外的民族和国家以及亚洲人口众多、争端频繁的中部地区。乍看起来，后者似乎连棋局中的小卒都算不上，仅能作为有关国家的微小赌注而已。但事实却并非如此，尽管那些争执地带的民族、国家在某些方面一盘散沙，但并非人尽可欺。

在这些国家中，个人表现出来的民族性可能是坚强、果敢，但发展的停滞会使这些国家丧失原有的动力，最终一片死寂。

假如上述论断成立，那现在就有充分的理由认为，这些国家在将来的某段时间内依然会停滞不前；即使有进步，动力也必定来自外部。在后一种情况下，外来推动的源泉和特点以及所导致的变化，对全世界都意义重大。

斯拉夫式的、条顿式的或亚洲式的推动力所产生的发展是不尽相同的。此外，本质上是相同的一个种族的成员是生活在一个国家之内还是会因暂时的差异而分为几个独立的国家甚至敌对的集团？答案远在我们的视野之外。所以，很难想象中国的4亿居民能被收纳在一个有效的现代政治体制里，同时还能在一块并不宽敞的国土上共同生活。四面八方的影响改变着中华文明的特性，而这对世界的发展又会产生深远的影响。

总体来说，外来影响对一个国家的作用最终不是体现在物质发展上，而是体现在个人性格的变化以及随之而来的民族性的变化上。因此，未来的发展方向对于亚洲国家至关重要。由此来看，外来竞争者的特性与相对能力的差异决定着一段长期的历史进程将以何种形式开始，而其归宿在很大程度上也蕴含其中。

所以，我们应该目光长远。虽然现在还无法预测结局，但可以确定的是，因为影响未来的积极或消极的因素多如牛毛，我们必须细心观察，认真思索，积极行动，这样才能形成严谨的认识。

上述做法能给我们争取更多时间，而充足的时间就意味着可以稳妥处事，将变化过程分拆成有序的缓进。作为本质不同的民族性相互碰撞融合的结果，条顿文明的一些因素通过一个循序渐进的过程而不是突如其来的变化融入了罗马文明。这个我们至今依然受益的历史结果可归功于恺撒的深谋远虑。但是，恺撒当时并没有意识到会造成上述结果，他只是看到了潜在的危险，从而想到应该推进罗马的边界、巩固罗马国家的外围地区以延缓敌人的进攻，为罗马建立一道牢靠的屏障，这完全是防御性的。

所以，我们必须认识到，欧洲文明也到了一个需要进行对外交流的阶段。这个过程已经开始，且将以相隔十万八千里的东西方文明的融汇告终。欧洲文明需要保持自身的独特性，同时也需要吸收新的东西，尤其是在长期的接触中深受欧洲影响的中国文明的因素，它们间进一步的融合将会产生应有影响。这并非要求欧洲各国的特点趋于同一，但确实需要有一种共同的精神支持，这是一种比物质进步更为缓慢的进程。

拉丁文明与条顿精神的碰撞，让拉丁的特色在罗马法和帝制思想上有所体现，同时还融入了基督教传统。这并非从某个时期继承照搬，也不是一时的异想天开，而是一套不断发展的固有精神信念和思想传统，其完美的生命力已经在世代沿袭之中表露无遗。

东西方已经发生了碰触，不过东方对于西方的文明的内涵却一窍不通，在西方，拉丁文明和条顿文明相聚甚欢，同时保持着各自的独特性及影响。这是因为一种精神融入了这两个不同且长期疏远的文明的内心世界，同时还为它们所共有。两类文明打碎了彼此的隔阂，消弭了彼此长期的对立情绪，同时还保持着原有的生命力。

所以，我们应明白，单单从商业利益的角度——这是围绕眼前利益的短期观点——来考察所面临的如长期的隔离、相互理解的缺乏、不易实现最终的统一等问题是不够的。当然，短期考虑也有助于针对近期需要采取措施，但这必须和正确的基本方向一致。对所有文中已提及或将提及的因素，不仅要根据眼前的得失，也要参照长远的未来进行研究。未来的东方国家，尤其是中国，将具备权利意识并为适当的欧洲方法所管理，它们能发挥与其大小相称的影响并分享普遍的利益。它们还将认识到，它们的发展对世界有着极大的物质和精神意义。

第八章

以中国为中心

1

中国的动荡导致国家间的竞争越发激烈，几乎发展到了剑拔弩张的地步。这已经不是秘密，虽然大家还在遮遮掩掩。

从古至今，万物变化不息，这是永恒的真理。不过，总要等到外衣被层层剥开，事实暴露在阳光之下时，我们才能根据经验认识已经发生的变化，以及变化带来的影响。

时光如梭，我们还没有度过多少时间，却已跨越了历史性的变化。时间的飞逝让人感慨万千，原本可以无限推迟的行动一回头就让人觉得已耽搁太久，那些机遇在今天看来也已经流逝殆尽了。因为粗心或懒惰，我们已错过了太多。但是，正如前文所说，争端地区不只是中国。只要稍加修改，对中国的评述也能应用在阿富汗、波斯以及土耳其身上。

在考虑如何行动之前，必须再次强调，对于亚洲国家民众的关注程度应高于国家利益。这不是为根据国家利益而采取行动寻找借口。谁都知道，按自身利益行事，作为一个原则根本不需要任何借口。然而，从有备无患的角度来说，为了处理好主要问题，防范意外，每一个政府都要提前做好准备：有远见的决定必须优先考虑到与其直接相关的国家的自然权利和未来发展。

“自然权利”是指天生的权利，和政治或法律权利不同，任何个人都可以自然享有。打比方说，一个地区的人民对其领土的控制权不仅和自然权利有关，也和政治权利有关。政治权利体现在统治、管理和发展政治这些行为上。通过这些方式，它保证了整个世界的自然权利，即资源就应该被用来促进普遍利益，而不被搁置、浪费。原则上来说，假如做不到这点，就需要外来强制发挥效用了。但是，在实际情况中，应充分考虑形势和时机。

事实上，正是前述政府的无能才引发了当前种种不安。如果情况截然相反，出于军事的均势以及商业利益的考虑，海上强国很容易就能防止各国的普遍利益被践踏，并防止那些危及各国主权或独立的行为。但现实是，无能的政府很可能崩溃，为保护自身利益，其他国家或许会利用当地的统治者，或许会取而代之。

谁都知道，上述两种方式与我国的精神和传统都是相抵触的。我们希望在东方倡导一种不只顾眼前利益的做法；同时，任何一届美国政府都不会容忍独占或势力范围的扩张损害到它的公民的利益。

认识到了这些问题，就要试着解决。在受到外力干涉的情况下，成功解决上述问题需要依靠外部力量的政治均衡，这既能防止任何国家及其联盟处于主宰地位，同时还能健康地促进东方国家的物质和精神发展。如果东方人民不仅可以保持自己的特色，还能成功地将欧洲文明的因素学以致用，那么上述情形会更快地实现。

欧洲文明虽有不足，但已在促进其人民在个人、社会和政治福祉方面成就斐然。一旦东方国家发生了这些关键变化，新注入的因素同样会发挥它们之前的有益功能。

2

受外力推动，日本经历了一场制度变革，并在近年加入了国际尊严与权利俱乐部。从日本这个小型岛国就能看出上述变化，而日本的变化正揭示出了这种可行性：我们可以从国外的制度中汲取一些有益成分，同时保持本国的某些特性。

但是，这个变化过程的长短在很大程度上取决于国家的大小。就拿中国这样的大国来说，外部动力的影响强度与问题的多少、所针对范围的大小都有关系。日本的成功很大程度上归功于适应能力，与此相关，对外接触点的增加也有利于中国这样广袤地区的发展，外来影响可以以这些点为中心辐射并发挥效用。

根本不需要担心其他国家为了切身利益而在中国展开的争斗与冲

突，这是不可逆转且应该被承认的现实。当前的行动必须以当前的具体情况为依据。我们应在它的基础上考虑下一步的行动，并且使下一步行动尽可能地和最终目标保持一致。

换句话说，必须要认清形势，这样才能使陆上强国和海上强国的影响达到平衡，并减少冲突。就性质来说，这类问题尤其需要德国、英国和我国这些条顿国家的努力，因为它们之间需要合作，而合作依赖于一致的认识及共同利益。

对俄国这样的国家来说，其政府体现的是最简单的政治统一的观念，所以俄国不像其他国家那样为组织的复杂伤透脑筋。

从日本崛起到之后的一段时期，我们必须密切关注日本。原因很简单，日本具有无与伦比的重要性。尽管它地处亚洲，并且仅仅是一个小型岛国，但通过行之有效的内外措施，它已经取得了国际社会全权成员的地位。作为岛国，其力量组成使其位居海上强国之列。因为日本和邻近的大陆国家相比人口较少，所以就算对大陆领土有所企图，也难免有限。而深入考虑就会发现日本并没有扩张领土的愿望。

至于西亚和地中海这样的地区，尽管他们是以中国为焦点的世界问题中不可分割的一部分，但明显处于日本的能力范围之外。地理条件同样使我国的主要利益集中在某个特定地区和美洲大陆，但日本和我们不同，它的国土面积决定了它无法拥有远征的力量。而且在亚洲的大国竞争会打消日本开拓远方的可能，尽管它离大陆很近。事实上，除了俄国，所有国家谋求土地占领的想法都有所局限。

日本因为国土面积小，与其他国家又相距甚远，所以希望通过商业和政治联系来激发中国的人民，以此来改变中国格局。这可以在军事上借助于海上力量。海上力量具有机动性，既能在当地发挥作用，也可长途跋涉涉足其他地区，通过商业控制来加强自己、削弱敌人。

3

在权力的类型运用和利益方面，条顿国家和日本是一致的。但它们的影响的性质却不同，因为这两者的本土文化和传统并不一样。日本对欧洲知识的吸收、运用表现出了出人意料的能力和认真，但欧洲的文化对它来说还只是一种外来事物。

对欧洲人来说，上述方式体现着民族的特性和思维习惯，是长期演变的结果。在这个演变的过程中，在当地特殊的民族文化与环境的影响下，外来文明经历了一个同化的过程。这个过程的产物具有永恒的性质，不过它呈现出的却不是一成不变，而是不断变化和发展的。

所以，日本并非处于不可挽救的劣势之中，它只是刚刚接受了欧洲文明，而这些外部属性还没有被它完全消化。在政治变革开始后的短时间内，日本的变化不可能渗透骨髓，从而改变民众的根本的习惯和思考方式。这一过程必须是循序渐进的。

就眼前的情况看来，德国、英国和我们之间的合作——并非正式的联盟——是一件自然而然的事情，并有希望一直存在下去。这是因为该合作基于共同的利益，并且依靠那些起源、传统上都一致的精神思想做指导。倘若日本能如愿加入这个联盟，就标志着一个长期的、大家期盼的政治阶段即将来临，其基调将是：在陆上强国与海上强国的对抗之中，海上强国占据了上风。不过即使四国能协力为共同目标而行动，种族特点本质上的不同依然会产生不可调和的影响，很可能导致各国在观点和作用上的分歧。

4

日本和中国同是亚洲国家，但日本对欧洲文明的热情是一个好兆头，它让人觉得欧洲文明可以成功进入日本民众的生活方式并对其施加影响，就像罗马文明对条顿部落的影响一样。但后者产生的是条顿文明，并非罗马文明的单纯延续。因此，我们期望的是改造亚洲，而不是复制一个欧洲。为此，愉快地接受一个新兴的亚洲国家或许是正确的抉择。

然而，我们必须承认种族特性有时会引起相应的观念或行为上的分歧，这又容易导致误解和冲突。我们都希望世界充满正义与和平，所以，对种族差异的宽容态度对未来的发展影响深远。即使是一家人也会因利益的分歧而争吵，但是只要有着共同的情感和传统，和解总有办法达成。

在前一章，我已经对陆上强国和海上强国的利益冲突与地缘状况做了阐述，不过对于亚洲各国在性情上的差异尚未提及。这些性情可归为三大类：亚洲的、斯拉夫的和条顿的，任何一类或许都很难被他方透彻地理解。我们必须认清、分析并接受他们彼此的差异，将他们视为消除困难的良药。毕竟，我们不能废除它们，也不可能废除。只要它们产生于本身内在的动因，没有依靠武力之类的强制方式来扩张，就应该给予它们平等的机会。

要做到这点很难。谁能不带丝毫情感呢？不过，只要想想这种具备宽容精神的性情能促成与有关国家切身利益相一致的协调，还有什么不能宽容的呢？

为了欧洲及亚洲的共同利益，三类种族应追求根本性的解决方案，不是废除亚洲的文化或制度，而是平和地将欧洲文明引入亚洲。这只有在一个相互尊重、友善宽容的环境中才能实现，当然前提是欧洲文明具有我们所认为的优越性。

平等、友善环境的维护离不开武力的存在及自己对立场的坚持。后者表现为坚持机会的平等，以及采取引人注目的方式来表达自己的诉求。充分的筹备是任何设想的前提，而任何设想都必须以谨慎为本，离不开充分的研究和对形势的清晰认识。如果消除妨碍地理、力量、种族、性情、政治制度、国家能力等全面正常发挥作用的消极因素，充分的筹备和全面的计划就能促进和平，有利于发展的平稳和循序渐进。

因此，筹备意味着接受现实并耐心地分析。这个过程充满繁琐的细节，因而在某种程度上十分复杂，但认清其主要特点将有助于化繁为简。

首先，必须对遥远的未来进行推测，要认识到在不同阶段会发生什么事情并按部就班地推进；其次，要恰到好处地将对国家的首要使命感置于内心深处，充分考虑到现实的危险及他国的需要。

此外，国家和个人都应该具有一种公共精神，以使它们在优先考虑自己的利益时能适当考虑他人的利益，而不是执意阻挠其进步，这样才能最好地实现自己的利益。

当时亚洲政治的落后折射出了亚洲国家政治才能的拙劣。在这种情况下，缺乏有效的组织机制导致亚洲人民不能采取有效的行动，只有停滞不前和对变化逆来顺受。这在发展和变化中都是不可忽视的，不过暂时还没有到采取措施的地步。

在为了发展而进行有组织的筹备方面，日本是亚洲的代表，但日本还没有强大到成为推动力的地步。当前，日本正在踌躇不前，从特性与意图来说，另外两个相互竞争的种族中，哪个对日本的短期利益和亚洲未来最大限度的发展有用，哪个就能得到日本的肯定。

5

反观另外两个种族——斯拉夫和条顿，会发现它们之间有着明显的区别，具体表现在政治制度、社会进步和个人发展方面。我们有理由认为部分差异是根本性的，是植根于种族自身内部的，其他一些则是两个种族长期成长环境的产物。两者之间还有因为缺乏相互理解而产生的敌意和利益冲突，在亚洲的地缘状况以及各自的抱负是这些冲突的主要原因。

要妥善处理这种局面，首先要承认问题的存在，不要装作视而不见或一味粉饰太平。如果做到这一点，就会出现两条不会碰撞的平行线。尽管它们不可能完全合二为一，但我们可以在分歧中找到一致——只有双方都认识到彼此的诉求，才能做到这些。

此外，陆权和海权的区分也突出了两个种族的分歧，限制了它们的利益和意愿。陆权和海权的区别在两大种族的地缘状况之中有所体现，并且和它们在亚洲的利益目标相连，也涉及交通——朝向目标的通道问题。条顿国家占据着海洋，而斯拉夫种族则与海洋相距甚远。但在陆权方面，斯拉夫人的大片地带和亚洲接壤，条顿人处于下风。而亚洲的对外交通几乎全都经由海路，在这方面条顿人有着无与伦比的优势，在海洋与商业发展上也是如此。

从本质上来看，上述状况是不可逆转的。虽然情况偶尔会有变化，但这种变化是有限的，双方绝不可能平起平坐。上述状况的存在是制定政策的根据，决定或左右着国家对于扩大势力或实行占领的要求，影响着某一种族的统治地位。但必须承认，每个种族在它没有完全掌握的土地上都需要一些立足点。这种共同的利益决定了在某些领域双方应该相互让步才能达到和谐。

举例来说，对于当前这条经波罗的海和黑海通往大洋的、有缺陷且政治依赖性强的通道，俄国会永不满足。而欧洲的条顿国家德国和英国也不可能允许俄国在黎凡特取得控制权并由此在苏伊士航线上成为主宰。但是，只要俄国能占领博斯普鲁斯和达达尼尔海峡，它就能做到这一点，从而将被封闭在黑海内的海军基地变成进出自如的、坚不可摧的基地。一支训练有素并有自由出入口的强大的俄国舰队所具备的优势在这个世界上是绝无仅有的。

假如俄国的目标是苏伊士运河，那么和海权紧密相连的商业形势就将发生根本变化。因此，我真心希望英国能通过下列行动来挽回自己的失败和损失：在地中海和黎凡特地区集中力量，与德国共同控制苏伊士地峡及小亚细亚半岛，从而确保苏伊士航线的安全。这对两国来说十分必要。

哪里才能满足俄国的海洋要求呢？答案是两个地区，且必须二者兼得。得到其中任何一个地区都不会让俄国心满意足。

一是波斯湾，俄国可以从黑海之滨横穿波斯抵达；另一地区是中国海岸，俄国通过西伯利亚能到达该处。俄国要想获得波斯湾就必须侵略波斯或逼迫其就范。除非能同时占领东土耳其边界最南点到波斯湾的大片领土，否则挺进波斯湾也不能满足俄国的野心。

一旦上述构想化为现实，俄国就处在印度的侧翼，就能涉足可能出现的从地中海穿过美索不达米亚延伸至印度的铁路。此外，即便在波斯湾并不能像在黎凡特那样对经苏伊士通往东方的航路进行绝对控制，但战时可以在那里对敌方施加长期的威胁。而且，如果俄国在波斯湾驻有一支不得不让英国舰队及其盟友必须认真对待的海军，那么后者就可能疲于奔命，以至不得不放弃黑海和中国海域的海军活动。因为将海军力量分散到上述两个地区，它们将很难遥相呼应。这自然对俄国有利。

海上强国希望能在中国海岸占据地盘，并据此开辟他们与世界各国的自由通道，他们曾直言不讳地表明长江的可航行河段是他们进入中国内地的必经之路和在当地发挥影响的中心。

然而，海上强国和俄国间的互惠协定不应采用正式条约，而只应是心照不宣的相互谅解，应建立在互相宽容理解的精神之上，并且还应该包含如下认识：即不能在长江沿岸实行任何军事占领而导致某些水域对其他国家关闭。在此前提下，在和平时期后者也不能使用海军力量影响到其他国家对长江的商业使用权，其保障一是强大的海军国家间订立的保证协议，二是它们相互监督。这一共识能防止出现那种某个国家发挥不适当影响的情形。

事实上，就侵略中国的危险性来说，集中于一国而又唾手可得的陆权远比海权可怕，因为海上强国远不止一个，而且基地十分遥远；此外，它们更钟情于利益，首先是商业利益，其次才考虑军事利益。

因此，海上国家对促进中国发展比对征服中国更感兴趣。为了整个世界的福祉，它们更多注意的是扩大自己的影响力而不是肆意妄为，是通过物质进步和社会的文明化来促进当地的发展，而不是占有。

总体来说，中国和黎凡特海域及亚洲东西端的形势发展都会受到武力的影响。客观形势要求条顿国家达成一致，因为它们有着共同利益，而且在利益和权力本质的驱使下他们的行为由同一种精神所领导——本质上自由、追求影响的商业交换精神。

现在我们再来看看上述商业交换中蕴含的商业影响。商业影响需要通过在各地部署海军来实现，不过它的传播却不能寄希望于海军。海军力量的特点很大程度上限制了其在内陆的作用，并且它离不开本土的后续支援。

所以，从结果来看，无论现在还是将来，利益都是海上强国生存的基础，这种利益与海军力量密不可分。有海军做后盾，就能强迫他人服从。但是，海军只能用来对付排他性的行为，或帮助有关国家抵抗侵略。因此，海上强国应团结一致，就算没有结成有约束力的同盟，也要本着互帮互助的精神做到这一点。

当前的主要利益焦点是中国，它幅员辽阔又处于动荡之中；另外，在中国四周还有着其他陆上的或海上的富庶地区——从爪哇到日本的东亚世界。该地区的未来市场价值是愈演愈烈的政治和军事争论的核心所在。除此之外，以一个政治家应有的眼光，还应考虑到吸纳欧洲文明对亚洲国家的长远影响。这些影响会使亚洲成为怎样的一个社会？在精神上和我们相同，还是远小于我们抑或是超越？

6

除了俄国和日本之外，其他海上强国十分依赖其遥远的本土基地的支援。因此我们可将各国分为两类：一类是以陆地为主要交通渠道的国家，另一类是主要依赖海运的国家。海上航线有数量及便利程度上的优势，其中两条有着无可比拟的重要性，一条是从欧洲途经苏伊士的航线，另一条是从我国穿过太平洋的航线。巴拿马运河的开通必定会给后者带来重大影响，因为它将把这条航线和美洲的大西洋海岸连接起来。

交通状况决定着战争的成败与否。广义上来说，交通是政治和军事战略中的决定性因素。海权在控制交通方面作用无可比拟，这一点历史早已证实，而且只要海军存在，这种状况就会一直存在。因为海上商业在任何时期都能带来可观的财源，而财富又是一个国家实力的具体体现。因此，就像陆军对于陆上军事行动必不可少、雨水和阳光对于植物的生长不可或缺那样，海上交通可以保障自身利益或钳制敌人，是一个国家活力的决定性因素。

上述状况赋予了海上强国某种优势，借此可以抵消陆上强国在地理和物力上的优势。但是，如果海上强国都采取我们所奉行的方针，在战时对敌人的商业一如既往地尊重，将海上交通的控制权白白送人，就等于放弃了海权，放弃了围魏救赵的机会。假如这样的退让真的发生在今天，那将会导致前所未有的凶险，因为亚洲的交锋已经到了生死攸关的时期。

在德、英、美三个条顿国家中，前两国在黎凡特有着明显的利益，而这里正是两国东方交通线上最脆弱的部分。所以，它们需要海军力量的保护，以亚丁、马耳他和直布罗陀分别作为两翼的埃及和塞浦路斯更是重点保护对象。此外，两国必须在黑海、地中海、里海与波斯湾之间的地区扩大自己的政治影响，但该影响还应该考虑到当地人民的利益以及安全防范需要。

因为在各国的商业利益日渐增加，相关国家开始用财力甚至武力来支持商业发展，那些将苏伊士运河视为通往远东之捷径的国家更是将这一点奉为信条。尤其是英国，它在印度的利益随时都需要这条捷径，既为了商业，也为了军事。即使苏伊士运河的封闭造成了军队和货物的流量减小，苏伊士航线相对于好望角航线的速度优势也只是变小而没有消失殆尽。

对德国来说，它在该地区的利益在类别和程度上都与英国有些差异，但也是实实在在的。不得不承认，从黑海出入口、美索不达米亚流域及小亚细亚高地都可以控制东地中海，就像当初奥斯曼土耳其人几百年前做过的一样，但在帆船时代控制权的丧失并不意味着完全丧失了通往东方的航道，而当今的情况就不一样了。德国和英国对此肯定密切关注，意大利也不例外，因为法国和俄国串通一气针对的必然是拉丁和条顿国家在地中海的控制权。

太平洋地区，尤其是东亚，已经变成了所有国家的利益焦点所在。在欧洲和美洲地区，领土已不可能再发生重大的变化，但是其他为众人所关注的局势复杂的土地呢？其实，某些地区的现实意义更多的是在于它和上述焦点地区交通上的联系，而不是其本身的价值。举个例子，金矿只使南非获得了暂时的重要性，这种重要性会随着金矿的减少而消弭；但作为通往印度和远东的重要据点，南非有着长期的、不可忽视的价值。

同样，苏伊士地峡、黎凡特和波斯也特别重要。这些地区因为其独特价值与影响，构成了体现在亚洲问题中的世界总体局势的战略特征。在此背景下，一个国家应为了自身利益而行事，同时合理地考虑其他国家的权利，对这些权利不能仅仅用世俗的标准来确定，还需要参照永恒的正义准则。因此，情感必须放在合理的位置；情感因素只有得到恰如其分的表达，才能在理性思维的正确引导下发挥积极的作用。

一个国家的聪明才智还体现在是否能通过与他国的合作加强自身的力量。这种合作的基础是共同利益，如果利益主体又在国家特性和传统上有一致性，它们就可能生成共同的理想。德国、英国和美国需要的正是这样的一条纽带。他们不必结成同盟，但必须以共同利益为基础，保持行动的一致性。

在东亚和太平洋，我国和德国、英国的利益大同小异。我们虽然在追求同一目标时是竞争对手，但不应相互树敌。因此，我国在感情上应站在英、德一边，帮忙扩大它们的影响，从而增进共同的利益。假如能认识到这一点，我们和英国、德国之间的相互照应必然会越来越多。反过来我们也希望引起德国和英国的重视。

在此背景下，即使德英美三国志向不同，也能在行动上达成某种默契。在苏伊士航线和巴拿马航线这两条最重要的交通线中，前者从政治上看只牵扯到德国和英国，而后者则对我们必不可少。假如双方都能顾及对方所需，在必要时给予一定的道义支持或积极干预，大家也就无需考虑政治干涉的问题了。但是，各方的内部事务都不应受到干涉，错误的干涉只会引起相互的反感。

所以，我们必须客观地考虑各方的利益，切实照顾到大家的想法、感受和需要。在思考的过程中，既要摒弃所有的成见，还要抛开感性因素。亚洲问题的演变需要很长时间，在这个过程中传统的信条也许不会发生根本的变化，但仍旧需要根据时势变化对它们加以重新考察。

太平洋地区对我国的意义日渐复杂，它既是一个逐渐开放的大市场，也是一条交通要道。我们在该地区新获得的地盘给我们带来了更多的机会，同时，我们对于该地区的责任也更加重大。苏伊士运河和即将开通的巴拿马运河的重要性集中体现出了当前变化的本质，与此同时这两条运河的使用又促进了这些变化。无疑，麦哲伦海峡的地位将被巴拿马地峡取代，而地中海则会替代好望角。新的形势导致了非洲和美洲南端的相对孤立，其重要性也相对下降，这些地区对于交通要道的意义今不如昔。

西班牙帝国的瓦解和眼下的东亚危机产生了另一个重大影响——两个伟大的英语国家的亲近，而这正缘于英、美当下和未来的利益一致。

我们可以这样理解这个过程：首先，起关键作用的是共同利益，其次才是感情上的依赖。这一点在美西战争的起源中已表现出来。这场战争明显地表明这两个国家都有着支持被压迫者的倾向。

因为英美两国都认识到了彼此间的共同观念和理想，所以在美西战争和南非战争中相互同情。这表明了全人类正趋于统一，而这种统一将在时机成熟时实现，且不被暴力所左右。美国内战的结束、意大利的统一、新的德意志帝国的崛起以及大不列颠帝国联邦的思想活力都表明了人类正统一为更大的整体的趋势，并逐渐形成了范围清晰的正式政治同盟。而战争对这些进步有着推动和巩固的作用。

依靠战争，美国的团结得以巩固，意大利的政治得以统一。而德国人依靠的则是共同情感和共同利益，这是德意志帝国存在的基础。战争也让英国及其殖民地之间心有灵犀，从而使帝国联邦能很快把想法转化为行动。没有战争，就没有这个转化。

同样，为了将英国与我们间的同情转为行动，并让我们满意和感恩英国，也需要战争的考验。

当然，战争绝对是灾难，是给人类带来最多痛苦的灾难，没有之一。但是，对此需要理性看待：短短的两年已经发生了两场战争，没有任何一场战争的正义目标可以通过爱抚来实现。当美西战争爆发时，西班牙的殖民地区已有 40 万人因断粮而死，这缘于西班牙人的残酷压榨。我们对西班牙发动战争是因为我们有权出于人道主义进行干涉，并且西班牙已经无法健康地管理殖民地。也就是说，不用再听西班牙人的甜言蜜语，这不是怀疑他们的诚实，而是连续的失败已经注定他们无法继续正常统治。

英国与南非的德兰士瓦共和国发生战争的理由与 100 多年前的美国相似：没有代表权的征税就是压榨。

通常来说，英国并不会以武力保证旅居海外的英国臣民的公民权。但是，德兰士瓦 90%的产值都由英国居民创造，所以英国要求德兰士瓦给予自己的国民平等的待遇合情合理，但居然遭到拒绝。要知道，在南非，作为英国和我国首要信条的自由也遭到了蹂躏，而且曾鼓励外国人前往德兰士瓦的 5 年内可获公民权的法律居然还不到 5 年就被修改了，于是一切权利化为了乌有。

英国和我国分别参加了上述的两次战争，但没有互助，而只是相互在情感上支持。

不过，英、美之间依然有着深度合作的可能。两国的交融已经开始，不仅在利益和传统方面，在平等和法制方面也一样。只要这种认识日渐深刻，两国之间的关系就会越发紧密，并可能建立比联盟意义更高的关系。为了使这个集团在种族和精神上都接近完美，还需要其他的条顿成员加入，而德意志帝国的态度尤为重要。必须指出一点，英、美日益接近这个过程的初始阶段对第三方的加入有着巨大的促进作用。

可以得出如下结论：

当前的时代需求和行动的需要已经证明英语种族之间有深度合作的可能，此外德意志帝国也可能加入其中。

在过去，各种因素使欧洲拉丁国家的权力和影响与条顿国家相比相形见绌，但是意大利的统一却使事情有了转机。同时，新的意大利是地中海上的战略中心，而地中海对于欧洲的重要性远超加勒比海之于美国。此外，从政治上考虑，意大利和法国可以被视为政治平衡天平的砝码。

意大利的意图和条顿国家的根本需要具有一致性。这种形势使意大利这样的传统拉丁国家与条顿国家有了密切的政治联系。这样就保证了我国继续与拉丁文明合作的可能。

同时，意大利这个伟大罗马的继承者已认清自己的利益所在，并且将以意大利为中心恢复拉丁文明的繁荣，这将增进已从拉丁文明中获益甚多的各国的共同利益。

第九章

美国围绕中国的如意算盘

1

一场毁灭性灾难即将到来的危险信号迫使欧洲国家要认清它们在亚洲问题上利益的一致性。作为英国血缘和观念的直接继承者，我们肯定和欧洲大家庭站在一起。难得的是，日本也是如此，日本加入欧洲文明已经充分展现了大和民族的优秀品质。因为，诚心诚意地实行这种转变需要很大的决心。日本并没有忽视自己的种族特点和传统。同时，日本也看到了欧美外来事物的优点，并将其吸收。如果仅把明显的物质进步看成日本发展的全部内容，日本表现出的聪明才智已足以震惊世界。

因此，我们从日本的改革经历可以得到启示：不思进取、不知创新只会成为国家发展的羁绊，变革才是出路。

日本的转变是条顿祖先经历的重复，对条顿祖先产生影响的是罗马的政体和基督教。不过，和日本物质面貌的翻天覆地相比，基督教世界观念的渗入仍需时日，尚未达到可以独立发挥影响的地步。因此，日本仍需要借助物质成功来促进和鼓励吸收外来观念。这些潜在的观念，需要努力才能认识和理解，而且只有依靠长期的实践和新思想的变革力量才能融会贯通。

为此，日本必须态度虔诚，不是被强迫，而是发自内心地接受欧洲文明。如果这样做，它就能感受到欧洲各国的善意。后者并不想在日本看到一个自己的翻版，那只会是生硬的复制，他们希望曾使欧洲受益无穷的力量也能让一个亚洲民族获得新生。

2

是什么使国家与国家之间产生了不同？欧洲国家的持续、稳定的发展表明有以下两个要素：

（1）国内的进步与个人的完善。

（2）对外来影响的积极反应。

在日本，目前也仅在日本，我们看到了亚洲对欧洲文化的认可。在这种认可态度之中，我们可以看到日本人民获取幸福的可能。

这个可能的前提是个性自由，与适当的法律约束结合，它就能满足普遍社会福祉的需要。我们或许可以认为这是岛国环境所决定的。这种环境促进了一种强烈的民族性的演进。在相同的环境下，我们还可找到一种为之一振的力量。凭借这股力量，日本已经接纳了新的政治制度。

因此，从欧洲的发展中学到很多的日本，注定会成为亚洲各国的标榜。岛国地位的安全感和孤立感能使一个国家具备很强的个性。不过，不应将个性强等同于不思进取，更不能将坚定和偏执混淆。

事实上，亚洲国家根深蒂固的守旧倾向只能对国家的发展产生消极有害的影响。

所有欧洲大国和美国以及日本都关注着中国，虽然当前紧迫的形势限制了列强为共同目标而采取行动，但是，要知道，各国所奉行的政策仅仅是表面上的偏离。

3

虽然近期在中国发生的某些事件对各国的行为和决策产生了暂时影响，但决定各国政策的根本形势并没有改变。这种形势主要取决于中国之外的原因——从东到西全球范围内的形势。

当前欧洲各国已认识到了它们在亚洲的利益是一致与冲突并存的。我们再来看看我国对此的认识。我国政府不仅体会到了这一点，而且最近还以书面形式说明了对这一点的两个认识：

（1）首先要强调我们的权利，保护我们的利益。

（2）其次要保障中国政府以及中国的独立。

关于第二个认识，下面这个表述或许更加明了：

我们有责任提供同情和必要的积极帮助，而不是通过干涉来协助中国政府和人民进行改造。

事实上，我国政府发表上述声明的意义十分重大。虽然该声明针对的是近期发生的事件，但却表明了不干涉中国主权的态度。这样的态度是对中国人民自古以来的理想的诠释，只是根据实际情况对其作出了具体的职责和政策划分。我国的这种立场，可以看作是超越过去和当前理性的理想主义和现实主义的完美结合。后者使前者能够充分考虑实际情况，并且完善自身。这就好比前方出现一个未经标记的浅滩时，水手转舵绕道而行，等到了深水区时，再恢复原来的航向。

上述观念表现出了我国领导者的英明。然而，对于领导者们行动的最终认定者——人民大众来说，仍有特别关注近来动荡中大事件的必要。原因很简单，只有通过考察现在的实际情况，我们才能知道它们蕴藏着什么机会，并且明白机会赋予我们的职责。

无论如何，为了我们自己，也为了子孙后代，我们都必须履行这些职责，我们和他们之间只是受托人与委托人的关系。我们的领导者在行动之时绝不会无视人民的想法，而如果这些想法和现实情形紧密相连，领导者就必须了解实际情况，同时还要据此预测未来的趋势。

这是一个双重过程：一是洞察现实，二是得出推论。

正是从上述过程得到的知识和结论指引着国家决策的方向。只要有了这些，国家的举措也就有了保障，人民也可以放心地让政府去处理事务，而一个人民支持的政府在这个世界上将变得强大无比。

总体说来，在世纪末，形势的发展已使商业成为了世界所有强国竞争的根本。每一个国家都希望增加或至少保持自己在世界商业圈中的利润，而这不仅取决于一个国家的国内生产力，还取决于它在世界范围内进行自由交换的能力。

4

在商业竞争中，多数国家对自己的自然资源状况都不满意。但是某些国家在资源方面却有着明显的优势，比如我国就有丰富的原材料和对原材料的使用能力。这样一来，单纯地从商业的角度来看，各国在起跑之初高下立判。因为自然资源状况的差异是难以弥补的，并且不会因人的意志而转移。

所以不少国家都向往扩张领土，并在“殖民地”建立商业优势来促进自身的繁荣。这样做可能需要进行赤裸裸的吞并，或需要培植具有压倒性优势的政治势力。而这两者都意味着使用强制性的手段，必定会激起当地人民的反抗。同时，其他国家也不愿自己的权利被剥夺，这样竞争就会变成冲突，不再是商业竞赛，而变成陆上或海上的战争。

总体说来，在欧洲和美洲区域，领土占有状况已经确定，而且任何可能的疆界变化都不会明显改变全球商业态势。澳洲大陆也早已被占据，其周围岛屿的政治归属也为文明国家所安排。非洲大陆情况也差不多，除了极少的例外地区，该大陆的商业关系被在那儿有着稳固且不受挑战的权利的国家掌控。不过，居民的稀少和落后使非洲对商业的影响甚是微小。

所以，仅剩的有用之地就只有亚洲了。正如前文所说，亚洲地区正处于政治动荡之中，很容易受到外来影响。在地理上，它位于北纬30度至40度之间，在这条600英里宽的地带，有着土耳其（亚洲部分）、波斯、阿富汗和包括大部分长江流域在内的中华帝国的绝大部分地区。在上述两条纬线的南北区域，英国和俄国有着不可动摇的政治权力。两个国家一个以陆地为根据地，另一个以海洋为依托。还需要注意一点，倚仗政治渗透而不是纯粹商业竞争在远东谋求商业控制的基本问题正是海权与陆权之间对抗的根本原因。

包括我国在内的亚洲之外的海军强国，在一般政策而非正式同盟的意义上，和英国是同一队列的。无论在目标还是手段上，英美两国都有着惊人的相似之处。而且，和英国一样，我国因地理上的距离和在世界其他地区拥有的关键利益也无法在中国内陆充分动用军事力量。

但和欧洲比起来，我国所受的影响相对较小。因为我们比欧洲离东亚更近，凭借海洋的重要作用，我们采取对外行动更加容易。

但是，因为太平洋巨大的宽度，我们仍难在东亚采取军事行动，这必然促使我们绞尽脑汁避免这样的行动。日本虽然离亚洲大陆很近，但其岛国地位使它的力量大打折扣。

出于上述考虑，所有海上国家要想在东亚实现自己的商业目标都不能通过武力，而只能充分发挥其他优势。这种优势最明显和最令人信服的体现就是商业及来自其中的利益。借助于商业，能使道义和精神广泛传播。而人一旦拥有精神，就会看淡物质享乐，认定人生的意义不仅是吃饭睡觉，而从中我们也能看到亚洲复兴的希望。

5

当前，除了俄国及其盟国法国，其他国家都在为在亚洲、尤其中国地区的地位而斗争，这些国家基本上都以广义上的海权作后盾。海权一方面体现在海上商业作用上，海上国家都想从中获益，并通过互利互惠来打开中国国门；另一方面还表现为海军在水上的军事行动。海上强国依靠这些来维护它们在对中国贸易中的地位和权利，同时防止各种方式的侵扰和排挤。

在我看来，长江流域在政治和商业上的地位无可取代，所以需要多说几句。长江深入中国内地，而且能让大型轮船溯流而上，保证了长江流域的广大地区与外界的便利来往。地理上，长江位于中国南北中间，对商品的分配和战争形势有着决定性的作用。

因此，只要在长江流域建立起根据地，就能在长江和海洋之间自由出入，并且能在中国内地的竞争中领先。同时，长江地区的商业优势还能巩固其他方面的有利地位。所以，谁统治了长江流域这个中国的心脏，谁就最具有话语权。因此，海上强国都在长江流域有所动作，而中国因此得到的好处也会扩散到全国各地。假如你在长江流域丢下一颗种子，那么最后一定会硕果累累，同时在其他地区还能得到可观的收获。

商业扩张以及随之而来的利益只是欧洲国家向中国施压的部分原因。还有一个原因是中国对东西方文化交流的漠视。这种相互交流的过程已经开始，而且不可逆转。因此，我们能做的就是积极引导这个过程，尽可能地提供好的环境，让两个文明充分发挥各自的影响。原因在于：中国会因我们向其提供的物质好处而逐渐富有和强大，但是由于它对于驾驭我们政治、社会行为的精神和道义力量缺乏准确的了解，它对上述好处的运用就让人无法把握，而这对于我们和中国自身来说都意味着极大的危险。

可见，我们想要自己的思想在中国自由传播的要求合情合理。那么，处理中国问题的终极目的就变得柳暗花明：

第一，防止任何外部国家或集团成为政治上的主宰。

第二，坚持门户开放，而且是广义上的门户开放。也就是说，中国不仅需要商业上的开放，同时还要在思想上接受外来的东西，不过后者必须出于自愿，不能强求。

事实上，向中国灌输思想比让其尝到商业的甜头更加实惠；同时，对欧洲国家来说，中国在日渐强大的同时，思想的提升万不能落后，否则就会极其危险。

因此，反对传教活动肯定是荒谬至极的，这与和平的发展及进步完全背道而驰。在欧洲，基督教和基督教教条与任何哲学或科学一样，在精神和道德领域发挥作用，并且共同构建了欧洲文明，其影响是无可争议的。

从纯粹的政治观点看，基督教思想、教义和欧洲任何其他形式的活动，都有进入中国的权利，而一些中国人对基督教的偏见，也不应作为中国拒绝基督教的合理理由。

在中国的贸易开放上，每前进一步都阻力重重，手段自然离不开战争。通过直接或间接的暴力可以扫清商业上的障碍，而思想，无论世俗的还是基督教的，只能通过言论自由传播。

既然现在的世界历史正处在生死攸关的时刻，而中国的漫长变化也处在一个承上启下的阶段，那么我国公民应该考虑一下自己的国家在中国应扮演怎样的角色，需要怎样的准备。这种准备包括计划和行动两个方面。计划的准备是一个精神和道德过程，它让我们明白事物的对错，让我们做出正确的选择。

行动上的准备其实是物质行为，包括两个要素：

（1）做好必要时使用武力的准备。

（2）按照政治形势的迫切需要来削减义务。这样就能杜绝资源浪费，好钢用在刀刃上。

总体说来，我们坚持商业权利的平等，同时将努力保持中国的领土完整以及中国的独立和自主的权利，我们不干涉中国内政，只要中国没有做出惹恼全世界的举动。

不过在阐明这个政策时，我们无法回避一个事实，那就是该政策和其他国家在中国的政策并不完全一致。对这些差异也不能掉以轻心。

简单地说，我们并没有把握能得到随“门户开放”而来的滚滚财源，除非我们为中国的开放付出很大努力。同理，我们也没有把握使中国领土的完整得到尊重，除非我们愿意在道义上做出表率，必要时也可以采取武力手段。

如果我们想要在中国发挥作用，就必须使中国的主流人物认识到我们的诚意和实力，认识到我们能帮助他们抵制一切不合理的要求；我们考虑的不是眼前利益，而是世界的长远利益。

所以，美国政府不可能对中国问题袖手旁观。对外来的正确的政治观点以及高深的思想，中国应该取长补短，从而能够在内部实现必要的变革。国家不可能在一瞬间获得新生，单凭外来压力也不可能使一个国家组织起所拥有的优秀力量。变化过程必定是从内部开始的，并且需要外来的活力作为养料。但是，今天的中国还没有自我更新、自觉变革的内在动力，而在半个世纪以前日本就具备了这些。

6

日本的改革确实也受到了阻力，但是日本对外来思想只是短暂的排斥，而中国虽然已经和外部有了长期的接触，却一再对可以改变它的新东西持反对态度。在目前的中国，愈演愈烈的反外浪潮的目的是切断与外界的所有联系，必须有人阻止这种浪潮继续蔓延。

为了大众的利益，必须使中国对欧美的生活方式和思维方式开放，必要时可以动用武力。中国可以不喝水，但它必须同意将水输入它的家门。就算我国袖手旁观，上述工作也会有人去做。

不管从商业意义还是思想意义上来说，门户开放政策都应针对中国的所有地区，要实现这个目标，从中国的中部地区向外辐射会事半功倍。原因很简单，中部地区分布在长江流域，海权在这里是最稳固的存在。汽轮可以从海上驶入距入海口 600 英里的汉口，能将这里的商品送往世界各地。

这有力地说明了长江流域重要的战略意义。在这里，给物质文明提供动力的商业能够最大限度地发挥效用，并且能取得条顿民族在世界政治中的主要武力后盾——海军的支持。**不久之后，海军也会成为中国人民抵制外来控制的主要后盾。**

因此，在一个特定地区传播自己影响的最好方法就是首先找到一个重点区域。我们在远东的注意力就主要集中在长江流域。同时，我们也因此深陷于几个强国的利益斗争中，这种斗争还有演变为对抗的可能。

不过这并不意味着我们就必须和某些国家正式结盟或明确反对某个国家。因为，每个国家、每个人都是相对独立的，每个国家都有自己的利益，而且它们能够自主行动。但它们的自主行动能力是有限的，达到极限，合作就应运而生。

这样一来，利益和思维方式的一致就成了协调行动和维持关系的前提。英国和我国在利益及法律和道德规范方面有着一致性。也就是说，英美之间有可能进行合作，但是也不会为了合作而放弃选择自由的权利。原因很简单，没有自由就不能保持行动上的独立，而一个条约，不管是关于结盟还是仲裁的，只要是无条件的，都有可能让我们的自由岌岌可危，这意味着我们拿自己的未来冒险。

所以，为了保证门户开放的实现，我们需要展示自己的力量和实力。这样的实力不仅要在中国有所体现，而且还要体现在海上交通线上，特别是途经巴拿马地峡的最短航线上。但是，实现这一目标要求与有关国家进行合作和分工，因为在当前陆权和海权的竞争中，没有哪一个海上国家能独自抵制俄国，哪怕仅在几个关键地区抗衡俄国也只会自取其辱。

通往远东的交通要道有两条，一条是从欧洲，另一条是从美洲。前者取道苏伊士，后者途经太平洋。但是，当前我国国内财富的分布及海外交通的现状需要开辟从我国的大西洋海岸途经中美地峡去远东的航道。这样一来，我国通往中国的交通线就会像欧洲航线经苏伊士那样途经尼加拉瓜或巴拿马。对欧洲航线来说，地中海、埃及、小亚细亚、红海和亚丁都意义非凡，加勒比海、即将出现的中美洲运河的周边地区、夏威夷和菲律宾自然也对我们十分重要，需要对它们格外重视。

我们保护这些地区，不仅是因为它们对我们有特殊意义，还因为在未来的太平洋商业和在中国的发展上，我们和其他国家特别是英国有着巨大的共同利益，必须和他们相互支持，才能获得更多。

随着我国实力的不断攀升，我国在加勒比海和中美地峡具有了压倒性的优势。同时，在那些曾经抵制我们的地区我们已获得了英国的默许。这不仅是我国外交的胜利，还是一个承担责任的机会——为共同利益和以中国为焦点的世界问题的责任。然而，单单在东方达成协调远远不够，双方还需共同维护从各自海岸延伸而出的价值连城的交通要道，只有这样，我国在远方行动的效能才不会因交通的削弱而下降。

因此，我们必须保持在太平洋的海军力量，在大西洋亦是如此，这不仅可以防卫我国海岸，还能确保我国海军在加勒比海的主宰地位，能确保地峡运河有利于我国商贸和海军迅速进入太平洋。

简单地说，我们的任务是在太平洋和加勒比海发挥自己的决定性作用。显然，要发挥这样的作用，还要看天平两端是否势均力敌。

在国际大家庭中，各国之间时常会有利益冲突，对其必须在公正的基础上进行协调，并且通过展示自身实力来维护。所以，我们还必须考虑到另外一些情况，即在巴拿马运河投入使用之后，只有一条人工航道供其太平洋和大西洋两支舰队相互支援，而这条通道极易被阻断。

因此，中美洲运河并不具有天然海峡那种陆地间通道的军事战略价值。而依托这种价值，一支部署于中央的力量可以在两个方向上有效行动，从而稳定其中某一方的形势。一支部署在马耳他的强大舰队就能同时对直布罗陀和苏伊士施压，因为它通往这两个地点的海上路线是畅通无阻的。唯一的问题就是这支海军力量的大小。而从苏伊士向印度和地中海施压，既取决于军事力量大小，又取决于运河的开放与否。不过，因为地势天然平缓，苏伊士运河比依赖于船闸的中美洲运河更难被长期阻断。

为了在东方发挥自己的商业影响，我国迫切需要借助地峡运河来缩短大西洋海岸和东方的距离，因此我们需要在加勒比海巩固海军的地位以确保运河的畅通。

这是一个军事问题，在此不妨借用一个军事教科书已经说得滚瓜烂熟的戒条：足够的安全并不意味着绝对安全。在军事上没有什么是绝对安全的，在任何军事局面中，不管是被动的防御还是主动的进攻，都有危险。对任何职业来说都是如此。但是，一种合理的、压倒性的优势还是可能存在的，拿破仑的至理名言就说明了这一点。

因此，我们可以试着想想，我们是否会因为做不到极致就不尽全力去争取安全呢？是否在任何情形中人们都是如此息事宁人？成功的人绝对不会这样。我们来看看在什么条件下我们才最有可能确保对地峡运河的利用。

最重要的一点是，我们必须有一支能随时应付紧急事态的强大海军。这不是为了压倒任何有意和我们作对的海军力量，而是要让对手明白，挑战我们在加勒比海的统治地位在政治上是自寻死路。这样，任何国家都不会忽视我们的存在。也只有这样，我国关于加勒比海的立场才会得到认可，运河的安全也才能顺理成章地得到保证。所以，我们首先要做的是建立一支强大的舰队，这是先决条件。

到目前为止，只有英国曾试图挑战我国在加勒比海的地位。直到前不久，英国才放弃将西印度群岛和南美作为商业和政治考虑的主要目标。英国对该地区的兴趣自 18 世纪以来就世人皆知，那时，美洲的糖还是英国的主要贸易商品之一，西班牙的殖民地和当前的中国一样，在英国人看来也是一大块奶酪。

因此，在四五十年前的加勒比海地区，有着世界上最强大海军的国家和我们是对立的，而我们也确信门罗主义政策与英国的利益不可调和。但是，过去 50 年里发生的事情改变了这些，而且英国现在也认识到了这一点。

19 世纪初，印度曾是英国四分之一贸易额的来源地，而现在它则意义全无。尽管南美对英国来说意义还没有丧失殆尽，但英国在该地区的进展和在其他地区利益的日益增长相比也已经是日薄西山了。

所以，我们发现英国——最强大的海军国家已默许我们成为加勒比地区海权主宰的政治倾向，而且该倾向会不断提升。具体体现在以下两点：

（1）英国在其他地区利益众多，不得不放弃加勒比地区的利益。

（2）英国的基本利益和我国一致，因而双方都必须遵循共同的基本方针，这样做对英国有利。

因此，我国的强大是符合英国的利益的，除非我国的立场在道义上站不住脚，否则在加勒比海有着根本利益的我国就可以谨慎地指望，在该地区与任何国家的政治冲突都会得到英国的道义支持。而从共同利益和政治准则中产生，表现为受人欢迎的倾向性的道义支持是一项重要的政治因素。

当前，英国和我们都希望中国保持统一并在本质上发生自由的变革。因此，中国上下一心反对外来的控制、兼并或瓜分还只是小小的一步，不过这和门罗主义在精神上是一致的。**中国必须打破闭关锁国的封建思想，以开阔的思维迎接一切有利于中国发展的思想。只有这样，中国才会有机会追赶甚至赶超欧洲国家。**

为了实现上述目标以及自身的利益，我们必须和英国合作。只要两国间还有着共同的利益和观念，合作就有保障。

因此，门户开放政策对美英都十分重要，当然对我国更加重要，因为它大大增加了我国对华出口的贸易额。

第十章

美国海权的对外战略

1

英国拥有强大的海军，在我国的海岸附近也手握坚固的据点，它无疑是我国假想敌中最难对付的一个。因此，和英国进行真诚的合作是我国最重要的对外利益所在。此时，我们对自己与外部世界关系的看法与政策正逐渐改变，在这方面可以看到种种迹象。

比如，在过去的25年里，占统治地位的观念是保持国内工业的国内市场，这成功地在各种投票活动中得到了肯定并规范了政府的方向。雇主和工人们都被引导着从这种观念出发来看待各种新的经济措施，对任何企图向他们领地渗透的外国生产者持敌视态度。

在一代人的时间里，我国的工业一直受到保护，以至于这种保护已成为一种传统，成为保守主义。这些工业就像近代的铁甲舰，虽然有厚厚的装甲保护，但引擎和火炮却很落后，防御能力还不错，但攻击力就让人汗颜了。

在我国，国内市场得到了很好的保护。但在世界市场，只有通过竞争才能取得领先。

不过，我国人民的性情本质上和这种懈怠并不一致。不管对于保护主义是支持还是反对，只要认识到国际上也有获利的机会，我国的企业就会竭尽全力去争取。这正如布莱思先生的最近一次讲话："对于像我们这样巨大的国家说来，只生产仅供我们消费或食用的东西并不是目的，也不是命运的安排。"

这是有前车之鉴的，当初拿破仑竭力维持这种封闭体系，结果导致帝国的结构在重压之下崩溃。因此，**唯有把目光放远转向外部，才能更好地谋求国家的利益。**

我们有必要认识到远方市场和我们巨大的生产能力之间关系的重要性，认识到将产品和市场联系起来的必要环节——运输。正是生产、市场和运输三者共同组成了给英国带来财富和光荣的海上权力的链条。这三个环节中的两个——航运和市场——都存在于我们的疆界之外，因此我们就不能不对我们与世界的关系予以重视。

在我们的政策出现变化迹象的同时，世界也处于动荡之中。我们不想为欧洲的内部事务劳神费力，即使欧洲出现动乱，对我们的影响也只是微小而间接的。可是，欧洲的海上强国并非一心一意地提防着它们的陆上对手，它们也希望扩张商业和殖民地，并加强在远方的影响力。这会使它们或已经使它们卷入与我们冲突之中，虽然我们目前还没有推行放开手脚的政策，但这种政策在未来却是必然的。

举例来说，萨摩亚群岛事件表面上看来毫无意义，但却清楚地反映了欧洲国家的雄心壮志。我国也因此从睡梦中惊醒，嗅到了与自己未来密切相关的利益的味道。

当前，夏威夷群岛上内部矛盾正愈演愈烈，我们绝不允许其他国家在这里有着跟自己同样的影响力。放眼整个世界，德国的商业和殖民的推进正与其他国家发生摩擦，比如德国和西班牙在加罗林群岛问题、和英国在新几内亚划分问题上的纠纷。最近德英两国关于非洲的利益分配的谈判也让法国疑神疑鬼。萨摩亚事务，德国和我国围绕着西太平洋群岛的纷争，以及所谓的德国在中南美影响的扩大都是很好的证明。德国的政策在这方面对国民的情绪不是引导，而是顺应。这是种情形令人感到可怕。

2

当前，在地中海、中美洲和许多太平洋岛屿，特别是在夏威夷群岛，类似有着军事和商业双重重要意义的地方，大部分都滋生着各种危险的冲突。对我们来说，未雨绸缪才是明智之举。和之前相比，**虽然各国的总趋向都是向往和平，但是为了能享有商业利益，就必须具备和对手同等的战斗力。**

假如双方强烈的政治需求相冲突，而一方又处于相对的弱势，那么不管是国际法上的规定还是基于某个公理的仲裁都不可能让这些争端真正得到解决。举例来说，看看至今没有结果的关于白令海海域猎捕海豹的争端，根据公认的国际法准则来判断，我国的意见肯定是合理、公正并且符合世界的总体利益的。但是，当我们尝试将自己的主张付诸现实时，强烈地感觉到危险。不仅是因为英国有一支强大的海军和我国的海岸线漫长且缺乏防御，还在于英国的殖民地加拿大认为宗主国是自己的后盾和靠山。对英国来说，这是巨大的商业和政治优势。单单就英国来说，它可以和我们在短时间内达成互利互惠的协议，可是因为加拿大是连接英国及其在太平洋的殖民地以及海上利益的最重要一个环节，加拿大渔民的利益就不可避免地影响到了英国的政策。

3

如果欧洲战争爆发，英国海军很可能无力再维持经地中海通往东方的航线。然而，它在通过加拿大的太平洋铁路连接起来的哈利法克斯和基蒂马特建立了强大的海军基地，因此拥有了一条新的交通线。这条线路比前者和途经好望角的第三条航线更能免受海上攻击，而且两大基地对于英国在北大西洋和太平洋的商业活动和海军行动都至关重要。

上述争端看似无足轻重实则意义重大。原因很简单，这有助于我们发现许多随着中美地峡运河开通而来的对西半球的和平构成威胁的潜在危险。简单地说，这条运河能改变贸易路线的走向，因此会导致加勒比海商业活动和航运量的增加。这意味着这片海域的每一个地点的商业和军事价值都会随之上升，而运河本身也将成为重要的战略中心。就像加拿大的太平洋铁路那样，运河将让两大洋成功相连。但是，与前者不同，除非有详细的条约保障，否则它会落入海洋强国之手。

然而与任何一个海上强国相比，我们对中美洲运河的控制都力不从心。就我国目前的军事和海军准备来说，一旦欧洲国家参与，地峡的凿通反而会对我们的太平洋海岸造成严重威胁，这对我们来说是一场灾难。

无论就事实还是就目的来说，我们最可悲之处在于在加勒比海和中美洲没有影响力。我们不指望在此地有一支能发挥力量的海军，在墨西哥湾甚至没有一个海军码头来做行动的基地。我想主要原因还是我们不够富有吧。

我们是否会让德国获取拟议中的巴拿马运河和尼加拉瓜运河的大西洋出口前方的荷属古拉索岛据点呢？我们是否会默许某个强国从海地购入一个濒临向风海峡的海军基地？我们是否会默许一个外国将保护权施与夏威夷群岛这一太平洋交通线上的重要一站？如果任何一个问题出现，我们是否有足够的力量保障自己的政策和权利，并且让对方马上放弃自己的企图撤退呢？面对这些问题，为保护自身的权益起见，我们该怎样筹备？对于这一点，我们不妨分析一下：

世界上主要的海军和军事强国离我们的海岸十分遥远，它们在如此长的距离内采取行动存在巨大的困难；同时，也应考虑到欧洲国家之间的猜忌、它们与我们这样一个强大国家敌对的顾虑，因为它们在既分遣出一支力量至我们海岸而又不过多地损失在欧洲事务及各殖民地的影响力方面无能为力。

从政治家思维中的固有因素来看，虽然我们在西半球具有地理优势，欧洲国家在对我们采取行动时要面对诸多不利，但如果认为单是这些就足够保证我们的安全就太天真了。我们还需要把更多的砝码投到天平上才能使其朝着有利于我们的一方倾斜。

虽然欧洲到我们的海岸路程遥远，但并不意味着不能抵达。更何况这些海岸未设防，面对攻击，我们只能躲避。

如果我们海岸的牢固程度像现在这样薄弱，只要世界依然充满斗争，我们在贸易或战争方面的消极防御就只不过是一个口号而已，我们周围可能会遍布战火。

所以，除了一场有组织的战争之外，我们的保护性安排指的又是什么呢？

4

事实上，市场的孤立闭塞以及过去30年里在航运方面的利益减少都是我们自讨苦吃，这和我们同世界其他地区的遥远密不可分。现在，摆在笔者面前的是一幅北部和南部大西洋地图，它显示了主要的贸易路线走向及其所承载的运输量的比重：相对冷清的地区是墨西哥湾、加勒比海和邻近的国家与岛屿。一条宽广的运输带从我国的北大西洋海岸延伸到英吉利海峡，另外一条同样宽阔的运输带从不列颠群岛通往东方，途经地中海和红海。这条运输带甚至超出了红海的边界，向我们展示着当年的贸易规模。途经好望角和合恩角的运输带的宽度是红海地带的四分之一，它们在非洲与南美洲之间的中线的近赤道处相交。从西印度群岛发出的是一条细线，展示着当年在英国人和拿破仑战争中曾容纳了大英帝国整个贸易额四分之一的贸易量。其意义是确实存在的：欧洲在加勒比海的商业利益少得可怜。

如果凿通地峡，该地区就不可能再被其他国家视而不见，在商业上也不会再被孤立。不论从何处来、到何处去，任何使用运河的船只都将途经此地。不管海上活动带来的大量需求会对毗邻的大陆与岛屿产生什么影响，巨大的商业和政治利益将在这样的一个贸易中心周围汇聚。

出于对自身利益的保护和发展需要，每个国家都会在这个地区寻求支撑点和影响力，而这个地区正是我国历来对欧洲列强的侵入颇具戒心的地方。大部分美国人对于门罗主义的准确内涵只知道皮毛，可是这个耳熟能详的词语已引起了全国性的敏感，它比实际的利益更能引发战争。

此外，对于这种情绪造成的纷争，国际法及其公认原则的道义权威并没有发挥息事宁人的作用，因为争端常常与政策和利益相关。法国和英国已经在一定程度上加强了自己港口的地位，尽管它们当前的重要性还很有限，但这两个国家关注的是将来的走向。在加勒比海的岛屿和大陆上，有许多被弱小或不稳定的国家掌握着的意义重大的要点。

我们自然不乐意看到它们被卖给某个强大的对手，可是又该怎样应付呢？答案是只能通过在实力支持下的合理政策来解决。

所以，不管是否愿意，我们必须开始注意外部世界。这是国家日益增长的生产的要求，是日益壮大的公众情绪的需要。美国处于两个旧世界和两个大洋之间的位置，这也导致了同样的要求，并且很快会因连接大西洋和太平洋的新通道的产生而进一步加强。

5

在没有做好准备的情况下，一条横穿地峡的运河会给我们带来军事上的灾难，尤其是对太平洋沿岸地区。一旦运河竣工，太平洋海岸和欧洲之间的路线会大大缩短，太平洋将更加危险——不仅是因为欧洲可以更方便地派遣一支舰队前来，还在于某个欧洲强国能够在太平洋沿岸驻扎一支前所未有的强大的海军，而这支舰队在需要之时可以迅速回到国内。

但是，如果我国政府能妥善处理太平洋港口的弱点，我们在该地区的海军优势就能得到保障。因为入口的宽度和深度，旧金山和普吉湾这两个主要的中心无法为鱼雷艇提供保护。舰队总是能通过一条毫无阻碍的通道避开炮台。因此，仅仅依靠堡垒工事并不足以保证这两处的安全，还需要派驻海岸防御舰队，配合炮台才能对敌人进行反击。并且这些舰只的行动范围不能离为其指定的港口太远，因为舰队才是港口防御中的中坚力量。

在此限度以内，一旦该港口成为攻击目标，这些舰船就能为海洋上行动的海军提供有力的支持。舍弃了长距离航行的能力，海岸防御船只能在装甲和火力方面进行相应的加强，具备更强的防御和攻击力量，从而增加它在某一时刻对于共同行动的舰队的特殊战略价值。

除英国之外，没有哪个国家拥有如此接近我国太平洋海岸以至于能将其纳入自己海岸防御舰队行动范围之内的港口，而英国是否会在温哥华岛部署这样的舰队也是一个问题。

假如加拿大的太平洋海岸交通线被阻断——我们恰恰能做到这一点，温哥华对英国的主要价值就不复存在了。这时，哈利法克斯、百慕大和牙买加的持有者就会站出来，然后通过对我国的太平洋海岸施压来保卫温歌华和加拿大的太平洋海岸。

就当前我国的海岸防御状况来看，英国绝对可以做到这一点。在我们易受攻击的大城市面前，我们对加拿大的袭扰立时显得毫无价值。

就算我国的海岸得以加强，但我国的海军如果不够强大的话，英国依然能做到这点。我们要对加拿大造成什么样的伤害才能抵消我们的海岸及城市被封锁的损失？

要解决这些问题，就必须要未雨绸缪，同时做到以下三点：

（1）依靠堡垒和海岸防御舰队来保护主要的港口。这将加强这些港口之内的团体的防御力量、给他们带来安全感，并为一切军事活动提供基地。

（2）壮大海军。这会使进攻性力量如虎添翼，让一个国家有机会向外扩展影响。

（3）这些决心必须在国家的政策上有所体现。

此外，燃料是现代海战的生命，是舰船的粮食，没有燃料，现代的深海庞然大物就会变成废品。因此，最重要的海军战略考虑还要围绕燃料问题展开的。在加勒比海和大西洋，我国依靠的是国外的燃煤补给站，这也需要我国强大的武力支持。

总而言之，英国因其强大的海军和在我们海岸附近握有坚固的据点，无疑是我国可能的敌国中最难对付的一个。在此情况下，和它达成诚挚的谅解是我国一个最重要的对外利益所在。虽然两国不可能缔结正式的同盟，但双方在禀性和观念上的相似会促进两国的亲近感，促进两国进行对双方都有益的合作。

第十一章

夏威夷离我们有多远?

1

独享一个战略要点，没有什么竞争对手，在一个广阔的范围内也不存在对这个据点的威胁或替代——这无疑是海权战略中最为理想的据点！面对夏威夷[①]我们发现自己必须解决一个问题。这个问题就像罗马元老院曾经遇到的问题，而其重要性与之相比有过之而无不及，那就是执政官请求罗马占领墨西拿。结果后者自此放弃了对罗马的扩张范围不能超过意大利半岛的限制政策。

原因很简单，一个错误的决定不仅无法立足，而且还会导致原则上和事实上的全面倒退。在扩张的道路上，我们几乎就要与另一个伟大民族的[②]前进方向发生摩擦。其生存法则已经滋生出了一条新的发展原则，这条法则经过千年历史的冲刷仍旧散发着余晖。

受此原则的影响，直布罗陀、马耳他、塞浦路斯、埃及、亚丁和印度向世人展示出了一条完整的链条。这条链条环环相扣，它的形成或靠武力或靠政治交易。这个伟大民族一直都被一种民族性恰到好处地驾驭着。

而且，它的每一次行动都毫不例外地让对手在一旁坐立不安。西班牙从未忘却过在直布罗陀的伤痛。拿破仑也说："我宁愿看到英国人出现在蒙马特尔高地，也不愿看到他们出现在马耳他。"法国对于埃及的企图也是司马昭之心，没有任何遮掩；再加上我国的警告，毫无机会的感觉让法国懊恼不已。

英国在海洋上还有着另一条链条：哈利法克斯、百慕大、圣卢西亚和牙买加。这条链条强化了英国人在大西洋、加勒比和巴拿马地峡的控制权。

---

① 这里指的是美国吞并夏威夷事件，当时由于意见不统一，有人赞同有人反对。在主张吞并夏威夷的重要人物中，就有马汉。——译者注

② 另一个伟大的民族：这里是指英国。——译者注

但在太平洋地区，英国的地位就差强人意了。与太平洋西岸地区相比，东太平洋地区的商业发展十分落后。当西太平洋地区第一次对欧洲的冒险家敞开怀抱时，中国和日本的古老的经济活动早已在此存在，它们的奇珍异宝吸引着唯利是图的商人们。

2

除了墨西哥和秘鲁的金银，美洲的西海岸地区并不能为商人们提供什么。在西班牙人的长期统治期间，这些东西都被它垄断着。由于离英国距离遥远且可供贸易的商品很少，美洲的太平洋沿岸没能引起英国的兴趣。

这个国家推崇利益，为此，他们在自己渗入的地区和通向远方的航线上接二连三地建立或者吞并据点。由于只能绕过漫长而危险的合恩角或横穿更为危险的大陆才能抵达，北美的西部海岸是最后一个地球上被白人占据的中等富饶的海岸。

当温哥华作为第一人正在勘察普吉湾时，美国已经是一个国家了。通过后来的位于东北太平洋地区加拿大的不列颠哥伦比亚省和西南太平洋地区的澳大利亚以及新西兰的发展，英国再次发现自己正掌握着一条线的两端，它迫切地想在这两端之间获得一些中继点。

而另一个民族——我们也有这种超越一切的紧迫需求。在这些中继点中，夏威夷群岛有着无可替代的重要性，这并非因为它有什么商业价值，而是因为它在海洋和军事控制方面具有独一无二的优势。因为，一个海军据点的军事或战略意义取决于它的地理位置、力量和资源。在这三者中，地理位置最为重要，因为它是非人为的，后两个方面的缺陷可以通过后天或多或少地弥补。

举例来说，修筑工事可弥补一个据点的薄弱部分；假如大自然在该地区没有留下什么资源，可以筹备、囤积。而一个战略据点的地理位置是不可改变的。

说得具体点，那就是在评估一个地区是否具有成长为战略要点的价值时，首先要考虑其自然特征，然后考虑它们与外界的联系或者它们之间的关联以及在战时能提供哪些帮助。这样做能提供基本的方案和构想，从中决定重点。

这种要点的多少会随着相关地区的特征而改变：在多山且支离破碎的乡间就比较多；撇开人为的改变，在缺乏天然障碍的平原，就比较少。如果只有很少一些要点，每个要点的价值自然要比有很多的要大。而如果只有一个，它的重要性就将独一无二，而且达到极致。

我们可以认为，靠近陆地的海洋和连绵不断的平原是相同的。一位著名的法国战术家曾说道："海洋上不存在战略要点。"这是说大海上没有能支配并常常束缚将军们的行动方向的自然条件。而在平原上，不管地势是如何平坦和单一，它都或多或少能与居民与道路产生联系。

掌握了道路的节点也就有了支配性力量，力量的大小取决于道路数量和价值。在海上亦是如此。就其本身来说，尽管海洋不会对航船有什么阻碍，可以选择任一条路线航行，可是距离、便利程度、交通或风向等状况还是划出了一些常用的路线。如这些路线要经过海洋中的某个据点，后者因此就有了使用价值，它就能影响到这些航线。途经这个据点的航线越多，这种影响越明显。

现在，我们将这样的思维方式放在夏威夷群岛上。对任何观察过太平洋全景的人来说，可以看到两个明显的特征。夏威夷群岛处于一种相对孤立的状态，它构成了一个半径约等于从檀香山至旧金山的距离的圆圈并居于中心。如果有足够的耐心将指南针放在地图上测量，就会发现圆圈边缘的西南位置经过从澳大利亚和新西兰向东北方向的美洲大陆延伸的群岛的边缘。

这个圆里散布着许多毫无价值的小岛，它们的存在简直就是为了强调大自然分离夏威夷和南太平洋岛屿的失败。但是，需要注意的是，其中的一些岛屿，诸如范宁岛和圣诞岛之类，在近些年落入英国之手。从旧金山至檀香山不过2100英里，对轮船来说并非遥不可及。在这片海域中，除了受到我国影响的萨摩亚，其他群岛都在欧洲人的掌握之中。

因此，这样的情景引起了战略家和商人的兴趣：

独享一个战略要点，没有什么竞争对手，在一个广阔的范围内也不存在对这个据点的威胁或替代——这无疑是海权战略中最为理想的据点！此外，那些位置特殊的岛屿对穿越太平洋至关重要的商业航线有着明显的影响——不仅是对那些已充分利用的、意义重大的航线，对那些能在未来的情势中脱颖而出的航线亦是如此。因此，夏威夷的事态不得不让我们关注。

上述圆圈勾勒出的空间有一些彼此通过交通联系的中心点。同时，所有人都会察觉到，一个能改变当前的海洋航线并衍生出的新航线中心即将登场，尽管这种感觉还有些模糊。

中美地峡运河最终的地理位置对这一趋势也影响不大。不管其地理位置如何，从大西洋和太平洋而来的众多船只在此聚集必然会产生一个跨洋的商业中心——一个全世界顶尖的商业中心。各国都对连接这一中心的路线垂涎三尺，也必定会对它和太平洋地区其他中心之间的关系倍加重视。这些对商业航线及其与夏威夷群岛的联系的研究，连同之前的其他战略考虑一起，全面地展示出该群岛在商业和海洋控制方面的价值。

再看看地图，虽然从地峡通往澳大利亚、新西兰以及南美洲的最短航线和夏威夷并无关联，但通往中国和日本的航线仍要途经该群岛或其附近。从中美洲开往北美港口的船只自然受到我国海岸的影响。

上述这些情况以及公认的太平洋地区的政治力量的分布，导致了国际上对于我国和其他国家某些确切的势力范围的默认。英国、德国和荷兰已经在西南太平洋心有灵犀，基本不会在该地区发生冲突。虽然上述相互承认在形式上是人为的，但它却是以完全客观的、无可争议的形势作为基础。

3

相对濒临北太平洋东岸的各个国家来说，我国的人口更多，力量更强，得到的利益也更多。夏威夷群岛和我国的联系必然会比其他国家紧密得多。未来的运河尚未修通，从不列颠哥伦比亚省到东澳大利亚和新西兰的笔直航线必定要途经夏威夷群岛附近。这条重要航线靠近夏威夷的事实让该群岛重要的战略意义更加明显。只是这并不能改变上述的论断，我国在夏威夷的利益远超英国。因为近水楼台先得月，地理上越近，就越容易发挥影响。

不列颠哥伦比亚省依赖于加拿大太平洋铁路的商业和军事运输，我们横在这里与南太平洋之间自然让英国气愤。但是命运就是如此残酷，这个点对我们至关重要，我国 6500 万人的利益与加拿大 600 万人的相比，孰重孰轻不言而喻。

从上述考察可以看出夏威夷群岛的重要性。作为一个据点，它对太平洋地区有着决定性的影响，尤其是在地理上，我国是北太平洋地区的主宰，把控着该地区的商业和军事。夏威夷的主要作用就是保障我国的商业安全和对海洋的控制权。

我们再从反面来看看其他的好处。那就是夏威夷没有了被其他国家占领的可能，减小了我们可能受到的威胁。但是，还有一个特殊的问题不容忽视，如果某个海上敌国在普吉湾到墨西哥海岸线的 2500 英里的范围之内拥有一个加煤站，我们就会陷入麻烦。幸好，只有一个地方能建立加煤站，那就是夏威夷，假如有许多的话，其他国家一定会加以利用。如果不能把夏威夷群岛作为加煤站，敌人就只能到 4000 英里之外去求取燃料，来回就是 8000 英里，这样的海上行动将难以为继。

虽然不列颠哥伦比亚省的煤矿是一个例外，但是我们可以从陆上一侧对其进行打击。一条海岸的攻防要素集聚在某一个地点，这样的情形还很少见。我们必须要掌握住它，只要力所能及。

对夏威夷的兼并不只是脱离全部动机、孤立的非理性行为，还是一项成果，是美国随着自身的发展认识到将自己的文明发扬海外的必要性的象征。

我国所处的濒临大西洋、墨西哥湾和太平洋三大海岸的地理位置，要求我们通过地峡运河拓展日渐繁荣的公海区域。

我们的行动应从已为历史证明的基本事实出发——对海洋，尤其是对由各国的利益和商业勾画出的重要航线的控制，是决定一个国家力量和繁荣程度的主要因素。这是因为海洋是世界上极重要的联络媒介。从中我们可以推论出以下这条控制海洋的基本原则：**只要力所能及，一定要竭尽全力谋求海洋的控制权**。夏威夷当前的事态就是这个原则运用的最好体现。

然而，从军事角度来看，还需要注意一点：不管陆地或海洋上的军事据点和堡垒如何坚固、位置如何优越，它们自身并不具备控制力。人们经常讲某某岛屿或港口能控制某水域，这是一个严重的、危险的错误。还必须考虑筹备、海军力量等因素，只有这样上述理论才算正确。

第十二章

放眼墨西哥湾和加勒比海

1

古巴和牙买加这两个被视为要点的岛屿对于控制墨西哥湾和加勒比海最具实质性意义。就位置、力量和资源上的优劣而言，古巴又明显地绝对处于上风。

在中世纪结束之前，地中海一直是东西方商业联系的纽带。那时从黎凡特向东开展贸易需要途经一个漫长的陆地行程，穿过高山、沙漠和荒原，而地中海则是唯一的水路。但随着好望角的发现，地中海不再是唯一；同时，新世界的发现又将全新的事物在旧世界面前展开。当时的地中海地区只有少量创造性资源可以利用，在东方受到野蛮的土耳其人的影响，在西边受到西班牙的专制统治的钳制，两者之间的地区又被多如虱子的小国所瓜分，于是就沦落到对世界的进步可有可无的地步。法国大革命期间，英国的商业活动在地中海几近灭绝，该地区的贸易量只占同期英国贸易额的2%。

然而，地中海和东、西方之间的关系使它对整个世界依然有着某种政治意义。也正是因此，它一直都是上演伟大的政治抱负和军事进取心的绝佳之地。从两个世纪之前开始，英国就积极地介入地中海地区，尽管占据地中海只有纯粹海军军事的价值，但它从来都没有放弃地中海的控制权。

加勒比海和墨西哥湾共同构成了一片陆间海和一片多岛海。它们同样随着国家历史和个人命运的变迁而历经沧桑。对于我们这个时代来说，对新大陆的两片海域以及其中的岛屿、邻近的大陆的发现和征服，恰似找到了一个真实存在的黄金国——一片用最少的劳动能换来最多、最丰富报酬的宝地。不仅因为这里自然资源富足、气候宜人，还因为大部分当地居民都逆来顺受——可以将他们变成奴隶，保证那些稀缺物品的廉价和高产。

在墨西哥和秘鲁，早期的西班牙探险者对金矿贪婪的寻求变成了现实。与此同时，一条短而艰险的热带航程使西海岸的财富途经地峡被送到了广阔大洋的两端。当时，尽管对手先发制人，英国没能得到最大、最富足的土地，但它依然从加勒比海获取了其商业份额四分之一的财富，而此时地中海地区只贡献了2%。

但是，这些美好的地区也曾被专制主义困扰。英国的伊丽莎白女王是个专制君主，西班牙的腓力二世也是个专制君主。但在前者的臣民身上，可以看到反抗压迫和追求自由的意愿——这种意愿在美国革命中表现得淋漓尽致，后者的臣民则俯首帖耳。

今天，面对英国和西班牙两国截然不同的殖民体系，我们在英国的身上看到的是政治上的才智，在西班牙那儿看到的却是无可救药的愚钝和落后。

造成这种现状的原因在本质上是相同的，即由当地政府的实际能力所决定。这个原因使当今的地中海和加勒比海地区也处在类似的状况——在国际关系领域被视为源源不断的财富所在。不管这两片水域就其自身或是对周边来说有什么价值，也不管今天它们对于人类的进步有什么意义，如今它们主要的特征是它们在政治和军事上的重要性。

这种重要性影响着其周边地区甚至全世界。因为，两者都是部分陆地围绕海域，都是东西方交通链条上的枢纽，而且链条在此被地峡所分隔。这些共同点展示了它们在影响海权的政治和军事方面的优缺点。

对地中海来说，这个结论显然无误，历史已证明了这一点。对加勒比海来说更是如此。

2

在加勒比海和墨西哥湾地区，没有能与欧洲那些倚重陆军的大陆强国相抗衡的陆上强国（美国除外）。在当前的地中海，英国、法国、意大利等海上强国正与德国、奥地利、俄国等陆上强国分庭抗礼，而后者更为主动。这种情形在短期内绝不会在加勒比海出现。正如前文所说，加勒比海是海上强国的地盘。

虽然加勒比海和墨西哥湾像暹罗（泰国的旧称）孪生兄弟那样连在一起，但却属于不同的地理单元。墨西哥湾的范围由一条投影线界定，这条线北起佛罗里达半岛，南至尤卡坦半岛。

古巴岛嵌在这两点之间，在它一侧留下了一条100英里宽的通向大西洋的通道——佛罗里达海峡，另一侧则是稍宽的通向加勒比海的尤卡坦海峡。作为一项重要的军事考虑，必须作如下说明：

从密西西比河口往西至卡托切角，再到尤卡坦半岛的顶端，没有适用于大型战舰的港口，在蜿蜒的海岸上也找不到。这是我国所面临的军事问题中的一块硬骨头。

在墨西哥湾和加勒比海海域有着商业意义十分重要的地点。在墨西哥湾，密西西比河河口是该流域通过水路进出口货物的枢纽。不管这些货物何去何从，它们都在此汇集。墨西哥湾沿岸那些小而重要的城市，如莫比尔、加尔维斯顿或者是墨西哥的港市对密西西比河口的重要性毫无影响，反而让其越来越大。这些城市也具有自身的意义，它们能通过佛罗里达海峡或尤卡坦海峡与外部世界联系。

在加勒比海，许多重要港口的存在以及本地热带产品的大量输出，使那个叫作地峡的地方更加重要。在这里，决定性的因素还是道路的汇集。不论这种汇集是天然的，还是人为的，都决定着一个地点的商业和战略价值。

因此，虽然地峡有着陆上运输和货物转运这些欠缺，但从被首批探险者发现以来，它一直都是东西方交通线上的重中之重。而且，一旦地峡被一条运河贯穿，那么它将造就一个可与密西西比河口相媲美的海上中心。但是两者也有区别，就后者来说，那些在一侧汇集的水道都位于一个大国之内，承载的仅仅是这个国家的财富；而在地峡，在其两侧汇集的道路完全通向公海。

因此，地峡水路的控制权也许取决于对地峡的实际控制，也许会间接地取决于对通向它的道路的控制，也许取决于拥有一支实力非凡的海军。在海洋事务中，后者一直是决定性的因素，就像堡垒对于陆军那样重要。

所以，加勒比海和墨西哥湾就成为我们军事探讨的中心。

3

在军事学上，道路叫作“交通线”。交通线是战略、军事和海洋方面最重要的决定因素之一。因为所有的军事行动都离不开交通线，就像一棵树不能没有根须。

所以，我们可以先在地图上找出上述两个中心与外部世界之间的交通线路。这些线路体现了上述中心和外部之间的相互依赖，凭借它们，两者相辅相成。而一旦被截断，两者就会变得毫无用处。墨西哥湾或加勒比海的军事价值主要在于它们对这些交通线的潜在影响。

对于这一点，这里只需简单地提一下，无论其面积大小，是海港还是海峡，任何地点的战略价值都由以下三点决定：

（1）地理位置，主要是与交通线的相对位置。

（2）实际力量，固有的或后天的实力。

（3）自然资源，天然的或积累的财富和能源。

尽管人们可以在合适的地方集聚力量和资源，但无法改变一个地点的位置。所以，首先要关注位置。假如将直布罗陀搁在大洋中间，它的力量也许会成几何倍增长，但这样的想法在军事上就是痴人说梦。

考虑到这些，仔细研究加勒比海和墨西哥湾的各个港口以及海岸的天然优点，我们就能在地图上找出一些地点。当然，这不是说其他地方就没有这些优势，也不是说所考察的地区的各种战略完全集中在这些地点。上述言论指的是在特定状况下，它们的价值大小与环境相关，同时受到政治现状的影响——它能使一些地点中立化。一些地点之所以不在考察的范畴，是因为它们与真正的要点之间距离较短，可以包含在其他要点的范围之内。

此外，战略上的常识是：不管那些被动的地点、需受保护的地方如何重要，就算是军事行动必不可少的存在，也不要对其过度重视，这样做会分散力量。同理，在对某个海上行动场所的研究中，有关地点对于全局的影响亦是如此，考察的目标数量应逐渐削减，最后缩小到仅包括那些至关重要、有代表性的地点的范围。这样才不会让更多的地点来干扰自己的注意力，避免浪费思维和形成错误的认识。

我国需要在彭萨科拉和密西西比河口二者中选其一来作为新建海军基地的位置，并最终决定选用后者。而我认为只有这两地合在一起才能满足海洋战略和陆上战略的诸多需求，以国家的海岸边界为基地的行动不能只依赖单一的地点；虽然和理想状态相比，这两地过于接近，以至于在一个地方就能集中力量监视两者。不过，考虑到大型舰船的吃水深度，在那条海岸上，我们别无选择。

此外，基韦斯特——一个位于佛罗里达半岛上方的岛屿，长期以来一直被认为是佛罗里达海峡中最主要的，也是唯一的高品质港湾。基韦斯特与密西西比河口相距 550 英里，与地峡相距 1200 英里。合理地控制它对战时我国的大西洋海岸和墨西哥湾海岸之间的交通联络必不可少。一旦加勒比爆发战争，按照当前的情形，基韦斯特就是我们的最远端。假如这里的防御工事足够强大，我们的舰队就能以它为跳板，它就能分散敌人在彭萨科拉和密西西比河口的力量。不过，它绝不可能成为像彭萨科拉或新奥尔良那样的主要行动基地，因为它只是一个岛屿，资源缺乏，甚至连淡水也没有。

在基韦斯特西方 60 英里的德赖托图加斯岛上还有着一座古老的堡垒。它能够为基韦斯特提供补给，不过在当前它还不在考虑的范畴。

圣卢西亚岛和马丁尼克之所以要挑出来单独讨论，是因为它们分别是英国和法国在这片广泛区域外围的主要据点。如果英国在这一区域还需要一个能够提供补给的据点，那一定是安提瓜。该岛对圣卢西亚的作用就像彭萨科拉对密西西比河口的作用一样。同样的，法属瓜德罗普岛对马丁尼克岛也意义重大。这些地点的重要性基于一个事实：它们是英法两国所占有的岛屿中离本土最近的，而且在它们与本土之间没有必须途经的危险点。

但是，它们也有缺点：面积较小，没有足够的自然资源，容易遭受全面封锁。这样一来，它们在战争中的用处在根本上就取决于对海洋的控制权。而彭萨科拉或新奥尔良的情况则不同，它们是以大陆为后盾的。

在这方面，西班牙所属的古巴岛有着显而易见的优点，英属牙买加也是如此，但与前者相比还是相形见绌。虽然古巴岛全岛地域狭窄，但从圣安东尼奥角至迈西角的长度达到了 600 英里。

与其他岛屿相比，古巴岛更像一块大陆，而且有适当的发展背景，有着能够自给自足的自然资源。古巴岛的面积是爱尔兰的二分之一，但长度是爱尔兰的 3 倍。

所以，古巴岛的海岸线极长。从军事角度来看，它有许多天然港口，可集中为三大块，分别是西边的哈瓦那、东边的圣地亚哥和靠近南部海岸中心的西恩富戈斯，其中任意两个港口之间水路的最短距离是从西恩富戈斯到圣地亚哥的 335 英里。水路从西恩富戈斯到哈瓦那有 450 英里，而且要绕过古巴岛的西端；不过两者间在陆地上仅有一段 100 英里左右的乡间道路。

所以，作为海军行动基地、舰队的后援，古巴与同属于加勒比海和墨西哥湾的其他岛屿相比，幅员广袤且基本可以自给自足，还可以通过海上得到外来必需品。而且，物资可以按需通过内陆路线运输，没有在海上被截获的风险。

此外，漫长的海岸线、众多的港口以及航路走向的变化多端使古巴岛遭到彻底封锁的可能微乎其微。这本身就优点十足，对于一支劣势的海军更是如此，因为它们使得自身的力量可以随着行动的转移而转移，而且随时随地都能得到庇护和补给。

牙买加只有古巴岛长度的十分之一、宽度的五分之一，不管是作为一个供应基地还是行动中心，都没有古巴岛的优点。不过，如果它落入一个具有绝对优势的海洋强国之手，那么供应、封锁和行动方向上的不便也可以忽略不计。

4

从长远的角度来看，任何地理位置的优势都不能完全抵消军事力量——尤其是海军方面的劣势。一旦西班牙卷入和英国的战争，在古巴的西班牙人有一项优势就会体现出来，即他们和我国（尤其是墨西哥湾港口）间的交通线较易保护。

但这并不意味着沿这些路线开往古巴的船只就绝对安全。没有哪条交通线能在海洋上或陆地上绝对安全。笔者只是认为，对这些交通线来说，防御比进攻容易得多。与防御方相比，进攻方必须加倍努力，行动也要麻烦很多，因为它与基地的距离更远。

因此，攻击的效果还取决于英国能集中多少力量。这样看来，地理上的优势对当地力量的补充意义重大。**拿破仑曾说过：“战争是针对重点的行动。”**这位闪电战鼻祖指的是战争就是获取据点并成功守住。

战争的结果取决于机动力量在重点位置的调遣和发挥，就像一枚棋子的效力取决于它的原本价值和所处的位置一样。因此，在力量和位置这两大因素中，尽管力量的价值是本质上的，但位置上的优势完全可以在很大程度弥补力量上的不足。所以，古巴岛价值不可估量。

假如只是将一个岛看成海上要点而不考虑以其为基地的力量，那么牙买加岛对于胜负的影响远不及古巴岛，尽管牙买加岛上的金斯顿有优良的海军港口和基地。不过，对地峡以及相关的加勒比海的当地问题来说，牙买加岛有某种优势，这个稍后再议。我们现在要做的是继续介绍方块标出的地点的详情。

在这些地点中，地峡地区的三点间距离很近。按照前面的规则，应当从中选出一个有代表性的地点。然而，因为这些地点与地峡这个利益中心是如此之近，它们各自的重要性的构成就有不同的特定原因，把它们分开和作为一个整体分别来看，有助于对加勒比海的战略状况进行全面的说明。

我们来看看这些地点：港口小镇科隆及科隆以西 150 公里处的奇里基湖——广袤的封闭海湾，沿岸无人居住，它的附属岛屿提供了各种各样的优良锚地。科隆是巴拿马铁路在加勒比海一侧的端点，也是计划中开凿的运河的端点。虽然这个港口需要经受风暴的考验，但综合条件良好，它必然会成为横贯地峡的交通起始点。这里无需提及关于巴拿马运河计划和尼加拉瓜运河计划的相对优劣的争论，可以肯定的是，一旦前者建成，科隆必然是其一侧的出入口。

再看看卡塔赫纳城，它是地峡周边地区最大、最富有的城市，同时还是一个良港。卡塔赫纳的优点基于一个公理性的原则：假如其他方面没有差距，一个商业比较集中的地方就比其他地方具有更高的战略价值。奇里基湖是极具价值的水域，哥伦布曾造访过，这个地方拥有建立一个海军基地的全部自然条件，不过对商业活动来说就有点不太适合了。在这里，任何东西都需要重新建设，而且还需要长久的外部支援。奇里基湖位于科隆与圣胡安河河口，即将来的尼加拉瓜运河的出入口之间。所以，奇里基湖从一个特殊的角度反映了地峡问题正处在悬而未决的阶段。虽然在奇里基湖地区有着任何潜在的可能，但现在除了指出其存在和特点能够帮助大家认识地峡的环境之外，再没有什么其他可说的了。

5

荷兰的库拉索岛也同样被标记了，它的自然特点注定了它要引人注目。库拉索岛有一个优良的港口，改造之后可以固若金汤。此外，它是所有开往地峡和途经牙买加岛东侧的船只的必经之路。这些因素共同决定了库拉索岛在军事上无可替代的价值。

不过，荷兰是小国家，不可能再卷入一次全面性的战争。事实上，企图殖民扩张的德意志帝国正对荷兰的大片殖民地虎视眈眈。看看德意志帝国的支配性影响引发的欧洲格局变动，你就会觉得事态完全有可能照此发展下去。对于这些举动，疑惑的美国人在过去几个月中一直想要弄明白，却一直百思不得其解。

所以，不得不承认剩下的标注地点上可能出现一致的中立，它们分别是坎昆岛、萨马纳湾和圣托马斯岛。坎昆岛是尤卡坦半岛的端点，属于墨西哥——这个国家在地峡问题上有着最实际的利益，因为它和我们一样，有着同时濒临太平洋和大西洋（在墨西哥湾）的绵延海岸。不过，它也仅仅具有地理上的优势。它的驻泊条件几乎令人发狂，没有任何资源，只有付出和收获不成比例的经费才能在那里立足。此外，将该岛看作一个军事要点只会更加突出一个事实：就位置来说，对于尤卡坦海峡的控制，古巴岛是无可替代的。

萨马纳湾位于圣多明各的东北角，是由讲法语和西班牙语的两个黑人共和国共同占据的大岛上的几个优良港湾之一。提及它，是为了全面地认识加勒比海。

要知道，考察需要全面性，而不能仅仅针对某一特定地区。萨马纳湾和圣托马斯之所以如此突出，是因为它们比其他任何地点都更能体现控制大西洋与加勒比海之间的两个主要海峡的意义。萨马纳湾所处的圣多明各和波多黎各岛之间的莫纳海峡，特别适合由北而来的帆船航行，因为这段航线基本安全。不过，随着蒸汽时代的到来，这一点在军事上的重要性早已变淡。然而，莫纳海峡在军事上的价值依然不容忽视。因为它可以作为向风海峡或在东面的其他海峡的替补——如果其中某一处落入敌人之手的话。

圣托马斯岛濒临阿内加达海峡，这个海峡事实上已被大量使用，从中穿过的欧洲至地峡的航线比其他任何海峡都多。然而，圣托马斯是一个集所有内在弱点于一身的小岛。至于萨马纳湾，尽管它幅员广袤，物产也丰富，但目前没有也不可能具有使资源和力量能得到充分利用的政治稳定和商业繁荣。

所以，这两个地方还需要一定的发展，直到它们的防御提升到一个海军港口的水准。不过，虽然有不足，但它们与海峡毗邻的位置还是使它们对加勒比海和墨西哥湾的全面性的研究有重要的辅助作用。

地峡是加勒比地区商业和军事利益的关键，同时它还吸引着那些领土濒临两大洋但又被地峡断开的希望统一的国家。在此情况下，不难知道，加勒比海的入口及穿越加勒比海直至地峡的交通线对于地峡作用的发挥都是不可缺少的因素。

所以，在战时，控制这两个因素就跟控制地峡的军事目标同等重要，而之前考察的众多地点对这两个因素的影响也需考虑——无论从个体意义上还是总体意义上。

现在我们看看地图，将这幅图作为一个整体来考虑。

我们能看到所考察地区端线上的多个要点都在一流的强国手上，马丁尼克和圣卢西亚分属法国和英国，彭萨科拉和密西西比河口则属我国。

此外，一流强国还掌握两个远离它们最前端的军事基地的前方要点，即距彭萨科拉 460 英里的基韦斯特和距圣卢西亚 930 英里的牙买加。这两地至地峡的距离分别是 1200 英里和 500 英里。

从尤卡坦至圣托马斯的一系列地点分布在上述的主要基地和前方要点之间，将其一分为二。不考虑机动力量的影响，单单就位置来说，这些地点体现了控制加勒比海的北部入口的意义，却都不属于一流的强国。

因为物以稀为贵，远至但不含阿内加达海峡的加勒比海北部各入口是公认最重要的通道。它离地峡是如此之近，尤其是对我们来说，如果不想绕一个大圈子的话，它们是我们与地峡以及所有位于加勒比海范围之内的地区进行交通往来的不二之选。

加勒比海是一个陆间海。不过跟旧大陆①的地中海或墨西哥湾放在一起的话，这样的说法就太局限了。墨西哥湾和外洋只通过极少的海峡相连，这使任何国家都容易从附近对其进行监视。此外，在地中海和墨西哥湾都有着极具优势的地点。前者是直布罗陀和其他一些地点，后者只有哈瓦那。与这两片海域相反，加勒比海东边的一系列小岛呈封闭之势，尽管这些小岛之间的线路不比直布罗陀海峡宽，但数量上的优势让加勒比海在这个方向上的入口宽度达到了近 400 英里。

这些岛屿通过控制入口的能力构成了若干能实施军事行动的地点，不过它们的数量使这种影响无法集中，而以直布罗陀或哈瓦那为基地的力量就能实现这一点。

加勒比海北侧的情形则与之大相径庭。从古巴岛的西边到波多黎各岛的东边伸展着一条 1200 英里（在加勒比海东侧为 400 英里）长的陆地阻隔带，其间只有两条海峡，每条海峡宽 50 英里，中等马力的汽轮只需要 2~4 个小时就能贯穿整条线路。

这样的自然环境对通往地峡的道路的影响简直就是爱尔兰岛对于英国的战略影响的大翻版。爱尔兰岛陆地阻隔长 200 英里，位于彭特兰湾和英吉利海峡之间的正中。这情形给予了一支强大的海军在爱尔兰南北两端或其中一端侧击和骚扰英国的可能。

因此，当前的政治形势和其他状况使上述两处海峡对受其影响的国家有着不同的重要性。保持与大西洋的交通畅通关乎英国的生死，而与地峡的交通虽然对我们的影响还远未到这种程度，但也有着不容忽视的重要性。

因为加勒比海的 1200 英里的阻隔地带中有 600 英里在古巴的领土上，接下来是 50 英里宽的向风海峡，再接着是 300 多英里长的海

① 旧大陆：指在哥伦布发现新大陆之前，欧洲认识的世界，包括欧洲、亚洲和非洲。与此相区别，新大陆主要指美洲大陆。——译者注

地，最后是莫纳海峡，可以肯定的是，一支以古巴的圣地亚哥或牙买加为基地的优势海军可以对我国和加勒比地区（尤其是地峡之间的所有通道）实施打击。

同时，我们也应考虑到将佛罗里达半岛和巴哈马及古巴断开的海峡太过狭窄，我国大西洋海岸和墨西哥湾海岸之间的商业和海军交通联系也会因此受限。假如我们能想象佛罗里达半岛这个长但不宽的地带被完全移走的情景，就能认识到它对于海上利益的影响。所以，我们必须确保两个海峡入口的控制权，这样一来，运输就不用经过狭长的、在其一侧与他国——可能是敌国的领土相邻的海峡。

如果美国与英国或西班牙发生战争，这条海峡很可能会遭受邻近敌国巡洋舰的骚扰。如果没有佛罗里达半岛，我们应对起来就容易得多。这个半岛将我们从大西洋至墨西哥湾的航线向南延伸了 200 英里，这就使得我们必须拥有一个基地来控制佛罗里达海峡。但是，我们几乎完全没有可用的港口——大西洋海岸是最暴露的一侧，那里不存在可用的港口。在墨西哥湾，没有哪个港口能比离基韦斯特 175 英里的坦帕湾离前者更近。

顺便提一下：狭长的佛罗里达半岛连同其海峡的影响也被翻版到了古巴、海地、波多黎各以及将它们分隔开的海峡上。它们联合构成了一条长长的阻隔带，对于加勒比海的战略意义不可忽视。假如其中的海峡落入敌人的控制，这一阻隔带就会使墨西哥湾彻底孤立。

牙买加岛和由古巴、海地和波多黎各组成的大阻隔带形成了这样一种关系：它是一块天然的翘板，借助它我们可以从对入口的研究过渡到对交通线的探讨。

在加勒比海的入口以及该海域的控制问题上，牙买加处于核心地位。它到科隆、尤卡坦海峡和莫纳海峡的距离相当，都是 500 英里；与南美大陆上的加伊纳斯角及中美大陆上的格拉西亚斯-阿迪奥斯角的距离更短，仅有 450 英里。

此外，牙买加岛紧贴向风海峡，它对后者的控制力丝毫不亚于圣地亚哥。作为一支大型舰队的基地，牙买加岛能发挥陆军据点那样的作用。假如从牙买加岛向各个方向派出相对精干的侦察船队，它们就能观测到三个海峡的通行状况。就算船只是从其他地点出入加勒比海，以牙买加岛为基地，护卫舰队也可在基地至加伊纳斯和格拉西亚斯-阿迪奥斯范围内能确保该航线的安全。

因为地理上的优势以及拥有一个有潜力成为大型舰队的海上基地的港口，牙买加绝对是加勒比海中间最重要的地点，没有之一。

然而，与之相比，古巴却是加勒比地区最具决定意义的地点。要知道，一个地点的军事价值既体现在数量上，还体现在质量上。不管一个地点的位置多么优秀，也不可能完全弥补在力量和资源方面的缺陷。直布罗陀就是一个典型，它是坚固堡垒的代名词，但它的面积狭小、位置孤立而且资源贫瘠，这对它自身的进攻和防御构成了限制。因为位置原因，牙买加被所有从大西洋、墨西哥湾至地峡的航线所环绕。不过，作为一个军事存在，它与古巴这个大岛相比就相形见绌了。

必须申明，任何此类探讨的目标都是将考察的众多因素逐步精简，从而使余下的决定性因素凸现出来。这样，战略图景的特点就变得明显。这方面的主要工作之前已经完成。概括起来，主要涉及 3 个方面：

（1）两个决定性的中心：密西西比河口和地峡。

（2）将这两地与其他地区连接起来的 4 条主要航线。这 4 条航线分别连接地峡和密西西比河口、地峡和北美海岸（经由向风海峡）、墨西哥湾和北美海岸（经由佛罗里达海峡）、地峡和欧洲（经由阿内加达海峡）。

（3）所讨论地区主要的军事要点以及它们独立的和整体的重要性。

从有关讨论来看，很显然，因为“交通线”是战略中极其重要的因素，所以地理位置对数量众多、大范围的交通线有着决定性影响的地点才是重点。

在上述的四大交通线中，三条途经古巴和牙买加附近并被它们控制。即：从密西西比河口经尤卡坦海峡到地峡、从密西西比河口经佛罗里达海峡到我国的大西洋海岸、从地峡经向风海峡到北美大西洋海岸的航线；从地峡至欧洲的第四条航线与牙买加岛（相对于古巴岛）更为贴近。

因此，对于控制墨西哥湾和加勒比海来说，古巴和牙买加这两个被视为要点的岛屿意义非凡。此外，向风海峡是对墨西哥湾和加勒比海都有影响的战略中心，因为在这里古巴和牙买加对加勒比海的控制力都得到了最终的检验。前文已经说过，在一场战争中起着决定性作用的是机动性力量而不是地理位置。就地理位置来说，古巴岛比牙买加更具优势，原因前文已经说过。如果这两个岛屿归属国发生冲突，双方机动力量的对比将得到向风海峡的控制权的真正考验，因为该海峡是牙买加与我国海岸、与哈利法克斯、与百慕大进行联系的最佳路线的必经之处，所以它对牙买加来说必须保持开放。

6

假如牙买加的力量没有强大到足以迫使该海峡保持开放的地步，它就只好通过隐秘的手段来保持基本供应。因为它无力在海峡方向上展示实力，也无力在任何方向上摆脱古巴的纠缠。这时，放弃最佳道路就意味着孤立；这种情形一旦是长时间的，那就只有一种归宿了。

所以，最终可以得出这样的结论：

就位置、力量和资源上的优劣来说，古巴比牙买加更具优势。要使牙买加和古巴平起平坐也绝非没有可能，这需要有一支机动力量迫使向风海峡一直开放直到战争结束。在当前的政治归属形势下，如果在英国和西班牙之间发生战争，英国的机动力量绝对没问题。

然而，如果是一场多个海上强国参与的全面战争，这就不好说了。在1778年的战争中，英国方面大都认为自己无望保持对向风海峡和牙买加的控制。但难以置信的事情发生了，因为敌人的重大失误和霉运，英国居然保住了牙买加。

可以想象，曾经出现的事情可能会再次上演。

第十三章

地峡和海权

1

400 多年以来，人们心中一直有一个梦想——建立在海洋上的便捷的联络线，一条国家间的巨大纽带——这条纽带以两个不同的古老文明为端点：一端以地中海为中心，这是欧洲的商业和文化的源泉；另一端以遥远的东方海岸为中心。

事实上，哥伦布的伟大一生就在为此而努力。一块由野蛮人和半野蛮人所居住的荒芜之地融入文明世界的事实，并没有使哥伦布从惠及他人的荣耀及长期吸引着自己的黄金之梦中醒来。他所发现的西方土地，事实上却成为前往他向往已久的目标之路上的阻碍。哥伦布一直在寻找的“秘密的海峡”，因其隐秘性而对他极具吸引力。也正是因此，他一直都保持着充满生机的希望和思维的活跃。假如他知道了真相，吸引力或许早就消失殆尽。

在哥伦布的最后一次航行中，他抵近了美洲大陆，沿着它的海岸进行考察。海峡的最终秘密就藏在这个地方。

1502 年秋天，在无数次尝试和厄运之后，沿着古巴南岸前进的哥伦布到达了洪都拉斯的北部海岸。除了连他本人都难以解释的信念，没有什么可以解释他为什么孤注一掷地沿着一个方向前进，而不是换一个新的方向。

不过，经过一番思考，哥伦布觉得要寻找的海峡位于南方而不是北方。于是他逆风向东偏转，在与风向进行了一番艰苦的斗争之后，他返回格拉西亚斯-阿迪奥斯角。使他大为畅快的是，海岸的走势终于可以让他沿着希望的航向顺风前进了。

在接下来的两个月中，哥伦布考察了远至波托韦洛的海岸，他发现并探测了几个迄今仍然有着历史意义的陆上的入口，包括圣胡安河河口和奇里基潟湖。

此外，哥伦布还从波托韦洛向东走，到达了一个当时西班牙人到过的地方。至此，哥伦布坚信，上述地点与尤卡坦坚实的海岸是相连的，正是这条海岸隔断了他通往亚洲的道路。

在哥伦布临死前，他已经考察了那片土地上每一处可能有跨洋水道的地点，但一无所获。直至10年之后，当巴尔博亚按照当地人的指引成为第一个看到南海①的欧洲人时，人们才知道那道看似不可逾越的障碍其实很窄，而穿透它就能得到的显著便利又是何等诱人。

2

早期，在今天被称作中美洲的土地上，西班牙首领之间的斗争持续不断。对于这一点，有所企图的西班牙政府并没有出面制止反而火上浇油。

1522年1月，吉尔·冈萨雷斯带领一些弱小的三桅帆船从巴拿马出发，沿太平洋海岸北行。3月，他发现了尼加拉瓜湖。5年之后，另一位冒险家乘船去探索海岸的未知部分，他来到了尼加拉瓜湖并环行一周，发现了其出口——圣胡安河。这时离哥伦布到达这条河的入海口只过了25年。

这时，随着秘鲁被征服以及在中美洲和沿太平洋海岸的西班牙控制地域和定居点的增多，地峡很快变得意义非凡。这样，我们很容易理解我国取得加利福尼亚以及沿着太平洋海岸的扩展对于地峡的政治影响。

当时，绕过合恩角的航道漫长而艰辛，人们希望获得一些安全的捷径。虽然当时陆上运输有装货、卸货之类的不便，但在蒸汽时代之前，比起绕远这样的不便还不算什么。

因此，地峡及其邻近地区成为了当时的主要商业中心。许多航线在这里汇集，东方和西方在这里交流。有时双方十分友好，但更多时

---

① 这在长时间里模糊地指太平洋。——译者注。

候是对抗和冲突。哥伦布的想法仅仅得到了部分实现。海峡之谜一直都是问题的关键和人们的目光所在。

不管出于何种原因，上述商业中心的所在地一直都是各方关注的焦点，对那些与贸易变迁所导致的影响有着利害关系的民族更是如此。

然而，富有上进心的商业国家不会消极地面对负面影响。它们希望把关键地区划到自己名下。控制了这些地方，就等于占据了军事上的据点，可以获得财富与繁荣。

所以，从中美洲地峡成为人们心目中东西方交往的中心之时起，它的历史就是控制权的较量史。

3

几个世纪以来，西印度群岛一直是欧洲文明国家所必需的热带产品的唯一产地，它们分布在加勒比海四周护卫着朝向地峡的外部通道。在英国和拿破仑一世的殊死搏斗中，英国正是凭借对西印度群岛和地峡两边的大陆地区的控制权，找到了商业的主要支撑。单是这点就足以让英国获得最终的胜利。

此外，在几个世纪中，死而不僵的西班牙军事王国也正是依赖着墨西哥和秘鲁的财富才勉强维持着昔日的荣耀。这些财富首先被送到地峡集中，然后和来自菲律宾群岛的贡物汇合，最后才被装上大帆船运至伊比利亚半岛的港口。

当影响着欧洲政治的决定性因素处于非常态时，相互竞争的国家无论在和平时期还是在公开的战争状态中，都跃跃欲试想一展宏图；而围绕主宰权的斗争总是随着对水域的控制而此起彼伏。

在任何一处海洋上，控制往往都取决于海军的力量，但也部分取决于那些关键要点的归属。对此，拿破仑曾说：“战争是一种围绕要点的行为。”地峡就是这些要点中的重中之重。

因此，早期的肆意掠夺和血腥侵略不仅仅是贪婪的表现，也体现了刚摆脱野蛮的国家的遗臭。在历史前进的道路上，早期的劫掠者和后来的冒险者作用并无二致——作为今天文明人的先驱，他们对各个地区趋之若鹜，占据着各个前哨阵地，并使他们种族的良好声誉蒙羞。但是，是他们的本质决定了他们的前进方向。他们的劫掠活动不仅将当地的财富暴露无遗，还证明了财富的获得取决于据点的商业和战略重要性。两个世纪之前，一位雇佣军头目曾说过："只要人们知道有着尼加拉瓜湖以及依赖于它的北方和南方海域之间的航线，格林纳达就不可能完全腐朽。"

随着时间的推移，在自然法则的作用下，围绕着主宰权的斗争导致了不列颠群岛上的人民的支配地位日益加强。在他们身上，商业开拓精神和政治特性美妙地结合到了一起。他们的权力和影响的扩展得益于当时毫无法则的状态——使这样一个国家能够大刀阔斧地发挥自己的才智。

可见，秩序生于纷乱。对于这一点，英国就是最好的佐证。英国经历了扩张阶段，凭借海洋的力量，在欧洲因新大陆的发现而导致的国家间的斗争中长期称霸，也从一个极不起眼的国家成为一个海员和殖民者遍布于海洋和陆地所有角落的国家。

在英国国内生活中，广泛的自由原则的强大生命力，已由这个国家几个世纪的持续旺盛得到了充分的证明。就长远来看，自然的法则不可违背，没有谁能阻止英国获得极大的权力。总而言之，英国的行为并没有什么人为的限制，也没有受到什么阻碍其成长的政治麻醉剂的影响。

4

在当前涉及的地区，英国在介入竞争之时处于劣势。在新时代的曙光降临之际，伊丽莎白女王统治下的英国因海洋和殖民上的进取精神而灿烂夺目。

然而，和英国竞争的毕竟是力量雄厚的西班牙。此时的西班牙还很强大，掌握着加勒比海地区的多数重要地点和西属美洲大陆的实际控制权。西班牙还扬言有权将他国从这里驱逐出去。显然，这种言论会遭到一致的强烈反对。

在17世纪上半叶，西班牙的力量急速衰减，在大反叛时达到了高峰。在一段时间内英国为国内的纷乱所羁绊，这使英国也放慢了对外经营的步伐。德雷克、雷利及其同辈造就的前进势头一去不复返，西班牙这个主要敌人的衰竭带来的时机也白白浪费了。不过，尽管暂时受到了抑制，英国的趋势依旧，而且随着国内的种种混乱被克伦威尔的铁腕政策平息，它又很快回到了主导地位。

克伦威尔干练的治国之才，以及他的国内政策迫使英国对海洋产生向往，不仅为了赢得外界的尊重——这是克伦威尔最需要的，也为了使英国在国外发挥世界级的影响。

这个国家对克伦威尔充满豪情的号召迅速作出反应，重新满怀激情迈上海权之路。对克伦威尔来说，使世界上的航运贸易掌握于英国之手的举措是正确的。尽管从现代的角度来看，或许在经济上会有铺张浪费之嫌，但从当时的形势看则再好不过了。

从克伦威尔的短暂统治时代开始，英国海军才作为一支组织得力的力量登上舞台。也正是克伦威尔在1655年占领了牙买加这个加勒比海中对于控制地峡最具决定性意义的地点，为英国在该海域的海权发展奠定了坚实的基础。

虽然，英国将领在夺取圣多明各上的失败才导致了针对牙买加的尝试的成功，但这件事情有力地表明：如果一项军事上或政治上的总政策方针是依据合理的原则制定的，偶然的厄运或落空并不能将构想毁于一旦。克伦威尔对西班牙的西印度属地的态度是明智的、有远见的，其动机是向后者垄断这一富饶地带的行为宣战。克伦威尔把英国在这一群岛地区的扩张仅仅看成是对邻近的大陆进行控制的片头曲。

在笔者看来，克伦威尔的大方向是正确的——在海边，而不是陆地。

克伦威尔的伟大目标因他的去世而没能彻底完成。他的死让英国对地峡的实际占领受到了耽搁。如果他还活着，在其强有力的手腕统治下，也许可以做到这一点。然而，克伦威尔的意图依旧居于英国人民的心中。

5

随着奥兰治的威廉的上台，英国政府的雄心壮志再次复活，劫掠者们杂乱无章的活动也明确地与国家政策整合在了一起。虽然突发事态有时使这项政策的执行稍有偏差，但英国在 1702 年介入西班牙王位继承战争时还是坚定地表明了自己的意图。从 1713 年战争结束签订乌德勒支条约开始，同样的计划在英国全国成功推行，取得了傲人的成绩，进而提出控制借路于地峡的两大洋之间交通的设想。

与此有关的最著名的事例是当年还是舰长的纳尔逊在 1780 年的一次尝试。当时，他和陆上力量相配合，想要占据圣胡安河河道，借此占据途经尼加拉瓜湖到大洋的通道。这次尝试的结果是灾难性的，不仅是气候上的原因，还因为西班牙人已经认识到了该地区的重要性，他们在湖泊与大海之间修建了十几个牢固的工事。

英国在该地区的推进因纳尔逊遇到的困难而举步维艰。面对西班牙长久的占领，英国无法运用它擅长的手段来获取控制权。广义上来说：使英国最终成为西印度群岛和地峡地区政治体系主宰的因素正是海权。英国是伟大的贸易者、供应商，也是不同的殖民地之间及其与外部世界交流的媒介。它有强大的海军维护交通和航运——除了极少数场合，这支海军完全能完成任务。所以，英国可以从容地利用各类商业交易获益。这个事实令人受启发，因为当前的形势和一个世纪以前十分相似。对任何一个外部国家来说，对中美地峡的控制都依靠海军控制，海军起决定性作用，陆地只是辅助因素。

这些就是西班牙殖民帝国在1808年至1810年间开始瓦解以及西印度群岛的产业体系随着奴隶制的废弃而萎缩的总的情形。这两个决定性事件的同时发生以及随之而来的政治和经济形势的模糊，很快使地峡及朝向它的通道沦落到了无足轻重的地步，而其中那些岛屿的地位至今也没有改观。

在经历了一段被人忽视的时期后，随着我国朝向太平洋扩展，在两大海岸之间建立便捷、安全的交通联系问题被摆上桌面，地峡又一次成为一个关键的政治因素。墨西哥战争、加利福尼亚的获得、金矿的发现以及随后出现的掘金狂潮表明，解决这个复杂的问题迫在眉睫。

因为我们濒临两大洋，问题的解决与我们有着直接的利害关系。虽然其他国家在此也有着利害关系，然而，我们在该问题上的利益既是商业的也是政治的，而其他国家的利益几乎全是商业性的。

作为一个海运大国，英国自然在每一条商业新航路的开辟上都有着根本利益。因此，它不可避免地要慎重地审察每一个要求改变现状的建议。问题拖到最后，英国很可能动用武力来捍卫自己的立场。

可能出现的跨洋运河对英国有着明显的利害关系。英国也认识到地峡交通的问题对于我国的进步、安全和荣誉的影响比对自身的影响更重大。

运河的建成、开通将给予我国不少好处，单就纯粹的商业利益而言，也会对英国不利，因为我国的大西洋海岸与太平洋的距离比英国离太平洋更近。

就算没有地图我们也知道，当前利物浦和纽约的距离，与从瓦尔帕莱索至不列颠哥伦比亚省的美洲西海岸上的所有地点的水路距离不相上下。从这两个港口出发绕行麦哲伦海峡的船只都必须经过巴西东海岸，从每个港口到此距离几乎相等。假如有尼加拉瓜运河，从纽约出发的船只经过这条运河，而从利物浦出发的船只使用苏伊士运河，从这两个城市至太平洋，经过横滨、上海、香港和墨尔本或沿着日本、中国和东澳大利亚海岸的航线的长度相同。而日本、中国和澳大利亚以东的海洋上的各点，比如夏威夷群岛，离纽约的距离将比离利物浦更近。

一位英国当代作者认为，这些情形将对不列颠群岛现今八分之一的贸易活动产生负面影响。然而，虽然这种局面会引起英国的关注，但其影响只是间接的。它对决定着大英帝国的领土完整和安全的首要问题的影响微乎其微，因为主要问题都表现在以苏伊士运河为联系纽带和最短交通线的地区。在英国的领地中，东太平洋地区的领地最无足轻重，而地峡运河正是通向这一地区。

地峡运河使我国太平洋海岸与大西洋海岸变得更近，而且使欧洲的主要海军力量也更容易抵达。因此，虽然畅通无阻的水路运输能带来商业利益，但从军事观点看，运河也有弊端。除了那些坚信人性本善会使战争遭到摒弃的乐观主义者，这些考虑必然会引发人们对于我国未来政策的严肃思考。

在门罗主义还停留在形式与设想的时代到 19 世纪中叶这段时间，现实问题是跨地峡的航路对于外来干涉毫无抵抗能力。为了解决这一问题，1850 年 4 月 19 日订立了《克莱顿-布尔沃条约》。那时，英国掌握着一些陆上据点和外围岛屿，这些地盘不仅对军事控制有利，对政治干涉也提供了方便。凭借对牙买加的占有，英国获得了它们。

这也可以证明，克伦威尔是正确的。在这些地方，濒临洪都拉斯湾、紧邻尤卡坦的南界，有一条由 200 英里长的海滨地带构成的伯利兹地峡，与运河相距甚远，所以不可能涉及运河问题。所以我国的谈判者在当时不把英国对它的占有放在眼里，对于英国在那里的权力不承认也不否认。伯利兹首先被英国掠夺者占领，他们在牙买加落入英国手中之后的几年进入这一地区就不再撤出。他们在此乱砍滥伐，并成功地保住了自己的领导地位，没让西班牙驱逐他们的阴谋得逞。

后来，他们的占领权和砍伐树木的权利被写进了条约。在《克莱顿-布尔沃条约》签订之后，通过 1859 年与危地马拉签署的一个协定，英国在伯利兹的“居民点”就成为了一块“自留地”。

再往后，在 1862 年，经过皇室的批准，这个昔日的“居民点”和最近的“自留地”成为了牙买加辖区内的一块正式的殖民地。在占据危地马拉这个中美洲国家的情况下，英国在中美洲的领地得到了明显的扩展，而这是与《克莱顿-布尔沃条约》的规定背道而驰的。

英国一个更迫切的要求指向莫斯基托海岸的保护地。在英国人心中，该地带从格拉西亚斯-阿迪奥斯角向南延伸至圣胡安河。在 1687 年，也就是英国获得牙买加岛之后的第 20 年，上述地区的土著首领被带到了牙买加。他收受了一些不起眼的贿赂，然后授权英国对当地的保护。在西班牙对该地区的控制延续期间，两国之间摩擦不断。当后来问题摆在英国和我国之间时，我们拒绝承认英国所谓的保护权。该保护权建立在和当时西班牙的优先权相抵触的法律基础之上，这种法律是片面的，前者的权力在尼加拉瓜取得了独立之后应该拱手让出。

由于莫斯基托海岸离未来的运河很近，它的归属事关重大。对海湾群岛、努阿坦群岛我们也应有类似的考虑。它们分布在洪都拉斯湾的南翼，靠近洪都拉斯共和国的海滨。一旦有了强大的海军力量做依靠，伯利兹和莫斯基托海岸之间就能借此取得联络。当时，我国就主张英国将占据的这些岛屿完璧归赵。

面对着英国实际占领的状况，我国的谈判者迫切地想将争议地区分给各美洲共和国，但并未意识到此事对未来的影响。在那时，人们的思想和今天差不多，尽管经历了 50 年风雨，憎恶兼并的传统观念仍旧支配着人们的思想。

结果，我国在考虑英国从莫斯基托海岸和海湾群岛这些没有实际权利的地区退出时，憨厚地承担了不在中美洲谋取领土却要为拟议中的运河及其他可能出现的运河的中立提供保证的责任。一个特殊的条款应运而生：“两国政府的愿望不是实现一个具体的目标，而是建立一个普遍的原则。”

后来的情形是，英国将海湾群岛和莫斯基托海岸归还给洪都拉斯和尼加拉瓜的相关事宜无限期地延后。同时，我们与英国产生了没完没了的讨论和严重的误解。英国政府抠条约的字眼，声称它只是不被允许在条约订立之后再在中美洲获得领土；而我国政府强调并向其说明：美国的理解是，协定确定了对任何现在和将来的占有局面的放弃。

不过，到了 1860 年，上述地区最终被悉数归还。在这以后，《克莱顿–布尔沃条约》仍然是我国和英国在地峡问题上的国际协定。

条约的存在对英国有利。只要我们还不能大张旗鼓地反对任何在地峡地区的外来干涉，不发展自己的力量，英国就能凭借它的海上地位和遍布全球的资本长期控制着事态的发展。

6

我们再来看看我们国家对上述问题的态度。对我们而言，国家政策就是公众意志的体现。公众意志和流行观念往往是不同的，它所表达的是与脆弱情绪不同的豪情壮志。就对门罗主义的广泛理解和认同来说，它只是一个含糊不清的流行观念，在地峡问题上，毫无用处。

对于那些密切关注地峡的人来说，站在哥伦布这位巨人的肩膀上眺望，地峡那儿还寄托了一个时代的希望：在这个时代中，哥伦布魂牵梦绕的海峡将使东西方的联系前所未有的紧密。然而，时间已经引入了另一个哥伦布意料之外的与海峡相关的因素，一个位于他已知的西方和他未知的东方之间的伟大国家正渐渐升起，东西方在此会师。

海峡的控制权对这样一个国家来说即便不是生存的根本需要，至少也是国家发展和安全的保障。谁能否认它无权对与它联系紧密的地区产生决定性的影响呢？除了它自己的人民，谁也不能否认。

我国本土人口的快速增长会让人们注意到两点：一是太平洋沿岸

各州的发展加强了太平洋对于整个世界、尤其是对于我们自身商业和政治的重要性。二是我们国家的创造力及从三个方向入海，促使它去寻找朝向其他地区的出口和路线。

在这种情形下，一条人工水道的重要性自然不言而喻。它导致了一个结果，那就是我国的大西洋海岸有能力在平等的条件下，与欧洲在东亚的市场展开竞争，从纽约到旧金山的航路将会缩减至三分之一，至瓦尔帕莱索的航路也会减半。

从这些情况我们可以看到，开辟运河势在必行。但是，运河不仅只能给我国带来好处。诸多原因加在一起会使欧洲和东方的贸易继续使用苏伊士运河，但对欧洲和我国太平洋沿岸地区的贸易来说，地峡运河能够为其提供一条便捷的通道。

另一项重要的考虑和影响到英国对苏伊士运河使用而可能发动的战争相关。许多英国的政治家和海员经过思考，都对英国是否能控制直布罗陀至红海的漫长航道持怀疑态度，他们赞成在战时使用途经好望角的航线。然而，途经尼加拉瓜前往许多东方港口的航线较之更近。同时，与穿过地中海相比，与经过一些欧洲国家港口的航线相比，通过加勒比海的航线在防范遥远的欧洲国家方面要好得多。

如果能认识到我们的利益和尊严所要求的权力乃是建立在我们自己推行权利的力量之上，而不是以其他什么国家的意愿为依据，我们就有必要提醒自己，跨洋交通的自由取决于对加勒比海的控制权，那里是通往地峡的必经之路。而控制一片海域，首先需要有一支海军，其次需要掌握一些经过适当选择、相互间分布得当、海军能以其为基地并发挥作用的据点。

第十四章

英美联合对世界的影响

1

“亲缘关系”和“同盟”两个词的含义有着根本性的不同。前者是指先天的联系，后者则是后天建立的。

在“同盟”的词义中，我们可以看到一种人为的限制。这一纽带既可以提供帮助，也可能带来麻烦。它就像我们社会生活中的婚姻一样：当它在人性的基础上得到了升华时，无疑是一种正能量；不过，根据经验，婚姻往往不尽如人意。

就个人来说，我更倾向于相信近来英国和我国的感情正在持续升温。前不久乔治·克拉克爵士和亚瑟·席尔瓦·怀特先生在《北美评论》上的文章也表明了这一点，共同的语言和传统不仅能促进两国关系融洽，更能消除隔阂。这是亲缘作用的体现，是共同血脉的自然结果。

尽管他们曾大打出手并相互疏远，但后来都认识到这是一种错误而无益的状态。这种复活的情感或许在某种程度上能驾驭世界。

如果我们能认识到两国在不同的政治形式之下有着相同的、世代相传的政治传统和思维习惯，两国政治发展依据的是相同的道德力量，那么，两国的步伐将逐渐一致并因此而得到更多的关注。

在散布于欧洲文明与美洲文明的所有因素中，对个人自由的追求和对法律的遵从的结合发挥着至关重要的作用。这种作用在英国和我国表现得淋漓尽致。

就英国来说，英伦列岛幅员不大，这加剧了当地居民对外界发展空间的渴望。另一方面，乔治·克拉克爵士引用的数字充分表明了同因而生的同一种趋势在我国也有所体现，尽管广袤的国土和随保护主义体制而生的国内产品消费者导致了这一趋向的偏离。

简单地说，英美两国的地理状况本质上是相同的，只是程度上有所差异。对其他国家来说，国家的繁荣和声誉往往建立在陆地的扩展以及陆地带来的特权与繁荣上。而对英国和我国来说，海上利益才是根本所在。

所以，从广义的角度考虑海上利益，我们需要有一支强大的海军，来敦促海洋事务的进程并在必要时参与海洋战争。这不仅是合乎逻辑的思考所得，也是历史经验给我们的忠告。

如果上述众多强有力的因素能共同发挥作用，那么在英美两国的道路并轨之时，就会产生一个问题：那些对此双手赞成，同时迫切地期盼这个美好时代到来的国家应支持怎样的政策？

在一段时间里，《北美评论》集中刊登了卡耐基先生、乔治·克拉克爵士和怀特先生的文章，文章表明并没有太多人试图寻求这个问题的答案。我虽然像其他人一样希望看到英美两国在海洋或其他方面结成同盟，但当前的形势不容我有这样的非分之想。

我宁愿每个国家都受到更多的挫折，让他们充分认识到海洋利益与自身的关系。在这个时代，美国人民必须为再次进入海洋而努力，像他们的先辈在故土和新的家园那样大展宏图。

但是，还有许多其他的问题。在此背景下，面对每一个国家适当的活动领域，双方可能还会产生分歧。使上述情形更加明显的是，只要我国还没有创建一支强大的力量来保证相关地区安全的想法，就不具备与英国结盟的条件，只能期盼英国因慈悲而对海上权力的关键点作出让步。在合作的过程中所有国家都以自己满意为目的，摩擦不可避免。所以我不主张在时机不成熟时就努力结盟，这是强人所难，效果可能会适得其反。

因此，我们应该如是做：悄无声息地，尽可能自然地，将情感融入国家的血脉。虽然我坚信英美两国在海洋上的合作对两个国家乃至世界都有利，但我同样相信与其迫切地期盼不如平静地等待这种局面的出现。同时，更要为这种合作创造条件。

在美国人的内心深处，还没有做好接受英美联合的准备，英国公民的情况估计也差不多。我们还没有看到海洋中巨大的国家利益，同时，大多数美国人依然扼守着传统的政治观念：美国人的抱负只能在美国的东部、西部和南部海岸的三处海洋施展。

笔者相信这种认识曾是真理，但目前却不一定正确了。

如果这种思想意识没有发生根本的改变，我们就无法认识到海洋对国家繁荣和历史走向的决定性意义。这种改变对一个国家十分重要，同时还关系着世界的进程和人类的安危。就我们所见而言，人类的命运维系在欧洲文明以及它的分支美洲文明上。

2

在当前的环境下，欧洲军事力量的强大不仅避免了外族的侵犯，还成功地处理了内部矛盾。至于后者，我们给予严厉的警告，施加真正的压力。然而，来自于外部的、来自与我们的文明精神背道而驰的种族的危险，我们却经常忽略，而人们也未认识到国家间保持武装警惕对保持文明的必要性。

如果人们认为欧洲国家尚武精神的沉沦提供了一种世界普遍和平、物质广泛繁荣的保证，他们就错了。这种诱人的理想并不能由有代表性的文明国家实现，即使它们放下武器并从战兽变为待宰的肥牛。

在没有强敌对峙的情况下，随着迦太基的陷落，罗马成为地中海文明世界的主宰。在罗马的统治下，普遍和平得以实现。然而，局部动荡仍然存在。当时，随着地中海文明国家之间冲突的减弱，物质越发繁荣，普通商品和奢侈品的丰富程度都远超之前，而武器也被搁置一边。在高卢和日耳曼的战争中，天才恺撒修筑了一道围墙，就像中国的长城，在时间的风沙中保留着。但随之出现的舒适、财富、安逸——这正是现代和平预言家所想要的——使它在精神层面分崩离析，随后入侵者蜂拥而至。

安适长久地存在，贸易不受阻碍，困苦一去不复返，所有的艰辛都从生活中消失，这就是我们现在的梦想。但是，我们能得到这些吗？我们完全可以把这些作为痴恋所在吗？幸运的是，目前我们还不能这样。如果我们愿意的话，我们尽可以对和我们的文明格格不入的外部芸芸众生视而不见，因为我们有着更高的物质发展水平，依然保持着赳赳武夫精神。不过，从内部产生的解体的危险已使我们脚下的土地发生了动摇，而唯一的安全之策只能是对它时刻保持警惕，在国家间的争斗中，在各种分歧的凸现中，在各类抱负的交锋中，聚存着尚武之气。单凭它就能够万无一失地对付隐现于多个世纪之中的外在或内在的破坏力量。

我国成为一个极其重要的海军强国和我们的对外政策并不是对于普遍和平的唯一保障，甚至连主要的保障也算不上；未来可能出现的英美同盟同样也不是。

在这种极具创造力的斗争中，逐渐苏醒的国家意识和利益引导着我们参与其中，让我们一改过时的孤立政策。所以我们应尽量避免卷入欧洲的纷争，这对我们独立发展至关重要。只有自身强大，才能承担责任——为维护共同利益而负起一份应尽的责任。

要达到上述效果，需要谨记一条法则：不管发生什么，海权在当前将扮演它在近代史中一直扮演的角色。而看看我国的地理位置，我们必定会成为向文明世界的海权提供动力的前沿阵地。

凭借海洋商业和海军优势控制海洋，意味着在世界上具有决定性的影响力，因为不管陆地能产出多么丰厚的财富，它也不能像海洋那样为必不可少的交换提供便利。当前，没有任何一个国家能够独霸海洋。就像相比之下微不足道的陆上利益那样，海洋的控制权也必须通过竞争来获得，甚至还需要动用武力。因此，海上利益也会像其他引发争执的利益一样，激发起一个国家对目标绝不懈怠的追求，而这正是文明国家社会的力量所在。

虽然所有欧洲文明之内的国家有着许多相似之处，但是细微的区别还是将它们分成数个小的集团。如前所述，当这些集团的成员在地理上靠近时，这种邻近会导致排斥和摩擦，必然会产生政治上的分歧，而政治上的一致性则被忘得一干二净。

而如果地理位置相距甚远，轻微的接触就不会引起政治冲突。就像英国和我们，同一种族的生存、发展和支配地位就可能产生一致的政治理想。这种理想将因政治上的联合而越发强大，而后者主要建立在自然的亲情以及共同利益上，并且彼此承认对方，而不是互相制约。

只要合作精神存在，英美两国就能在海洋的控制权上大展拳脚。如果两国真能建立一个同盟，它更应是人心所向，而不是政治家打的如意算盘。

但是，我不认同乔治·克拉克爵士的观点，即英美间的相互支持在将来可能会使海洋商业免受战争的侵扰。在此我必须试着将我自己的观点表达清楚。

乔治爵士和怀特先生都主张英美间建立同盟。前者指的是海军联盟，后者指的是正式的条约关系，在战时同进退。的确，每个人的主张都是加强英美之间的情谊，避免分歧。但我们必须知道，追求这个目标是为了两国在与其他国家的关系紧张时有所依靠。因为，这样一来更容易避免战争。即使发生战争，人们也会发现这两个国家在海洋上同仇敌忾，从而在海上所向披靡，而控制了海洋就能掌握局势的走向。

所以，在我看来，英美联盟的自然结果就是霸权。可是接下来，如果高高在上，为什么还要向敌国做出让步，保证它的商业不受侵犯呢？乔治·克拉克爵士说：“无论英国还是美国都不能将攻击的动机表现在其他国家的商业中。”但问题是，为什么不这样呢？海军的存在到底有何意义呢？答案肯定不仅仅是为了相互斗争，为了获得“一无所获的光荣”。

如果像大众所想的那样，海军的存在是为了保护商业，那就可以得出它在战争中的目标是断绝敌人资源的必然推论。很难想象海军除了保护和破坏贸易之外还有什么其他军事用途。事实上，乔治爵士已经看到了这一点，他说道：“不到万不得已之时——能给予敌人最沉重的打击、加快战争胜负的到来之时，原则上不应采取破坏商业的行动。”

不过我认为，他对这个限制性让步的重要性认识还不够，他和怀特先生看来都不愿承认商业破坏在战争中的决定性作用。

他们的缺陷在于没有认识到非决定性的战术的商业破坏和凭借强大海军的战略控制的商业破坏之间的根本区别。几乎所有的海洋国家的繁荣都建立在海洋商业之上。对这样的国家来说，无论是用本国的船只还是租用中立国的船只进行贸易，无论是进行对外贸易还是海岸贸易，海洋都是关键所在。在与法国的战争中，英国的海军不仅保护了自己的商业，也破坏了敌人的商业，这两者对于英国的胜利有着决定性的作用。

但是英国的海权相对其他国家来说已不复从前，它再也无法独霸海洋了，所以英国不得不同意挂中立国旗帜的船只货物不可侵犯的原则。这项让步是因为地位的相对削弱，或者也可能是因为对人道主义的误读。

然而，不管这是否得当，它只会给中立国带来好处，而对强大的交战国不利。从政策上来看，对英国的这个让步唯一合理的解释只能是：英国无法面对中立国站在敌人一边的情况，这会产生额外的负担。我曾说过挂中立国旗帜的货物受保护的原则是永恒的，我的意思是指从当时的迹象来看，还没有哪个国家的海军强大到能暴力推翻这个原则的地步。

同理，我们可以知道，一个对自己海权信心满满的国家或同盟永远都不会做出这种退让，也不会保证不破坏海上敌人的所谓“私人财产”的东西——这是海上交战国势力薄弱的一方做梦都想得到的。从它们的角度来看，这在表面上合情合理。

当今，运行在海洋上的私人财产都活跃地参与到了增加国家的财富与资源的活动中。一旦这个国家进入战争状态，它运行于海洋之上的所谓的私人财产就象征着这个国家的财力和持久力，这就会给对手造成伤害。熟悉战事的人，通常都清楚陆军对于交通联络的依赖。摧毁交通线是对敌人最简单有效的打击方式。同理，海洋商业对于一个海洋国家的作用也是如此。对有关国家商业的打击实际上就是对交通的打击——截断它的营养，使其弹尽粮绝。可见，对商业的打击是战争中最致命的打击。

除上述用途之外，海军再无其他用途。比如说炮击港口城镇，这过于残酷且不科学。而反观美国内战中海军的行动，封锁不过是商业破坏的一个特殊阶段，但它的效益却十分可观。

所以，只有在懦弱地小打小闹时，破坏商业才会引起公众指责。而刺刀见红的时候，控制海洋绝对是取胜的不二之选。

第十五章

未来美国的海军战略

1

在过去的十几年里，我国海军应该与时俱进，从根本上得以变革，以增加海军的战斗力。就这件事来说，它不应受到非议或引发对我国海军的未来方向或行动范围的苛责。如果这个国家需要或应该拥有一支海军，在1883年时就该让老掉牙的大破船退休。

海军的重建是国家运转、发展海洋实力的迫切需要。如果不想让我国的舰队成为花架子，这件事情就势在必行。

在海军重建的同时，它的发展已引起了大众的注意，其程度比起今天新闻贩子贪婪的好奇心还要来得夸张。这些关注一部分带着毫无掩饰的厌烦和敌对，另外一些则带着某种程度的好感。

整个世界的经济和政治形势正在发生变化。而“海权”与这种变化密不可分。事实上，海权将成为那些不再主要是国内性质，更包纳着关系到各国与整个世界的关系的广泛利益的活动的特征之本身，而不仅仅是其原因或者结果。

正是在这一点上，分化出了对立的认识。那些认为我国的政治利益只存在于疆界之内，并且否认形势可能促使我国在国外有所行动的人，总是带着厌恶和怀疑看待海权的成长，认为这会把我们卷入复杂的国际局势中去。

不过，也有一些人，他们注意到了时代的环境和特点，对其他国家积极而广泛的海外活动一览无余，他们认为我们介入那些争端是理所当然的事。也就是说，现在有些美国人已经将发展的眼光转向了外部扩张。

和人与人之间的关系一样，国家之间在有些问题上的矛盾也是不可调和的。这一点毋庸置疑，因为这样的争端并不少见：不能达成一致时，武力往往是解决这些问题的关键。

才华横溢的华盛顿在当时认清了这一点，而杰斐逊则差远了。海军就不该存在，这是杰斐逊的主要政治思想，它源于对有组织的军事力量的过分恐惧。虽然他的身上也充满着对兼并领土的热情（并支配着他的许多政治行为），但他在我国的地理扩张中对海军始终持否定态度。

然而颇具讽刺意味的是，命运又迫使他承认，除非执行完全的孤立政策，否则在面对国际社会复杂的形势时，应该首要考虑控制海洋。如果有一支强大到足以使对手俯首称臣的海军，这种复杂形势也许能轻松避免。

2

如今的美国和 19 世纪之初的美国早已是天壤之别，这表明我们应该对某些信条保持谨慎的态度，对已有的政策进行检验，并且还要保证政策跟得上时代的步伐。

19 世纪来临之际，北美地区不只我们一个陆上强国，我们只是几个力量相当的强国之一。我们和其他的强国都有利益冲突，而且在地理上与这些国家接壤。后者是公认的政治摩擦的原因之一——虽然距离遥远的两个国家也可能发生利益冲突，但当争端存在于本土附近，尤其是存在于一条人为划定的边界上时，对抗和斗争就会激烈很多。

当时美国政府最好的做法就是取得所有争议土地的控制权，这样就能根治这类问题。因此，我们就选择了一条相似情势下欧洲大陆国家也能接受的行动方针。为了取得利益攸关的争议土地，我们千方百计，可谓不择手段。不过，从政策上讲，我们的做法十分明智。而且，当时这些地区人口稀少，很容易落入我们之手。

虽然，杰斐逊时代的政治家们认识到了在陆地进行扩张的需要，但对长远利益问题的关注被延后了。在那个时候，关系眼前利益的事情需要及时处理，考虑长远不着边际的问题只会分散注意力。这对于治理国家来说就像卷入一场战争，实乃大忌。

尽管当时我国政府想要避开上述麻烦易如反掌，它还是发现一旦牵扯到外部利益，无论是何种情况，都不能视而不见，也不可能不采取任何应对措施。结果，虽然当时美国人民对于外部世界并没有什么政治野心，但我们的商业活动还是使我们的利益和其他国家的切身利益发生了冲突。

3

如今，美国乃至整个世界的政治形势和19世纪之初已不可同日而语。

我们已经强大起来，已经有了跻身强国的实力，但这并不意味着我们就是世界的主宰。改变的只是量而不是质。我们今昔最大的不同是：从与世界主要强国的联系来说，以前我们的政治处于一种孤立状态，而今天这种孤立已经不复存在。

当时，我们的地理位置和外国政治家对欧洲空前的关注使我们产生了孤立。而孤立政策对我们来说也比较合适，这完全能满足我们当时的需求。我们当时还属于弱国，需要一个过程来巩固独立战争的成果。那时候，除了与密西西比河航行权有关的问题，只有到外部世界去寻求贸易机会的活动能导致国家间的摩擦。

现在看来，像厌战一样讨厌商业的杰斐逊实行禁运制度当时原则上是合理的。这不仅影响了外国人，某种程度上也减少了我们卷入国际战争的风险，从而使我国的船只相对安全。虽然这种做法影响了自己的贸易，但也消除了外来的危险。

毋庸置疑的是，今天很少有人能容忍一项将我们隔离于主要航线之外的政策。然而，1807年，许多美国人宁可委曲求全也不愿发生战争，甚至不愿建立一支能防止战争发生的军队。

今天，我国不再像杰斐逊时代那样与世隔绝。我们已经成长起来，而世界的政治和经济面貌也已经沧海桑田。海洋已经成为国际上最重要的交流渠道，各国的距离因海洋而被拉近。从前那些绝不会发生在我国也不会引起我们注意的事件，就在我们家门口发生了，吸引着我们的目光。

正如之前所说，接近是政治摩擦的根源，但接近却又是大势所趋，世界已变小了。尽管距离变短，但政治影响要想跨越它，就离不开海军的支持。海军对我们来说必不可少，一旦出现紧急状况，我们就能够依靠海军将力量部署到海外。

动荡的环境如何影响杰斐逊对海军的态度，我们只需考察当时转瞬即逝的事实。1812 年战争证明了海军意义的重大，不过不是通过某只舰船的胜利来证明，而是通过我们因为缺乏海军而导致的海岸及对外交通的瘫痪来证明的。

当时，美国海军在海上战斗中的英勇表现广受赞誉，但这荣誉仅仅属于海军本身；政治家们毫无脸面，因为他们的观点导致了国家的海岸和商业活动遭受重创。如果不是海军赢得的荣誉引发了这个国家关于海洋的新的思考，这场战争就真的纯粹是一场灾难了。

当时，美国海军的行动还只是一些小打小闹，没有整体和局部的配合。

1812 年战争结束后不久，我国发生了一起在对外政策史上具有划时代意义、对我国海军有着重要影响的事件，即“门罗主义”的提出。然而，从范围到目的，人们都对门罗主义充满困惑。

4

我们对门罗主义的坚持，不是表现在承担某些无法摆脱的义务上，而是表现在设立一些先例，探探老百姓的口风。政府不可能轻易地放弃民众能接受的观点，同时也不会拿国家的荣誉去冒险。也就是说，我们或许会接受一些类似于门罗主义的推论观点，也许它们比门罗主义更加适用，虽然它们并不等同于门罗主义，只是在某些方面有着共同点而已。从本义来看，门罗主义所表达的是一个只有依靠海军才能实现的设想，它的基点是：本土之外的地区与我们政治利益的命运紧密相连，只有海军才能为此提供保障。

然而，在1783年，这种意识还没有传到佛罗里达，这块地区就很快被英国转入西班牙之手。对于自己盟国征服英属西印度岛屿的行为，我们也是持默许的态度。直到1815年，西印度群岛和加勒比海地区的土地数易人手，我们依然保持缄默。而这种漠不关心在今天绝不会出现。

门罗主义不仅体现着对于南美国家的同情，同时还关系到我国的切身利益。假如门罗主义仅含前一种意义，它就会被证明毫无价值。事实上，门罗主义之所以能一直保持着活力，一直引导我国人民对海外的各种事件进行关注，正是因为它表达了自身利益的诉求。

在提出之时，这项原则针对的是人们对欧洲可能干涉美洲事务的担忧。当时，欧洲在美洲地区有切身利益，欧洲大国之间的关系纯粹就是政治性的安排，而这种安排只是殖民主义的苟延残喘。

所以，当门罗主义首次实践时，它表明美国人认识到了欧洲卷入其中的可能。虽然和今天的局势相比，当时的局势对欧洲的切身利益并没有多少影响。

从那以后，门罗主义又得到了数次不同的运用，而这些运用的社会背景的重要性也逐渐上升，并且达到了空前的地步。我国已成为一个太平洋强国，而且在不久的将来可以通过地峡运河完成两大海岸之间的交流。

所以，根据形势的变化，门罗主义被修正了一番。灵活地来看，我们可以看到这个充满生命力的原则的本质特征：**美国控制之外的海外地区不仅关系到美国公民的利益，也关系到美国的国家利益；因此，在某些情况下，美国不排除对这些地区采取行动的可能。**

认识到这一点尤为重要。原因很简单，这能防止人们被一些与之相对的说法误导——这种说法就是：美国只需要一支用于防御的海军，言外之意：防御是指对本国海岸的保护。

然而，如果我国在海外有需要海军保护的利益，那么就只能得出一个结论：**美国的海军在战时除了保卫海岸之外，还应被赋予更多的责任**。此外，作为一个公认的军事法则，如果美国希望在战争中取胜，就必须在战争中取得主动，不要管道义怎么评判。

5

对国家安全来说，重要的是意志以及将意志付诸行动的执行力。如果一个国家既有清晰的目标，又有着实现目标的手段，那么，它就可以从容地应对战争。最危险的一种情形就是公众平时默不作声，一旦心血来潮就鲁莽行事却又没有有组织的力量作支撑。

我国海军近来的发展并不能说明我国有着正式的政治目的，也不能说明我们感到了外来威胁。要知道，国家不会站在子弹的射程内发出挑战，如果它们都在这个射程内，战争就不会太过频繁，当时欧洲各国相互牵制就证明了这点。

此外，决定着国家行动方向的大众情绪总是会受到突发琐事的影响。这类事件不断引导着公众舆论并促使国家采取行动，直到形成一种叫作国家政策的普遍信念。也就是说，各种具体的事件相互作用，从而形成了沿着具体的政治方向前进的政治潮流。

而一些相信命运的人认为一切都是神灵的安排。不过，不管如何解释，历史的经验告诉我们，随着事态的发展，紧张的局面和对行动的需求会突如其来，而国家也会因此陷于争论之中。

然而，值得高兴的是，对于国家间的紧张局势，越来越多的文明国家都乐于使用正常的外交磋商来处理问题。但近期的历史告诉我们，这并不能保证所有问题都可以通过和平方式解决。大众的情绪一旦被煽动起来，理性和冷静就弃他们而去了。此外，像个人生活一样，力量的悬殊也成为影响外交解决的原因之一。毕竟，“还能怎样”

和“想要怎样”是完全不同的概念。

如今，每个国家的政治都不再与世隔绝，像当年中国和日本的那种孤立情形已不复存在。不管愿意与否，所有国家都是世界整体的一部分。而我们在种族上所属的欧洲大家庭的成员正在世界范围内发挥着越来越多的影响，同时也发生了摩擦。

在海权影响着世界的情形下，蒸汽动力的使用使交通更为便捷，增进了各国间的交流，也使海军的重要性空前突出。这一点越来越多地体现在欧洲国家的报刊中，更体现在欧洲各国政府对海军的重视上。欧洲大陆上各支陆军力量的加强以及领土状况的确定，使得欧洲的政治相对平稳。所以，欧洲大国把目标指向了欧洲之外的世界各地。毋庸置疑的是，它们之间的斗争离我们越来越近。与此同时，随着我国在太平洋地区的影响加强，这片海洋逐步成为政治变化、商业活动和各种竞争的中心，所有大国都卷入其中。

因此，虽然当前的中美洲和加勒比海算不上意义重大，但作为地峡建成之后大西洋和太平洋之间的要道所在，同时作为连接着运河交通的区域，它必定会引人注目。而太平洋东岸，有着坚实的政治和军事基础的日本，它的崭露头角也震惊了世界。

所有这些都和我们息息相关。国际形势的不稳定随时都可能引发战争。而外部国家之间的战争将大大增加我们和交战国发生摩擦的可能，随之，我们的政治家们就要为避免卷入战争保持中立而大伤脑筋了。

虽然欧洲各国政府都说要保持和平，但他们对在远方进行政治经营和谋取殖民地的行为并不反感。恰恰相反，他们乐此不疲。其中一个国家的这些活动主要是政治性的，由政府出面；它受长期的传统和对管治的狂热的驱使，追求扩张，这样才能在一个更大的范围内进行管理和支配，而不在乎花费的几个钱。其动力来自于普通公民的热情。换而言之，他们主要受贪婪的驱使，利益至上。再加上政府对他们的默许，一切自然水到渠成。此外，还有一种海外活动，其动机主要是私人性质和商业性质的，其中个人追求的只是财富而与政治无关，国家出面主要是为了对他们有效控制。如果国家不出面，后者可能跟祖国疏离。

然而，不管海外活动以何种形式进行，它们都有一个共同的特点：体现了有关国家人民的天赋和创造力。这也证明了这些活动不是学习而来的，而是天生的，所以将会一直延续下去，直到发生新的变化。

尽管我们无法预见上述过程将造成怎样的结果，但可以明确的是，国家间的摩擦有时会十分激烈，有时事发地点有脱离政府的控制而被大众的情绪所支配的可能。

假如有人将此视为一个教训，要求我国不要卷入其中，那么，另一方面，我们也得到了一个警示：除非我们做好了充分的准备，否则主动扩张随时都可能会导致一场世界范围的纷争，并且挑起其他国家的敌对情绪。

越来越多的文明人正积极地寻求新的地盘，同时扩张土地。就像自然力量一样，这股潮流无法阻挡。当它涌入当地居民愚智未开的地区时，当地的制度就会土崩瓦解。埃及近些年来的情形就是个很好的例子。

就拿埃及来说，原有的制度瓦解殆尽，这不是因为当地埃及人的顿悟，而是因为这牵涉几个欧洲国家在当地的利益。英国当时在政治上和行政上都控制着埃及——多方权衡，其实英国的做法还是得当的，它对整个世界有利，对埃及人民尤为有利。

所以，埃及给了我们一个重要启示：文明国家会接管有关地区及当地居民的潮流无法阻挡。多数情况下，文明的、高度组织化的国家都剥夺了当地居民的权利，我们和美洲印第安人的交往就是如此。也就是说，一种权力要想不可动摇，它就必须得到应有的尊重，但不幸的是情况往往并非如此。假如一个集团对其所居住的土地的使用对外国、邻居，甚至给他自己的成员造成了损害，那么他的土地使用权就可能并应该被剥夺。

6

世界上许多地区依然处于愚智未开化的状态，政治或经济制度不健全难以使其认识到土地的真正价值；而与此同时，在文明国家，不管是政府还是民众都具有极大的发展热情而没有施展的空间，于是向海外积极扩张的景象就应运而生。

当前我国并没有参与这种扩张，我国政府及公民几乎都没有被这种趋势所感染。然而，形势要求我们不仅要保证美洲的弱小国家的内政不被外国干涉，还要保障他们自由地发展政治的权利。

所以，我们的人民应认识到，这是我们的责任。这种责任不是因为政治上的同情，而是因为这涉及我们的切身利益。列强之所以未对我们的要求加以刁难，一方面是因为美洲地区出现的问题对他们的影响微乎其微，另一方面是因为我们有着巨大的潜力。这种潜力加强了我们在洪都拉斯的海湾群岛或莫斯基托海岸等问题上的地位，虽然这些问题并没有太大的现实意义。

虽不情愿，但英国还是在这些问题上作出了让步。然而，事实上，它当时完全能摧毁我国海军。它之所以没有这样做，是因为从长远看，它通过政治上的讨价还价得到的好处远远超过我国在这些问题上得到的好处。

虽然我国的立场已得到默认，但将来能否得到延续还是个未知数。如果我们在政局的稳定方面没有新的进展，而我们的海军力量还和当初一样不堪一击，答案就更加扑朔迷离了。

但是，可以确定的是，如果一个美洲之外的国家想要在西半球采取英国在埃及所做的那种行动，我们绝对会竭力制止。而假如我们的实力足够强大，我们主张的道义力度就大不相同了。

我国的整个历史及民族性表明，我们希望和平解决所有问题。而决策的执行取决于军事力量。

随着时代变迁，世界上演着一台宏大的政治戏剧，而战争就是其中的暴力场景。以战争为背景的海军则是国际事务中最具意义的政治因素，它的作用更多的是威慑而不是挑衅。正是在这种背景下，根据时代和国家的现状，我国应给予海军足够的关注，并且大力发展海军，使之足以应对未来政治出现的种种可能。

第十六章

如何应对可能到来的海洋战争？

1

战前准备是一个复杂的问题，也是一个难题。在这一准备过程中，为调和各种矛盾而付出的努力达成的往往是一种妥协——也就是说，我们很难找到一种完美的办法——而妥协又是所有军事预案中最没把握的一种。

战争的筹备工作包含着许多矛盾因素，甚至有些因素的矛盾是不可调和的。国家财政部人士的聪明才智也无法妥善解决这些问题。造成这种局面的主要原因是，构成国家军事政策全局的各个部分的要求并非都能全部满足。因此，有人常常直言不讳地说："这个是主要的，其他要求必须服从于它。"结果，或者是政府的态度转变，或者是出于所谓的公平，任何方面的要求都只能是部分满足，自然会引发种种不满。而更严重的影响是，资金被分散了，无法集中用到最需要的地方。

在现代条件下，用于战争的物资要求必须在危险来临之前准备好，不能有丝毫的耽搁。如果在铺设好龙骨后的一年以内，一级战列舰就可以全副武装下水，这就是很了不起的进度了——英国最近的情况就是如此，而我们还有不小的差距。

战争就是一种政治运动。不管产生战争的场合多么复杂，战争的根源都在先前形成的局势中。如果对局势有着明智的判断，成功将有捷径：在人们的头脑尚未发热时，通过正常的外交手段来维护和平。

但是，在集团间的冲突中，每一方都各执一词，这就使得彼此争执不下。

因此，对人们来说，打一仗比磨嘴皮子效果好得多。比如，美国南北战争多么可悲！但是，假如某一方抛弃了自己为之奋战的信念，那就更加可悲。当问题仅仅关系到物质利益时，人们可以退让。但是，如果不假思索就放弃自己的是非观念，即使它并不正确，那也只会使人格精神受损，除非是面对着一股压倒性的强制力量。“宁为玉碎，不为瓦全”虽是一句被时常滥用的话，但它确实是真理。

因此，建立一支足以保护一个国家的军队势在必行，同时还要确保它能在必要时迅速采取行动。这样的一支军队是一个国家的政治局势的必然产物。它的存在和规模是国家利益或国家责任的反映。

2

考虑到战争的可怕后果，何时以何种方式采取可能会导致对方敌对的行动，是一个重大问题。同时，它也是与时间进程挂钩的问题，即什么时候作出最终决定。

战争的准备与这个决定的关系应该如下：它要满足可能的最大需求；同时，如果有可能，应该咄咄逼人，让其他国家相信这是正义的行为，并尽可能地避免战争爆发。这样的认识只意味着防御——对国家权利和责任的防御，哪怕这种防御可能采取进攻的形式。

因此，从逻辑上来说，一个主张给自己配备一支足以满足需要的海军或陆军的国家，首先要做的不是仇视世界上最强大的海军和陆军，而是应该考察世界的政治局势，考虑到各国的利益纠纷。这些纠纷合理地反映了必须用战争才能解决的症结。这首先是政治性的，只有在已经作出了政治决定的情况下，我们才能具体地讨论军事问题，因为军事行动必须符合国家的政治利益。

所以，我们的预测应最大限度地考虑军事行动可能的需要和最坏的结果。如果预测到最坏的结果，跌打扭伤的小毛病也就不值一提了。假如突发的局面并未超出预测的最大范围，那么一个国家在应对眼前的危险时就能从容不迫。

还要指出的是，在预测危险时，需要有个度，必须恰当地分析和估计。拿破仑也曾警告他的将军们不要放松对敌人的警惕，这个警告适用于事前的判断以及战争的预谋。当英国的评论家们认识到英国对海洋的依赖时，他们提出了一种有讨论价值的意见，开始强调英国海军必须在力量上超过它的潜在敌人——两个最强大者联手之和。不过，他们认为，将海军“两强”标准改为“三强”标准是不切实际的，它在可能的范围之外，不会出现在现实中。

同理，在预测自己的军事筹备时，我们不仅要考虑到潜在的敌人在政治形势极为不利的情况下会怎样落井下石，还应考虑环境对对手的制约。

就军事力量来说，只有欧洲的大国才能与我国相抗衡。这些国家在西半球存在利益，本能地反对门罗主义。虽然如此，他们在其他地区还有更需要注意的事务。

1884 年至今，英国、法国和德国分别获得了面积从 100 万至 250 万平方英里不等的殖民地，这些殖民地主要分布在非洲。要知道，这不仅表明了一些国家又得到了大片新的领土，也意味着国家间争斗和猜疑的延续。

对于边界的担心，对于将土著居民置于自己的影响之下的期望以及对于敌对势力渗透的疑虑，都促使殖民国家在殖民地要确保自己的支配地位。换言之，就是既要避免与殖民地本身发生冲突，还要调解殖民国家之间的摩擦和冲突。但在既得利益面前，这说起来容易，做起来却很难。当 17 和 18 世纪的殖民扩张再次出现时，引发了层出不穷的问题。不过，这样的扩张在今天受制于更有条理的安排及国家间的互相顾忌。这种顾忌是战争筹备的产物，也是维护当前和平的要点。

以上这些特点都在欧洲人身上得到了明显的体现。欧洲是海外拓展活动的发源地，由此而起的斗争必定是在欧洲的海洋或陆地上解决，所造成的损失必定要由这块土地上的人民来埋单。

至于美洲大陆上的政治局势，和旧大陆的风云变幻相比，领土的政治分布和归属性还是十分稳定的。

在所有可被认作是殖民扩张及东方问题的下属问题上，除西班牙之外，所有欧洲强国都被卷入其中。各大国理所当然成为我们军事考虑中的因素。

虽然我们以不在其他不幸国家榨取不正当利益为自豪，但我们在历史上与其他国家的争执也并不少见。我们相信自己是出于正义发生争执，甚至正义得可以向对方宣战，但在另一方眼里却并非如此。这些争执都是因领土的归属而起，是西半球所经历的殖民阶段的历史遗留问题的演化。

3

与我们曾经历的那些争端相类似的问题在将来还可能出现，如果没有做好充分的军事准备，我们很难指望从不受我们传统政治思维方式影响的国家那儿得到认同，因为他们不太可能接受我们的观点。英国认同我们，因为我们两国之间长期、紧密的接触，且利益一致，也因为我们在国家特性和体制上的根本相似。它能理解和体谅为什么我们决不允许一种将在未来引起麻烦的事态出现和延续，能够体会我国对于中美洲地峡和太平洋的关注以及我们对于加勒比地区的态度。我们不愿看到另一个半球的国家打该地区局势相对平稳的我们的邻国的主意，从而打乱现存的力量分布和领土归属状况。

另外，作为商业国家，英国对于和平有着热切的渴望，它不愿意承受战争带来的损失，这也有助于我们两国达成谅解。不管是在英国还是美国，“军国主义”都不是主流，这两个国家的商业倾向和孤立状态相结合，使其免受这种思想的支配。他们之所以厌恶战争，是因为这妨碍了他们从事最重要的活动，而且与他们的传统相悖。

然而，说这两个国家缺乏对荣誉的追求可就大错特错了。当前，我国已公开声明，如果有必要，将用武力来防止欧洲国家侵犯美洲大陆上的自由和权利。对于美洲的边界争端问题，我们坚持要实行国际仲裁。假如英国认为这种政策合理，它就能够完全接受，而不会宣称必要时为抵制我国的政策不惜一战，进而影响到公众舆论。

如果有必要，英国自然会为自己的利益而战。那么，为什么另一个国家就不能同样做呢？维持一个国家荣誉的不是看它是否愿意参战，而是看它的要求是否正当。这种认识与“军国主义”相去甚远。在军国主义主宰的国家，大家都认为政策应以武力做后盾，持相反主张的国家都是懦弱的。陆军的生命力就在于战斗精神，一旦这种精神表现出半点萎靡，战斗力就会大大减弱，而国家的政治行动能力也会大打折扣。然而，这种情形不会出现在英国或我国，因为我们主要的军事力量是海军，而海军没有陆军那样强的进攻性。

今天，我们已宣布将用武力来支持自己的政策，哪怕武力会使我们与立场不同的国家发生碰撞。那么，假如这些国家为反对我们而不惜一战，我们又要做哪些准备呢？

谁都能认识到战争发生的可能性，并希望看到自己的国家做好准备，他们首先应该具备这样的观念：**不管一场战争是否是防御性的，认为战争只能是防御性的观念将导致灾难。一经宣战，就必须积极、主动地奋战**。不能只将敌人拒之门外，而是应该乘胜追击。在敌人那里你可以一无所获，但必须打得他心服口服，达到震慑的效果。

4

综上所述，我们可以得到这样一个信息，那就是必须拥有防御和反击的实力。否则，你拿什么去和敌人抗争？因此，战争的准备是必要的。

准备工作可以分为“种类”和“程度”两个方面。在确定准备应达到什么程度时，需要最大限度地估计强大的潜在敌国的力量，同时也要考虑到他在其他地区面临的牵制。需要注意的是，这种估计既要有军事上的考虑，也要有政治上的考虑，而且，后者起到的是主要作用。

军事上的考虑，可分为防御性的和进攻性的。前者因后者而存在。有了防御性的安排，作为战争中的决定性因素的进攻性力量才能充分发挥。在海上战争中，海岸防御只是防御性的，而海军才是攻击性的。如果海岸防御充分可靠，海军统帅就不必担心行动基地（港口和燃煤储藏地）的安全，从而可以放心大胆地进攻。

不过，海岸防御的存在意味着海岸可能遭受袭击。海岸易遭到的袭击主要有两种：一是封锁，二是炮击。后者比前者影响大。当然，更为厉害的策略就是双管齐下。对一支能执行炮击任务的舰队来说，封锁易如反掌。对于炮击的必要防范措施是设置海岸炮火。有了这种炮火的威力和射程的威胁，一支舰队基本不可能推进到可以对海岸进行炮击的地方。在条件允许的地方，可以将炮火带从有关的城市向前方大范围地推移，如果敌人想对海岸进行炮击，必然就会进入上述炮火的射程之内。

不过，也有情况表明，因为舰队的运行速度较快，通过炮火区时，损失并不大。这样，就必须通过封锁航道来阻止舰队的前进。对此，一般的做法是布置水雷，这种武器单在精神上就能对一支快速通过的舰队起到震慑作用。不过，一旦这支舰队成功地穿过该区域，防御带背后的相关城市就会被这支舰队所控制。

综上所述，海岸防御意味着设置炮火带和水雷带。不过，只有商业或军事意义重大的地区才值得如此防御。现代舰队不可能浪费弹药来轰击那些无足轻重的城镇，在与本方基地相距甚远时尤为如此。因为那样做不仅浪费钱财，而且还会消耗战斗力，任何一支舰队都不会犯这样的错误。

虽然海岸防御本质上是被动的，但海岸防御力量的构成中应该部署进攻性力量。它和进攻性的海军不同，活动范围受地域限制，但在另一方面又是海军的一部分。这种力量要对付的是敌方的海上浮动力量，其自身必须也是浮动性的，也就是说必须活动于海洋之上。

一位已故的英国著名海军将领曾说，他相信，在当今的战时紧张状态下，一支封锁舰队中超过一半的舰长会精神崩溃。当然，这句话只是为了说明精神压力的强度。由于鱼雷艇舰队中的每一艘舰艇都不大，整支舰队十分灵活，所以这样的舰队对海军志愿者来说再合适不过。不过，切记，这样的舰队在本质上是防御性的，偶尔才会被用来执行进攻任务。

海岸防御主要由炮火带、水雷带和鱼雷艇组成。没有前两者，海岸城市就会处于炮火的轰击之下；如果鱼雷艇不存在，敌人就能随意封锁这些城市。炮击和封锁这两种作战方式都得到了国际社会的认可，但在采取这样的行动之前，必须事先声明。

与其说这种限制是出于对规则的尊重，不如说是出于人性和公平的考虑。因为一个国家的各种利益是一张紧密、复杂的网络，因此，对于某个全国性中心地区的炮击和封锁的打击是全面的，甚至包括该地区那些毫不起眼的角落。

5

在海洋战争中，远洋海军的主要功能是进攻。这样的海军配备了战列舰和不同规格的巡洋舰，还有起辅助作用的远洋鱼雷舰。所有的舰只必须在任何天气环境下都能迅速完成任务才行。不过，海军的中坚力量还是那些攻守能力兼备的舰只。其他的舰艇都只是它们的陪衬。要问这种舰只的强劲有力表现在何处，答案是它能穿洋过海，并且面对最强大的敌对作战力量时也有一定几率获胜。

我们一直申明，我们厌恶侵略，不愿凭借战争来扩张领土或获取利益。在这种情形下，我们衡量自己的武装力量是否充分的标准不是我们自己的扩军计划，而是其他国家反对我们合理政策的倾向。如果其他国家和我们作对，它们会使用什么力量来对付我们呢？肯定只能是海军。因为我国陆上不存在敌国可以采取决定性行动的暴露点。所以，我们应担心的是与我们敌对的海军力量。那么，我们就会发现，我们需要如此之多的大型舰只、如此之多的火炮和如此之多的弹药——一句话，如此之多的海军装备。因此，我们当前最迫在眉睫的准备工作就是为海上防御和进攻力量的建设提供物质支持。我们需要火炮、水雷和鱼雷艇来保卫海岸，还需要一支强大的海军来面对潜在的敌人，这样才能将海洋掌握在自己手中。

迄今为止，我们还缺乏这些，面对海军强过我们的国家，我们还不能掌握主动权。而如果我们的海军不能将敌人拒之门外，敌方就可能对我们采取封锁。倘若我们连鱼雷艇也稀缺，敌方的封锁简直就是举手之劳。如果还没有炮火带和鱼雷带，那么情况就会更糟。一旦战火燃起，我们会被打得措手不及。

物质上的准备还不是战备工作的最薄弱的环节，因为这种准备主要是金钱和生产的准备。假如资金充裕，再加上正确的认识，所需要的物资不久就会到位，而且此种情形也能够持续下去。

装备老损造成的损失、各项开支和新的扩充需要，都可以通过预算而做出相应的安排。而装备一旦准备就绪，储存和维护它们的成本也不会太高。如果保养得当，它们到战时就能像刚生产出来的那样满足需要，损失可以忽略不计。

不过装备能否很好地发挥作用还取决于操作人员的娴熟程度。当今，这些人员必须经过特殊培训。虽然通过一次培训所学到的东西暂时不会被全部忘记，但时间越长，被遗漏的就越多。所以，战斗人员需要不时地进行实战训练。

此外，对新兵来说，需要大量的时间让他们熟悉各种武器，在了解军事组织的特点和日常运转方面也要花费不少工夫。战斗人员仅仅学会做分配到自己头上的工作还不够，还必须了解各方面的工作以及整体与局部的相互关系。假如做不到，一艘舰船的战斗力就会大打折扣。

一个人需要花费大量的时间才能熟悉使用海军设备，才能使其在行动中发挥最大的作用。他不仅需要时间来掌握技能，还需要时间来保持技能。如果你已经拥有了高素质的人员，你不能像储存武器那样来管理他们，否则他们的素质会以一日千里的速度倒退。

不过，还有一个问题需要平衡，如果所有人待在军队里以维持他们的军事技能，一个国家的生产力就会大打折扣。这就是为什么很多人反对保持常备军过于庞大和强制服役的原因。

对于欧洲国家负责提高军事效能工作的人士来说，人员方面的问题最令他们伤脑筋，因此也最值得他们关注。准备军事物资要花费大量钱财，但这项工作本质上很简单，而且消耗可以通过军事生产来弥补。而拥有大量所需要的军事人员，训练他们并使他们能马上投入战斗则要困难得多。

对此，解决之道就是，让一些人从生产部门转到军事部门，同时尽量使这两个部门达到平衡，但通常二者不可兼得，导致双方都有抱怨。于是，预备役制度应运而生。在接受完有关教育后，他们转入预备役，脱离军人的生涯而恢复平民百姓的生活，每年都要花费一段时间来复习以前学到的知识技能。

不过，这种方法也给各种行业带来了影响，让人颇为不满。如果一个人只学习书本上的知识却从未实践过，根本就不能完成某项工作。因为通过系统的教育得来的知识无法和从实践得到的经验相提并论。不论是军事行业还是民用行业都是如此，前者更甚，因为它是一个更加专业化和特殊化的行业。正是因此，战争的要求才会如此苛刻。

因此，对于海军的筹备工作来说，与建造舰只和装备火炮相比，足够的、能够立即参战并熟练使用装备的人员弥足珍贵。

6

在和平时期，一支海军，尤其是一支大型海军保持全额满员并没有什么实际意义。如果它比潜在的敌人强大许多，更没有必要这样做。就算双方势均力敌，目标也只能是使己方可用的合格人员在数量上稍微超过敌方。预备役制度在战备安排中的地位不容否认，这种制度是无可取代的。问题的关键是应注意预备役力量与现役力量的区别，这涉及长期服役制和短期服役制的讨论。

在长期服役制度下，预备役人数相对较少，而且预备役人员在退役后的前几年能保持自己的素质，因为他们学到的不只是知识，还有习惯和素养。在短期服役制度下，人们一开始只是被送入各种培训学校，然后很快就被转入预备役。因此，他们的技能掌握得不透彻，不仅素质较差，而且退化得很快，但在人数上会比较多。对两者都不满的人则认为前者数量堪忧，而后者质量堪忧。

从逻辑上来看，长期服役必定是自愿兵役制。如果入伍与否完全取决于个人，那么，就有可能出现把从军作为终身职业的情形。倘若服役是强制性的，这件事实本身就会使服役不受待见，而在服役期满后再自愿地延长服役期的人更将是凤毛麟角。

我国和英国实行的都是自愿兵役制。这两个国家更为看重的是服役的延续性而不是预备役的建设。如果一个水兵在长时间的服役中让自己的技能炉火纯青而他还选择继续服役，那他在数年之内都能保持较高的素养。假如他离开军队，若干年之内他还能作为一名预备役人员。显然，一支由这类人员组成的预备役和由短时间服役的人员组成的预备役相比，虽然在规模上堪忧，但就个人素质来说优势明显。

事实上，除了与加拿大和墨西哥之间分别有两条陆上边界外，我们也可以把自己看成英国一样的岛国。从军事力量的各方面来看，墨西哥远逊于我们。至于加拿大，其宗主国英国有一支常备陆军。然而，它的人数决定了它不可能承担主动进攻的重担。这支军队的意义就是为了告诉人们有这么一支军队，仅此而已。

没有哪个现代国家在陆地和海洋都处于支配地位，只有某个国家取得这项或那项优势的情况。英国明智地将海权作为优先目标，所以，即使不考虑英国不愿意和我们撕破脸皮的其他原因，它也不可能自不量力地去入侵一个有着7000万人口的国家。

我要再次重申我们的岛国地位，我们也依赖于海军。从根本上讲，广泛的商业联系要求有持久的海军力量。从军事观点看，一个岛国的海军是很少主动进攻的。它的天性就是防御，因为它需要照顾自己在海外的利益。这方面，海军崛起之后的英国就是一个很好的例子。

我国的情况也是如此，甚至有过之而无不及，因为它有着广阔的国土，而又没有海外扩张的想法。在扩张意向的驱使下，英国通过对外贸易和拓展海外殖民地来获取财富，同时将旗帜插遍全球。对我们来说，很多财富是与生俱来的，不需对外索取。英国的成功带来了可观的对外利益，但同时它也需要冒很大的风险，对它来说，一支强大的海军是保护这些利益的必需。

我们的情况和英国有所不同，但地理位置和政治信仰也导致我们有了对外利益和对外责任，同时也要承担风险。我们本不必四处冒险，但普遍的观念和政治上的考虑告诉我们，海的那边有着需要我们保护的利益。

所以，“海的那边”就意味着需要一支海军。现在我们没有被入侵的危险，但一旦它来临，就必定是从海上而来。因此，拥有一支海军对我们来说迫在眉睫。

过去10年，我们已采取了一些大家都乐于接受的措施来加强海军的装备建设，不过我们还需要培养出足够的、训练有素的人员来使用这些装备。把一个新兵打造成一个高素质的战斗人员要耗费大量的时间和精力，这个过程比一艘战列舰从开工建造到编号入伍所花费的时间还要长。

总而言之，为任何可能的情况做好准备才是胜利的保障，正所谓“有备无患”。